Heiko Klarl

Zugriffskontrolle in Geschäftsprozessen

AF209679

VIEWEG+TEUBNER RESEARCH

Heiko Klarl

# Zugriffskontrolle in Geschäftsprozessen

Ein modellgetriebener Ansatz

Mit einem Geleitwort von Prof. Dr. Christian Wolff

VIEWEG+TEUBNER RESEARCH

Bibliografische Information der Deutschen Nationalbibliothek
Die Deutsche Nationalbibliothek verzeichnet diese Publikation in der
Deutschen Nationalbibliografie; detaillierte bibliografische Daten sind im Internet über
<http://dnb.d-nb.de> abrufbar.

Dissertation Universität Regensburg, 2010

D 355

1. Auflage 2011

Alle Rechte vorbehalten
© Vieweg+Teubner Verlag | Springer Fachmedien Wiesbaden GmbH 2011

Lektorat: Ute Wrasmann | Sabine Schöller

Vieweg+Teubner Verlag ist eine Marke von Springer Fachmedien.
Springer Fachmedien ist Teil der Fachverlagsgruppe Springer Science+Business Media.
www.viewegteubner.de

Das Werk einschließlich aller seiner Teile ist urheberrechtlich geschützt.
Jede Verwertung außerhalb der engen Grenzen des Urheberrechtsgeset-
zes ist ohne Zustimmung des Verlags unzulässig und strafbar. Das gilt
insbesondere für Vervielfältigungen, Übersetzungen, Mikroverfilmungen
und die Einspeicherung und Verarbeitung in elektronischen Systemen.

Die Wiedergabe von Gebrauchsnamen, Handelsnamen, Warenbezeichnungen usw. in diesem Werk berechtigt auch ohne besondere Kennzeichnung nicht zu der Annahme, dass
solche Namen im Sinne der Warenzeichen- und Markenschutz-Gesetzgebung als frei zu betrachten wären und daher von jedermann benutzt werden dürften.

Umschlaggestaltung: KünkelLopka Medienentwicklung, Heidelberg
Gedruckt auf säurefreiem und chlorfrei gebleichtem Papier
Printed in Germany

ISBN 978-3-8348-1465-4

Meinen Eltern

# Geleitwort

Die Frage, wie Zugriffskontrollen für Geschäftsprozesse systematisch modelliert und verwaltet werden können, bildet den Kern der Dissertation von Heiko Klarl. Das Thema steht in unmittelbarer Verbindung mit der Problematik der Kommunikation zwischen fachlicher Spezifikations- und technischer Umsetzungsebene – ein wesentliches Ziel ist es, den Zugriff auf unternehmenskritische Prozesse so zu modellieren und abzusichern, dass sowohl aus fachlicher wie aus technischer Sicht ein leichtes Verständnis der inhaltlichen Anforderungen und eine eindeutige technische Operationalisierung möglich sind. Dabei ist das Thema im Bereich *Identity Management* anzusiedeln, einem Gebiet, das aufgrund der wachsenden Heterogenität und Komplexität der Softwarelandschaften in großen Unternehmen in den letzten Jahren zu einem wichtigen Forschungsfeld in der angewandten Informatik geworden ist.

Gerade die neuen Architekturprinzipien lose gekoppelter Dienste stellen dabei erhöhte Anforderungen an die systematische Steuerung der Zugriffskontrolle, da wesentliche Architekturteile grundsätzlich dynamisch angelegt sind. Die Arbeit von Heiko Klarl bietet hier Lösungsansätze auf unterschiedlichen Ebenen an: Neben Entwurfsmitteln zur Spezifikation von Rollen sollen auch geeignete Modellierungswerkzeuge und Entwicklungsmethoden herausgearbeitet werden. Der Autor stellt das von ihm neu entwickelte Metamodell *Business & System Role-Based Access Control (B&S-RBAC)* vor, das für die fachliche wie die technische Sicht eine Zusammenschau bietet. Aufbauend auf diesem Zugriffskonzept geht der Autor an die für seine Arbeit zentrale Frage der Modellierung sicherer Geschäftsprozesse und stellt sein Vorhaben dabei methodisch in den Kontext der modellgetriebenen Softwareentwicklung.

Durch weitestgehende Verwendung existierender Standards ist die Kompatibilität mit etablierten Modellierungsverfahren gesichert: Heiko Klarl stellt ein Profil IdM-BPMN als Erweiterung der *Business Process Modeling Notation (BPMN)* vor und zeigt auch auf, wie für eine web service-basierte Softwareumgebung die mit IdM-BPMN spezifizierten Policies auf die *Web Service Access Control Markup Language (WSACML)* abgebildet werden können.

Ausgehend von den wesentlichen Transformationsschritten der modellgetriebenen Softwareentwicklung ordnet der Autor diesen Artefakte, Ressourcen und Transformationswerkzeuge seines Modells zu und arbeitet für die einzelnen Pha-

VIII

sen des Softwareentwicklungsprozesses heraus, welche Verantwortlichkeiten, Artefakte und Werkzeuge jeweils benötigt werden. Damit zeigt sich, dass Heiko Klarls Ansatz sehr gut auf die Kernphasen der Softwareentwicklung abbildbar ist. Eine Fallstudie verdeutlicht die Anwendbarkeit des von Heiko Klarl entwickelten Modells: Mit der (vereinfachten) Modellierung des Geschäftsprozesses einer Kreditvergabe wählt der Autor bewusst einen „Klassiker" aus, der bereits unter unterschiedlichsten Perspektiven Forschungsgegenstand in der (Wirtschafts-) Informatik gewesen ist, und der daher besonders gut geeignet ist, die hier neu vorgestellten Konzepte zu illustrieren.

Heiko Klarl ist eine Arbeit gelungen, die durch ihren systematischen und klaren Aufbau besticht: Für ein klar umrissenes Forschungsdesiderat auf einem aktuellen Feld der Geschäftsprozessmodellierung wird nicht nur eine überzeugende Lösung entworfen, diese Lösung wird auch in den Kontext aktueller Standards eingeordnet, mit einer passenden Werkzeugumgebung unterfüttert und durch eine Fallstudie abgesichert. Dabei ist die Darstellung von vorbildhafter Klarheit, sodass auch die teilweise sehr technische Materie leicht nachzuvollziehen ist. Gerade der integrative Ansatz, der Fach- und Systemperspektive verbindet und explizit zueinander in Verbindung setzt, überzeugt und kann hoffentlich für die Praxis weite Verbreitung finden. Durch die systematische Entwicklung auf der Basis einschlägiger internationaler Standards hat der Autor hierfür selbst beste Voraussetzungen geschaffen.

Regensburg im März 2011

Prof. Dr. Christian Wolff

# Danksagung

Die Arbeit, die tüchtige, intensive Arbeit, die einen ganz in Anspruch nimmt mit Hirn und Nerven, ist doch der größte Genuss im Leben.

*Rosa Luxemburg*

Zum Abschluss dieser Arbeit, die manche Mühe, aber noch viel mehr Freude bereitet hat, möchte ich meinem Dank Ausdruck verleihen.

Allen voran geht mein großer Dank an Prof. Dr. Christian Wolff, der diese Arbeit wissenschaftlich betreut hat. Seine immerwährende Verfügbarkeit für interessante Gespräche und Diskussionen, seine wertvollen Anregungen und seine stete Unterstützung dieses externen Promotionsverfahrens prägten die Zusammenarbeit in den letzten Jahren. Für die wissenschaftliche Begleitung der Arbeit, für hilfreiche Anregungen und der Übernahme des Koreferats sei Prof. Dr. Rainer Hammwöhner herzlich gedankt; sowie auch dem Doktorandenseminar für den gegenseitigen Gedankenaustausch und die dadurch erzeugten positiven Impulse für diese Arbeit.

Neben der wissenschaftlichen Arbeit war ich hauptberuflich als *Security Consultant* im Bereich des Identitätsmanagements bei der Firma *iC Consult GmbH* tätig. Große Unterstützung habe ich dabei vom Inhaber und Geschäftsführer Jürgen Biermann erfahren, der von Beginn an dem Vorhaben gegenüber positiv gestimmt war und die Integration von Beruf und wissenschaftlicher Arbeit wo immer es ging förderte. Dafür meinen herzlichen Dank! Mein Dank geht auch an Prof. Dr. Sebastian Abeck, an seinen ehemaligen Mitarbeiter und meinen jetzigen Kollegen Dr. Christian Emig, dessen Vorarbeiten in dieser Arbeit aufgegriffen wurden sowie an die ehemaligen Diplomanden Florian Marmé und Korbinian Molitorisz.

Für die Unterstützung im privaten Bereich möchte ich mich allen voran bei Annette bedanken, insbesondere für ihre große Unterstützung in der Endphase der Dissertation und die gründliche Durchsicht der Arbeit. Dank auch meinen Freunden Monika und Markus, die als frühe Leser dieser Arbeit hilfreiche Anregungen lieferten. Aber auch all denjenigen sei gedankt, die nicht explizit erwähnt sind, jedoch durch Gespräche, Diskussionen und Anregungen zum Gelingen dieser Arbeit beigetragen haben.

Nicht zuletzt geht mein aufrichtiger Dank an meine Eltern, die mich und meine Ausbildung von frühster Kindheit an im größten Maße förderten und unterstützten.

Regensburg im April 2010

Heiko Klarl

# Zusammenfassung

Zugriffskontrollanforderungen von Geschäftsprozessen werden von der Fachseite oftmals nachrangig behandelt und zudem losgelöst und kaum formalisiert vom Modell des fachlichen Geschäftsprozesses erfasst. Bei der Implementierung von Zugriffskontrollpolicies kommt es daher zu einem fehleranfälligem und kompliziertem Abstimmungsprozess zwischen Fach- und IT-Abteilung oder es entstehen Inkonsistenzen zwischen den spezifizierten Zugriffskontrollanforderungen und den implementierten Zugriffskontrollpolicies. Ziel dieser Arbeit ist es, Fach- und IT-Seite bei der Absicherung von Geschäftsprozessen näher zusammen zu bringen und einen modellgetriebenen Softwareentwicklungsprozess für Zugriffskontrollpolicies zu ermöglichen. Zugriffskontrollanforderungen sollen dabei durchgängig von den Domänenmodellen der Fachabteilung bis zu plattformspezifischen Zugriffskontrollpolicies abgebildet werden.

In dieser Arbeit wird daher als Grundlage ein unternehmensweites Rollenkonzept entworfen, das die Schwächen bisheriger Rollenkonzepte umgeht. Es definiert die Begriffe „Geschäftsrolle" und „Systemrolle" und beschreibt in einem Metamodell deren Bezug zueinander sowie zu den Geschäftsprozessen, den Anwendern und den Anwendungssystemen des Unternehmens. Daran schließt sich ein Ansatz zur formalisierten Erfassung von Zugriffskontrollanforderungen in Geschäftsprozessmodellen auf Basis des entwickelten Metamodells für Zugriffskontrollinformationen. Die Fachabteilung wird in die Lage versetzt, mit einem Editor Zugriffskontrollinformationen visuell zu modellieren und diese, sowie Geschäftsrollen, in Geschäftsprozessmodelle einzubetten. Dafür wird die BPMN zur IdM-BPMN erweitert. Aus den abgesicherten Geschäftsprozessmodellen in IdM-BPMN können modellgetrieben plattformunabhängige und letztlich plattformspezifische Zugriffskontrollpolicies erzeugt werden. Diese Konzepte werden in einen modellgetriebenen Softwareentwicklungsprozess eingebettet, dessen Phasen im Zusammenhang mit den beteiligten Akteuren und deren Aufgaben, den erzeugten und verwendeten Artefakten sowie den Werkzeugen und Verzeichnissen aufgezeigt werden. Die Arbeit schließt mit einer Fallstudie in der gezeigt wird, wie ein Geschäftsprozess zur Kreditvergabe mit den beschriebenen Konzepten abgesichert wird und daraus modellgetrieben Zugriffskontrollpolicies erzeugt werden.

Schlagwörter: Zugriffskontrolle, Zugriffskontrollanforderungen, Zugriffskontrollpolicies, Identitätsmanagement, Geschäftsprozess, Geschäftsprozessmodellierung, Modellierung, Modellgetriebene Sicherheit, Rollenmodell
CCS: D.2.0, D.2.1, D.2.2, K.6.3, K.6.5

# Abstract

Requirements regarding access control within business processes are often considered a low priority in the software development process by the business department. Furthermore, they are collected in a non-formalised manner and separated from the business processes model. At the time of the implementation of access control policies, this either results in an error-prone and complicated communication process between business and IT department or in inconsistencies between specified access control requirements and implemented access control policies. The aim of this work is to align the business site with the IT site while securing business process models and establishing a model-driven software development process. During the software development process, access control policies should be continuously considered, starting with the domain models of the business process and ending with platform-specific access control policies.

In this thesis, an enterprise-wide role model is designed as a basis, avoiding the weaknesses of existing concepts. It defines the terms "business role" and "system role" and their relation to each other in a meta-model which also covers the relation between the enterprises business processes, users, and IT systems. Subsequently, the formalised collection of access control requirements within business process models is supported by the meta-model for access control information. The business department is thus enabled to visually model access control information in a developed editor and can also attach them and business roles to business process models. The concept shows platform-independent and finally platform-specific access control policies created in a model-driven way. The phases of the model-driven development process are described in relation to the participating actors and their responsibilities, the created and used artefacts and the used tools and directories. A case study shows how a business process for credit applications is secured by the presented concepts and how platform-specific access control policies are generated using model-driven techniques.

Keywords: Access Control, Access Control Requirements, Access Control Policies, Identity Management, Business Process, Business Process Modeling, Modeling, Model-Driven Security, Role-Model
CCS: D.2.0, D.2.1, D.2.2, K.6.3, K.6.5

# Inhaltsverzeichnis

# 1 Einleitung

Im vorliegenden Kapitel wird in den Themenbereich dieser Arbeit eingeführt. Beginnend mit der Darstellung des Szenarios werden im Anschluss die damit verbundenen Probleme konkretisiert und dadurch die Motivation dieser Arbeit dargelegt. Darauf aufbauend wird die Zielsetzung der Arbeit innerhalb vorgegebener Prämissen erarbeitet.

## 1.1 Einführung in das Szenario

Mit der rasanten Verbreitung des Internets und der immer stärkeren Durchdringung der Unternehmen mit Informationstechnik hat sich das geschäftliche Umfeld seit den 1990er Jahren stark verändert. Die ständige Verfügbarkeit der „Ware" Information definiert den Wettbewerb vor allem von global agierenden Unternehmen kontinuierlich neu. Auf Änderungen im Geschäftsmodell von Mitbewerbern muss genauso flexibel reagiert werden, wie neue, im Unternehmen ersonnene Verbesserungen und Geschäftsmodelle innerhalb der Anwendungssysteme umgesetzt werden müssen (vgl. Laudon et al., 2006, S. 31 f.). Das Paradigma der agilen Entwicklung ist nicht nur auf den reinen Softwareentwicklungsprozess gemünzt, sondern gilt gleichermaßen als Maxime für das gesamte Unternehmen (vgl. Perlitz et al., 1997).

Aber nicht nur der Wettbewerb zwischen den Unternehmen erfordert agiles Handeln, auch die zunehmenden Vorgaben und Regulierungen, sowie unternehmenseigene Regelungen – zusammengefasst unter dem Schlagwort *Compliance* – tragen dazu bei (vgl. Burling, 2005). Die Spannweite der Vorschriften reicht dabei von der Sicherstellung der Kreditwürdigkeit im Sinne von Basel II (vgl. Basel II, 2006), der Korrektheit der regelmäßig abzugebenden Finanzberichte im Rahmen des *Sarbanes-Oxley-Act (SOX)* (vgl. SOX, 2002), bis hin zum *Bundesdatenschutzgesetz (BDSG)* (vgl. BDSG, 2009). Zur Erfüllung dieser Vorgaben und um Missbrauch zu verhindern, ist eine schnelle und vollständige Umsetzung in den Anwendungssystemen erforderlich.

Bei der Umsetzung dieser fachlichen Vorgaben in den technischen Anwendungssystemen werden die zugrunde liegenden Geschäftsprozesse, die im Rahmen des Geschäftsprozessmanagements (*Business Process Management (BPM)*) möglichst

vollständig erfasst werden, genutzt (vgl. Weske, 2007). Sie geben einem im Anwendungssystem umgesetzten Ablauf eine konkrete Repräsentation im Sinne eines
Geschäftsprozessmodells, das von den Fachabteilungen des Unternehmens analysiert werden kann. Eine solche Analyse kann *Compliance*-relevante Stellen aufzeigen und im Anschluss daran den Handlungsbedarf für notwendige Anpassungen
an den Anwendungssystemen definieren. Auch zur Verbesserung der Prozessabläufe, um im Sinne der Geschäftsprozessneugestaltung (*Business Process Reengineering*) Kosteneinsparungen oder Wettbewerbsvorteile zu erlangen, werden die
Geschäftsprozessmodelle ausgewertet (vgl. Hammer und Champy, 1996). Zur vereinfachten technischen Umsetzung der Geschäftsprozesse in Anwendungssystemen hat sich seit Mitte der 1990er Jahre das Paradigma der *serviceorientierten
Architektur (SOA)* entwickelt (vgl. Newcomer und Lomow, 2005; Richter et al.,
2005). Kernfunktionalitäten des Anwendungssystems werden dabei in unabhängigen Diensten, den sogenannten Services gekapselt und innerhalb der informa-
tionstechnischen Infrastruktur des Unternehmens zur Verfügung gestellt. Grundlegende Funktionalität, zum Beispiel das Anlegen von Kundenstammdaten, wird
nicht für jedes Anwendungssystem erneut – und dadurch mit zahlreichen Variatio-
nen – umgesetzt, sondern einmal entwickelte, als Dienst zur Verfügung gestellte
Funktionalität wird in verschiedenen Anwendungen wiederverwendet. Dabei kann
ein Dienst vollständig neu als Komponente entwickelt werden oder Funktionalität
bestehender Anwendungssysteme kapseln und als definierte Schnittstelle zur Verfügung stellen. Das Anwendungssystem im Sinne einer serviceorientierten Architektur setzt sich lose gekoppelt aus verschiedenen Diensten zusammen, vergleich-
bar mit einem Baukasten, bei dem einzelne Bausteine zu komplexen Gebilden zu-
sammengefügt werden können. Anpassungen des Anwendungssystems aufgrund
von Änderungen der Geschäftsprozesse oder durch *Compliance*-Vorgaben können
daher durch Rekombination oder Austausch einzelner Dienste effizient und mit
relativ geringem Aufwand vorgenommen werden. Die engen Systemgrenzen klassischer Anwendungssysteme lösen sich dadurch auf und neue, „offene" Anwendungssysteme entstehen.

Die Sicherheit des Anwendungssystems muss auch mit diesem neuen Architek-
tur-Paradigma gewährleistet sein. Im Fokus dieser Arbeit steht dabei ein Teilaspekt
der IT-Sicherheit, das *Identitätsmanagement (IdM)* (vgl. Mezler-Andelberg, 2008),
insbesondere die Zugriffskontrolle. Im Rahmen der Zugriffskontrolle wird festgelegt, wer Zugriff auf welche Funktionalität des Anwendungssystems erhält. Beispielsweise kann für einen in den Anwendungssystemen umgesetzten Geschäftsprozess feingranular festgelegt werden, welcher Anwender auf welche Prozessschritte zugreifen darf. Mit der Abkehr von geschlossenen, monolithischen Anwendungssystemen mit engen Systemgrenzen hin zu offenen, lose gekoppelten,

serviceorientierten Anwendungssystemen haben sich die Voraussetzungen für das Identitätsmanagement grundlegend geändert (vgl. Emig, 2008, S. 3 f.). Das Identitätsmanagement muss die Zugriffskontrolle für diese lose gekoppelten Anwendungssysteme gewährleisten und deren anwendungssystemübergreifende Nutzung von Diensten unterstützen. Der Fachabteilung kommt dabei die Aufgabe zu, die nicht-funktionalen, grundsätzlich fachlich motivierten Anforderungen an die Zugriffskontrolle der Geschäftsprozesse zu spezifizieren. Diese Anforderungen werden von der Fachabteilung oftmals als nicht formalisierte Aussagen in Spezifikationsdokumenten gesammelt und existieren losgelöst vom abzusichernden Geschäftsprozess (vgl. Pohl, 2008, S. 229 ff.). Daraufhin beginnt ein Kommunikationsprozess zwischen der Fachabteilung und der IT-Abteilung mit dem Ziel, die Zugriffskontrollanforderungen vollständig zu spezifizieren und sie im Anschluss durch die IT-Abteilung in Zugriffskontrollpolicies zu überführen. Diese können in *Standardprodukten (Commercial off-the-shelf (COTS))* in einer IdM-Infrastruktur (vgl. Blum, 2005b) verwendet werden. Die zeitgleiche Implementierung, beziehungsweise Adaptierung, der Zugriffskontrollpolicies mit der fachlichen Anpassung des Geschäftsprozesses im Anwendungssystem muss dabei sicher gestellt sein, da andernfalls Inkonsistenzen zwischen der Anwendung und den Zugriffskontrollpolicies auftreten können.

Abbildung 1.1 zeigt das erläuterte Szenario. Auf der obersten Ebene befindet sich der fachliche Geschäftsprozess, der auf Seite der Informationstechnik als sogenannte Dienstkomposition (mittlere Ebene) von Basisdiensten umgesetzt ist. Diese Dienste (unterste Ebene) sind entweder eigens entwickelte Komponenten oder sie stellen lediglich gekapselte Funktionalität bereits bestehender Anwendungssysteme zur Verfügung und sind die elementaren Elemente der serviceorientierten Architektur. Das Identitätsmanagement ist als Querschnittseigenschaft auf den verschiedenen Ebenen zugegen. Auf der Ebene des Geschäftsprozesses beziehen sich Zugriffskontrollpolicies auf einzelne Prozessschritte, wohingegen auf Ebene der Dienstkomposition Zugriffskontrollpolicies die verknüpften Dienstschnittstellen der Basisdienste absichern.

# 1.2  Problemstellung und Zielsetzung

Im vorhergehenden Abschnitt wurde in das Szenario dieser Arbeit eingeführt, allerdings noch ohne explizit dessen Probleme in Bezug auf die Zugriffskontrolle hervorzuheben. Dieser Abschnitt konkretisiert die Probleme und damit die Motivation der vorliegenden Arbeit, um darauf aufbauend die Zielsetzung zu erarbeiten.

Der immer kürzer werdende Lebenszyklus von Geschäftsprozessen verursacht

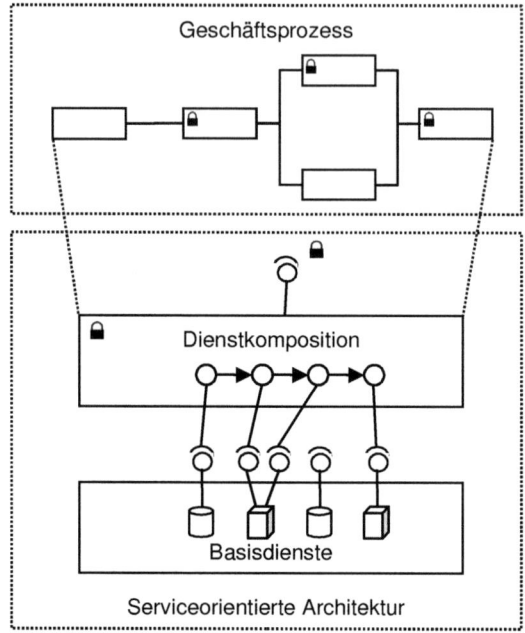

Abbildung 1.1: Abgesicherter Geschäftsprozess in einer serviceorientierten Architektur

eine immer schnellere Anpassung der zugrunde liegenden Anwendungssysteme, um den Herausforderungen des globalen Wettbewerbs gerecht zu werden. Änderungen von gesetzlichen Vorgaben und Regularien sowie von internen Regeln und Vorschriften erhöhen den Anpassungsdruck, vor allem da die Änderungen in der Regel innerhalb vorgegebener Fristen in den Anwendungssystemen umgesetzt werden müssen. Mit den Änderungen an den Geschäftsprozessen geht jedoch auch ein Anpassungsbedarf bei den Zugriffskontrollanforderungen und den darauf aufbauenden Zugriffskontrollpolicies einher. Zugriffskontrolle als ein Aspekt der Sicherheit von Informationssystemen gerät als klassische Querschnittseigenschaft während des Softwareentwicklungsprozesses sehr leicht in den Hintergrund (vgl. Lodderstedt, 2003, S. 11 f.). Für die Fachabteilung besitzt die Umsetzung der fachlichen Änderung höchste Priorität. Daher steht die Entwicklung der fachlichen Komponenten im Vordergrund. Die Absicherung des Geschäftsprozesses, also die Spezifizierung von Zugriffskontrollanforderungen und die Erzeugung, be-

ziehungsweise Erweiterung von Zugriffskontrollpolicies, wird oftmals erst zum
Ende der Implementierungsphase oder im Nachhinein vorgenommen und nicht
schon in den wichtigen Phasen der Analyse und des Entwurfs berücksichtigt. Dabei spezifiziert die Fachabteilung die Zugriffskontrollanforderungen oft wenig formalisiert in verschiedenen Dokumenten, die losgelöst vom abzusichernden Geschäftsprozess existieren. Liegen diese Dokumente nur lückenhaft und im Jargon
der Fachdomäne vor, beginnt ein komplizierter und fehleranfälliger Abstimmungsprozess zwischen der Fach- und der IT-Abteilung mit dem Ziel, der IT-Abteilung
Wissen über die fachlichen Anforderungen zu vermitteln und so Lücken in den
Spezifikationen zu schließen (vgl. Cormack et al., 2001). Am Beispiel des unterschiedlichen Verständnisses für den Begriff „Rolle" innerhalb eines Anwendungssystems ist dies gut zu erkennen. Während auf der Fachseite „Rolle" einen fachlichen Ursprung, oftmals angelehnt an die Aufgaben des Mitarbeiters hat, so ist in
den technischen Anwendungssystemen eine Rolle oftmals an die technische Funktionalität ohne Bezug zur Fachlichkeit gebunden. Nimmt die IT-Abteilung selbst
die Spezifikation der Anforderungen vor, so besteht die Gefahr, wichtige Aspekte der Zugriffskontrolle aufgrund des anderen Blickwinkels der Fachabteilung zu
übersehen, zumindest aber verliert die Fachabteilung die Hoheit über die Zugriffskontrollanforderungen. Diese sollten aber – aufgrund ihrer fachlichen Motivation
– zur Gänze bei ihr liegen. Im ungünstigsten Fall werden die beabsichtigten, aber
nicht ausreichend spezifizierten Zugriffskontrollanforderungen nicht ordnungsge-
mäß im Anwendungssystem zu Zugriffskontrollpolicies umgesetzt, was eine man-
gelhafte Absicherung desselben zur Folge hat. Diese nachrangige Behandlung der
Sicherheitsaspekte ist fehleranfällig und entspricht nicht den Prinzipien einer ingenieurmäßigen Konzeption von Anwendungssystemen, bei der das gesamte System die Phasen Analyse, Entwurf und Implementierung durchläuft (vgl. Frick,
1995, S. 34 ff.). Etablierte Verfahren des Anforderungsmanagements (vgl. Schienmann, 2002; Hull et al., 2002) tragen zwar dazu bei, die Kommunkationslücke
zwischen Fach- und IT-Seite zu schließen, können aber die Komplexität der Querschnittsfunktionalität der Zugriffskontrolle nicht gleichermaßen gut abbilden, wie
beispielsweise Anforderungen an den rein fachlichen Teil eines Anwendungssystems. Ursächlich hierfür ist neben dem unterschiedlichen, domänenspezifischen
Vokabular der Beteiligten unter anderem die Trennung zwischen der Spezifikation
der fachlichen Anforderungen, beispielsweise in Geschäftsprozessmodellen und
die davon losgelöste Spezifikation von Zugriffskontrollanforderungen in separaten
Spezifikationsdokumenten. Diese Trennung des Geschäftsprozessmodells auf der
einen und den dazugehörigen Zugriffskontrollanforderungen auf der anderen Seite kann sehr leicht zu Inkonsistenzen führen, wenn Änderungen nicht unmittelbar
und vollständig in allen Spezifikationsdokumenten vorgenommen werden.

In eigenen Vorarbeiten (vgl. Klarl, 2007) wurden idealtypische Ziele formuliert, die erst umgesetzt werden können, wenn die Ziele dieser Arbeit erreicht und somit die Grundlagen dafür geschaffen wurden. Zu den Zielen mit Vorbedingung zählt die Beschreibung von organisatorischen Meta-Zugriffskontrollpolicies, die globale Sicherheitsvorgaben des Unternehmens definieren und die für konkrete Geschäftsprozesse „instanziert" werden oder die Beschreibung von Sicherheitsmustern in einem Musterkatalog zur mustergestützten Wiederverwendung von Zugriffskontrollanforderungen.

Die benötigte Grundlagen und die in diesem Abschnitt aufgezeigte Problematik motivieren verschiedene Maßnahmen zur Verbesserung der derzeitigen Situation, die im Rahmen dieser Arbeit erreicht werden sollen und nachfolgend als Ziele vorgestellt werden.

## Ziel Z 1: Entwurf eines unternehmensweiten Rollenkonzepts

In existierenden Anwendungssystemen kommt zur Autorisierung von Zugriffen oftmals das Konzept der *rollenbasierten Zugriffskontrolle (RBAC)* zum Einsatz (vgl. Ferraiolo et al., 2001). Der Zugriff wird dann gewährt, wenn der handelnde Akteur beim Zugriff auf eine bestimmte Funktionalität des Anwendungssystems einer bestimmten Rolle angehört. Die traditionelle rollenbasierte Zugriffskontrolle ist dabei auf ein Anwendungssystem beschränkt. Die zu entwickelnde rollenbasierte Zugriffskontrolle soll weiterhin die Abbildung von anwendungsspezifischen Rollen ermöglichen, aber zugleich auch anwendungsübergreifende Rollenbezeichnungen aus der Fachdomäne einbinden und verknüpfen, die beispielsweise Tätigkeitsprofile der Mitarbeiter genauer definieren. Die beiden verschiedenen, das heißt aus der technischen sowie der fachlichen Domäne kommenden Rollenbegriffe werden dabei miteinander in Beziehung gesetzt. Zum einem erhöht dies die Verständlichkeit zwischen Fach- und IT-Seite, da die unterschiedlichen Rollenbezeichnungen in die „eigene" Sprache aufgelöst werden können, zum anderen wird im Rahmen eines modellgetriebenen Entwicklungsprozesses die automatische Auflösung fachlicher in technische Rollen ermöglicht.

## Ziel Z 2: Verknüpfung von Zugriffskontrollanforderungen und Geschäftsprozessmodellen

Zugriffskontrollanforderungen existieren oftmals losgelöst von den Geschäftsprozessmodellen in Spezifikationsdokumenten, was zu erhöhtem Pflegeaufwand sowie zu Inkonsistenzen zwischen Modellen und Dokumenten führen kann. Der fachliche Hintergrund der Zugriffskontrollanforderungen legt die Erfassung durch die Fachseite in den Geschäftsprozessmodellen bereits mit Beginn des Softwareentwicklungsprozesses nahe. Die Erfassung der Zugriffskontrollanforderungen muss für die Fachabteilung zu bewerkstelligen sein. Die leichtgewichtige Erweiterung (vgl. OMG, 2009d, S. 653 ff.) bestehender und bewährter Notationen für die Geschäftsprozessmodellierung ist dabei zu bevorzugen, da dies einerseits die Kompatibilität zu bestehenden Modellen und Werkzeugen gewährleistet und andererseits die Anwender die ihnen bereits bekannten Notationen weiterhin verwenden können. Die Abbildung von Zugriffskontrollanforderungen im Geschäftsprozessmodell soll einen modellgetriebenen Entwicklungsprozess von Zugriffskontrollpolicies ermöglichen.

## Zielerweiterung ZE 2.1: Modellierungswerkzeuge für Zugriffskontrollanforderungen und Zugriffskontrollpolicies und deren Verknüpfung mit Geschäftsprozessmodellen

Das Ziel Z 2 umfasst die Verknüpfung von Zugriffskontrollanforderungen und Zugriffskontrollpolicies mit Geschäftsprozessmodellen und bildet damit die Grundlage für eine Umsetzung in einem Modellierungswerkzeug. Dieses Werkzeug soll die Fachabteilung in die Lage versetzen, Zugriffskontrollanforderungen und Zugriffskontrollpolicies visuell zu formulieren und somit zugleich bei einer formalisierten Erfassung unterstützen. Das Modellierungswerkzeug soll ferner die Modellierung von Geschäftsprozessen ermöglichen, damit die Fachabteilung ihre Zugriffskontrollanforderungen und Zugriffskontrollpolicies mit den Geschäftsprozessmodellen innerhalb desselben Werkzeugs verknüpfen kann.

## Zielerweiterung ZE 2.2: Modellgetriebener Softwareentwicklungsprozess von Zugriffskontrollpolicies

Im Ziel Z 2 werden durch die Verknüpfung von Zugriffskontrollanforderungen und Geschäftsprozessmodellen die Grundlagen für einen modellgetriebenen Softwareentwicklungsprozess (vgl. OMG, 2001, 2003) für Zugriffskontrollpolicies bereitet. Die modellgetriebene Verarbeitung von Zugriffskontrollanforderungen und Zugriffskontrollpolicies reduziert manuelle Arbeiten und trägt damit sowohl zur Vermeidung von Inkonsistenzen, aber auch zu einer kürzeren Entwicklungszeit bei (vgl. Hitz et al., 2005, S. 345; Pietrek und Trompeter, 2007, S. 16 f.). Eine Transformation soll aus Zugriffskontrollpolicies im Domänenmodell des Geschäftsprozesses plattformunabhängige Zugriffskontrollpolicies erzeugen, die zwar eine manuelle Anreicherung mit weiteren Informationen benötigen, aber ansonsten – wie

in (Emig, 2008, S. 165 ff.) beschrieben – automatisch in plattformspezifische Zugriffskontrollpolicies für Standardprodukte für die Zugriffskontrolle transformiert
werden können.

## 1.3  Prämissen der Arbeit

Sicherheit in der Informationstechnologie, im konkreten Fall die Zugriffskontrolle, ist eine Querschnittsfunktionalität (vgl. Moreira et al., 2002). Bei Bearbeitung
dieses Themenkomplexes werden daher verschiedene Themengebiete berührt, ohne jedoch selbst im Fokus zu sein. Dieser Abschnitt gibt daher Einschränkungen
und Vorbedingungen wieder, die zur Eingrenzung des Themas getroffen wurden.

### Prämisse P 1: Unternehmensweites Identitätsmanagement

Das Identitätsmanagement gehört zu den Hauptbestandteilen in der Sicherheitsarchitektur einer Organisation (vgl. Götzfried, 2007). Es umfasst dabei unter anderem die Bereiche Authentifizierung von Identitäten, die Autorisierung und Autorisierungsprüfung von Zugriffen sowie die Protokollierung relevanter Ereignisse
zu Auditierungszwecken. Diese drei Säulen sind in verschiedene Prozesse eingebettet, um die Komplexität des IdM verwalten zu können. Die Provisionierung
von Identitäten und Identitätsattributen begleitet den gesamten Lebenszyklus einer
Identität, beginnend bei der Kontoanlage in verschiedenen Systemen beim Eintritt eines Mitarbeiters in ein Unternehmen über die Aktualisierung von Attributen
während der Anstellung und endend mit dem Entfernen der Identität aus den Systemen beim Austritt des Mitarbeiters aus dem Unternehmen. Die Verwaltung und
Vergabe von Berechtigungen wird durch Beantragungs-, Freigabe- und wiederum
Provisionierungsprozesse gestützt. Die vorliegende Arbeit beschränkt sich dabei
auf den Bereich der Autorisierung. Andere Bereiche des Identitätsmanagements
werden nur berührt, falls dies für die Umsetzung der in Abschnitt 1.2 definierten
Ziele erforderlich ist.

Die modellgetriebene Erzeugung von plattformunabhängigen Zugriffskontrollpolicies bildet einen wesentlichen Teil dieser Arbeit. Zur Abbildung dieser Policies wird die Policy-Sprache *Web Services Access Control Markup Language
(WSACML)* (vgl. Emig, 2008, S. 156 ff.) verwendet.

## Prämisse P 2: Webserviceorientierte Architektur

Serviceorientierte Architekturen können in verschiedenen Technologien umgesetzt werden. Implementierungen sind unter anderem in CORBA (vgl. OMG, 2004), RMI (vgl. JSR 66, 2002) oder auf Basis von Webservices (vgl. Dostal et al., 2005) möglich. Aufgrund ihrer Einfachheit und der breiten Unterstützung in den Programmiersprachen sind Webservices eine verbreitete Umsetzungsform von serviceorientierten Architekturen (vgl. Newcomer und Lomow, 2005, S. 20). Daher wird im Rahmen dieser Arbeit von einer webserviceorientierten Architektur der Anwendungssysteme ausgegangen. Die grundlegenden Erkenntnisse dieser Arbeit lassen sich dennoch auf andere Realisierungsformen serviceorientierter Architekturen übertragen.

Mit dem Vorhandensein der webserviceorientierten Architektur setzt diese Arbeit die Nutzung von unternehmensweiten Geschäftsobjekten (vgl. Engels et al., 2008, S. 125 ff.) voraus.

## Prämisse P 3: Unternehmensinterne Architektur

Sowohl das Identitätsmanagement als auch webserviceorientierte Architekturen sind nicht an die Grenzen eines Unternehmens gebunden, sondern können auch unternehmensübergreifend zum Einsatz kommen. Beide Szenarios liegen nicht im Bereich dieser Arbeit. Es wird stattdessen von einem auf ein einzelnes Unternehmen begrenztes Identitätsmanagement sowie von einer webserviceorientierten Architektur innerhalb der Unternehmensgrenzen ausgegangen.

## Prämisse P 4: Zugriffskontrolle und Geschäftsprozesse

Der in dieser Arbeit vorgestellte Ansatz zur Erfassung von Zugriffskontrollanforderungen und zur modellgetriebenen Entwicklung von Zugriffskontrollpolicies setzt einen vollständigen Entwicklungsprozess (vgl. Frick, 1995) für die Geschäftsprozesse des Anwendungssystems voraus. Die Entwicklung verläuft über die Phasen der Analyse, des Entwurfs zur Implementierung und endet mit der Bereitstellung des Anwendungssystems. Dieser Ablauf stellt das Vorhandensein aller benötigten Artefakte, wie beispielsweise ausreichend spezifizierter Geschäftsprozessmodelle, für das beschriebene Vorgehen sicher.

Das beschriebene Verfahren eignet sich grundsätzlich auch für bestehende Geschäftsprozesse, allerdings wird auf die für diesen Fall spezifischen Anforderungen oder Änderungen in den Abläufen nicht gesondert eingegangen.

## Prämisse P 5: Zugriffskontrollinformation

Der Begriff „Zugriffskontrollinformation" wird als Sammelbegriff für die beiden Begriffe „Zugriffskontrollanforderung" und „Zugriffskontrollpolicy" verwendet. Unter einer Zugriffskontrollanforderung wird die fachliche Anforderung in Bezug auf die Zugriffskontrolle für ein bestimmtes, zu schützendes Objekt verstanden. Die Zugriffskontrollanforderung wird nicht formal ausgedrückt, sondern kann in Prosa formuliert sein. Zugriffskontrollpolicies hingegen sind formalisierte Ausdrücke, die den Zugriff auf ein bestimmtes, zu schützendes Objekt exakt definieren. Ihre Syntax und Semantik ist festgelegt. Aufgrund der Formalisierung können Zugriffskontrollpolicies automatisch verarbeitet werden.

## Prämisse P 6: Sicherheit

Der Begriff „Sicherheit" und dessen Ableitungen wird in dieser Arbeit immer mit Bezug zum Identitätsmanagement und zur Zugriffskontrolle verwendet. Diese Einschränkung dient lediglich der sprachlichen Vereinfachung, da ansonsten mit jeder Erwähnung des Begriffs die semantische Dimension (vgl. Dierstein, 2004) geklärt werden müsste. Begriffsdefinitionen wie die duale Sicherheit mit ihren explizit angeführten fünf semantischen Dimensionen (vgl. Dierstein, 2004) oder die mehrseitige Sicherheit (vgl. Müller und Pfitzmann, 1997) bleiben davon unberührt.

## Prämisse P 7: Anwendungssystem

Der Begriff Anwendungssystem wird synonym mit den Begriffen Anwendung, System, IT-System und Softwaresystem verwendet und bezieht sich auf die Definition des Informatik-Begriffsnetzes der „Gesellschaft für Informatik". Dort wird Anwendungssystem definiert als „[...] ein System, das Software-Komponenten enthält. Im weiteren Sinne umfaßt es eine Menge von inhaltlich zusammengehörigen Aufgaben, die dafür verantwortlichen Menschen als Aufgabenträger und die zu ihrer Erfüllung eingesetzte technische Ausstattung." (GI-IB).

## Prämisse P 8: Geschäftsprozess

Der Begriff „Geschäftsprozess" wird synonym im Sinne des betriebswirtschaftlichen Begriffs (vgl. Lehner et al., 2007, S. 246), des Geschäftsprozessmodells (vgl. Weske, 2007) sowie seiner Umsetzung in Anwendungssystemen als *Workflow* (vgl. Gehring und Pankratz, 2008, S. 16 ff.) verwendet.

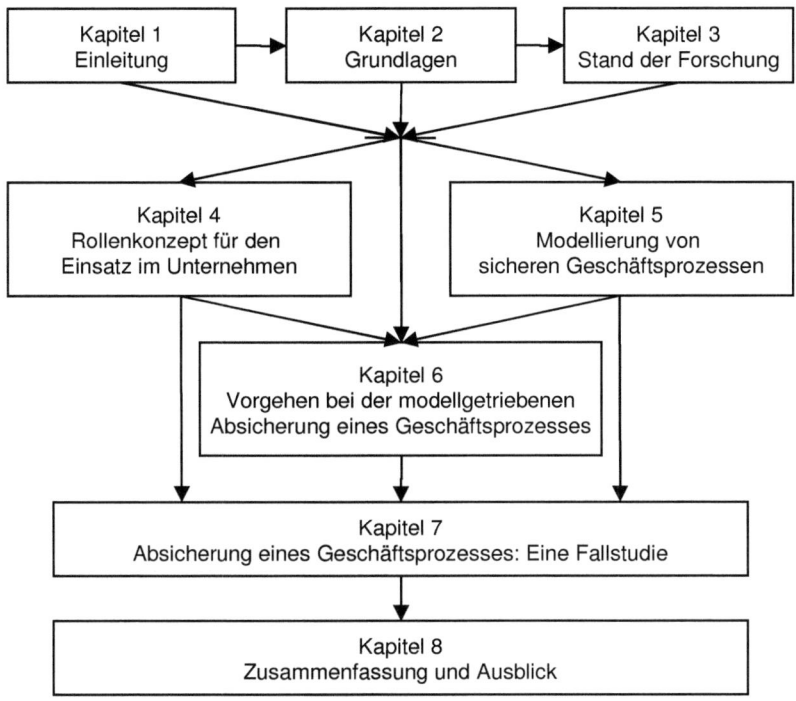

Abbildung 1.2: Aufbau der Arbeit

## 1.4 Aufbau der Arbeit

Die vorliegende Arbeit gliedert sich in acht Kapitel und ist, wie in Abbildung 1.2 veranschaulicht, aufgebaut:

**Kapitel 1** führt in den Themenbereich der Zugriffskontrolle in Geschäftsprozessen ein. Die damit verbundenen Probleme und somit die Motivation der Arbeit werden konkretisiert und darauf aufbauend die Zielsetzung innerhalb vorgegebener Prämissen erarbeitet.

**Kapitel 2** stellt die fachlichen Grundlagen dieser Arbeit vor, bereitet somit den theoretischen Hintergrund und etabliert ein einheitliches Begriffsverständnis.

In **Kapitel 3** wird der Stand der Forschung und Technik behandelt. Die Grundlage für die Bewertung und Einordnung der analysierten Literatur bildet dabei ein Anforderungskatalog, der einerseits eine objektive Bewertung der Literatur ermöglicht und andererseits die Defizite der analysierten Arbeiten strukturiert aufzeigt.

Ein Rollenkonzept für den Einsatz im Unternehmen wird in **Kapitel 4** vorgestellt. Es erweitert rollenbasierte Zugriffskontrollmodelle für den anwendungssystemübergreifenden Gebrauch und bildet dadurch die Grundlage für ein einheitliches Rollenverständnis im Unternehmen. Durch die Verknüpfung des Rollenbegriffs der fachlichen Domäne mit dem Rollenbegriff der Domäne der Anwendungssysteme wird ferner ein zusammenhängendes Verständnis des Rollenbegriffs geschaffen.

**Kapitel 5** hat die Modellierung von sicheren Geschäftsprozessen zum Gegenstand. Die *Business Process Modeling Notation (BPMN)* (vgl. OMG, 2009b) als Notation für die Geschäftsprozessmodellierung wird zur Abbildung von Zugriffskontrollinformationen erweitert und die Modellierung von Zugriffskontrollinformationen wird eingeführt. Im Anschluss daran werden die Werkzeugunterstützung zur Modellierung sicherer Geschäftsprozesse sowie die damit verarbeiteten oder erzeugten Artefakte und die Akteure vorgestellt.

**Kapitel 6** greift den modellgetriebenen Softwareentwicklungsprozess auf, dessen Ablauf vom ersten fachlichen Modell des Geschäftsprozesses bis zu den erzeugten plattformspezifischen Zugriffskontrollpolicies dargestellt wird. Im Anschluss daran werden die einzelnen Phasen des Softwareentwicklungsprozesses vorgestellt und für jede Phase die darin anfallenden Arbeitsschritte und Verantwortlichkeiten herausgearbeitet.

In **Kapitel 7** erfolgt die prototypische Anwendung der vorgestellten Konzepte in einer Fallstudie am Beispiel eines Geschäftsprozesses zur Kreditvergabe aus der Bankendomäne.

**Kapitel 8** schließt die vorliegende Arbeit mit einer Zusammenfassung der erzielten Ergebnisse und gibt einen Ausblick auf weiterführende und offene Forschungsfragen.

# 1.5 Typografische Konventionen und Rechtschreibung

Zur Verbesserung der Lesbarkeit dieser Arbeit wurde versucht, die hier vorgestellten typografische Konventionen durchgehend anzuwenden. Fremdwörter, sofern sie nicht im Duden (vgl. Duden, 2006) vorkommen und Eigennamen werden *kursiv* gesetzt. Eine Ausnahme bilden die für diese Arbeit wesentlichen englischen Begriffe, für die es oftmals keine adäquate und allgemein verständliche deutsche Übersetzung gibt oder bei denen Übersetzung eher zu Unklarheiten führt. In diesem Fall findet keine gesonderte typografische Hervorhebung statt. Die Einführung von Abkürzungen, gleich welcher Sprache, wird *kursiv* gesetzt, in der weiteren Textfolge wird aus Gründen der Lesbarkeit aber darauf verzichtet. Quelltexte werden in `dicktengleicher` Schrift gesetzt. Überschriften, Abbildungen und Tabellen werden von den typografischen Konventionen ausgenommen.

# 2 Grundlagen

In diesem Kapitel werden die fachlichen Grundlagen der Arbeit vorgestellt und somit sowohl der theoretische Hintergrund als auch ein einheitliches Begriffsverständnis etabliert. Zuerst wird der Bereich des Identitätsmanagements vorgestellt, an den sich eine Einführung in die Themenkomplexe der Geschäftsprozesse sowie der verschiedenen Aspekte der Modellierung anschließt. Mit einer Darstellung des Anforderungsmanagements endet das vorliegende Kapitel.

## 2.1 Identitätsmanagement

Das Identitätsmanagement gehört zu den Hauptbestandteilen in der Sicherheitsarchitektur eines Unternehmens (vgl. Götzfried, 2007). Aufgegriffen wird zuerst der Begriff der digitalen Identität, die von den verschiedenen Bestandteilen und Prozessen des Identitätsmanagements umgeben ist. Der Abschnitt endet mit einer Darstellung der rechtlichen Rahmenbedingungen mit Bezug zum Identitätsmanagement.

### 2.1.1 Digitale Identität

Agiert ein Subjekt, das ein menschlicher Anwender, aber auch ein System sein kann, mit einem Anwendungssystem, so benötigt es innerhalb des Anwendungssystems eine digitale Identität. Blum definiert die digitale Identität wie folgt:

> [A digital identity is] the representation of a subject that includes a unique number or identifier, credential(s), and attributes (a profile); it may comprise one account or a collection of accounts referring to the same subject. (Blum, 2005a)

Die digitale Identität ist die Menge aller Attribute, das heißt der Identitätsmerkmale, die ein Subjekt umfasst. Die Menge dieser Attribute lässt sich in unterschiedliche Kategorien einteilen, die im Schalenmodell der digitalen Identität (vgl. Walther, 2004) in Abbildung 2.1 wiedergegeben werden und analog zu Blums Definition sind.

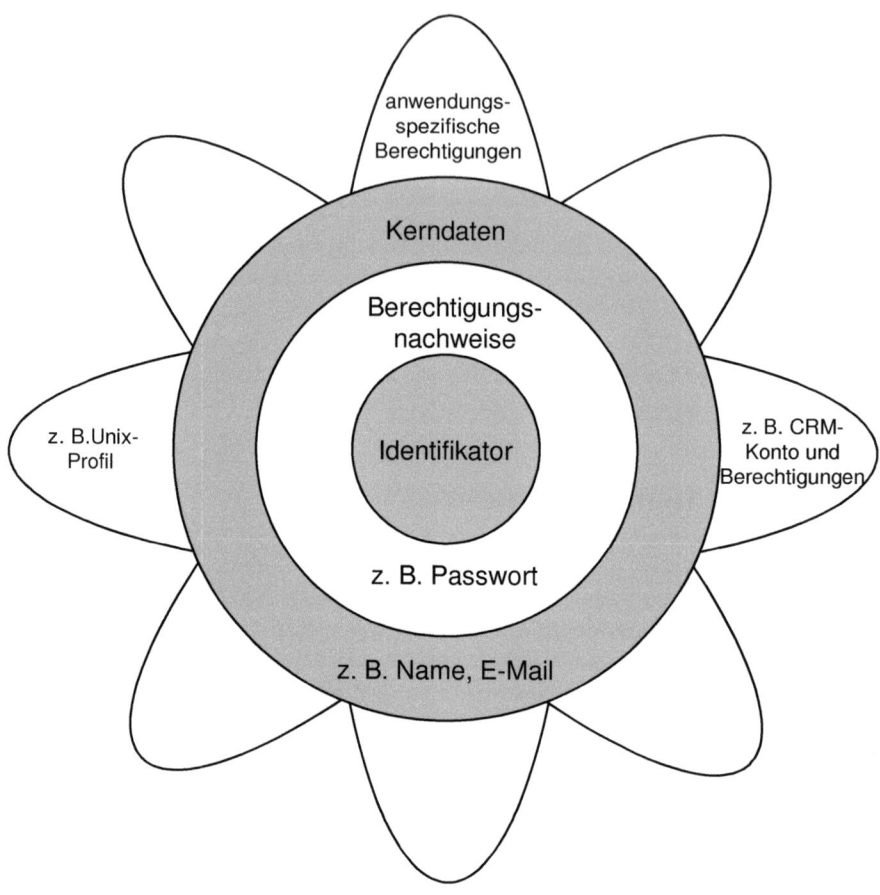

Abbildung 2.1: Schalenmodell der digitalen Identität


Im Zentrum steht der Identifikator, das Attribut, das eine bestimmte digitale Identität aus einer Menge von digitalen Identitäten eindeutig bestimmt. Der Identifikator ist in der Regel ein künstlich erzeugter Schlüssel, da nahezu alle Attribute der digitalen Identität nicht eindeutig innerhalb eines Identitätenverzeichnisses sind oder ihren Wert im Laufe der Zeit ändern können und somit keine zeitunabhängige Eindeutigkeit gewährleisten können (vgl. Mezler-Andelberg, 2008, S. 30 ff.). Als Identifikator kann zum Beispiel eine nur einmalig zu vergebende Personalnummer (ein Wert aus einer streng monoton steigenden Zahlenfolge) oder ein zeitabhängiger, eindeutig generierter *Universally Unique Identifier (UUID)* (vgl. RFC 4122, 2005) vergeben werden. Zur Authentifizierung der vorgegebenen digitalen Identität ist ein Berechtigungsnachweis (*Credential*), wie beispielsweise ein Passwort oder ein biometrisches Merkmal, nötig. Der Berechtigungsnachweis als Voraussetzung für eine erfolgreiche Authentifizierung befindet sich auf der ersten Schale, die den Kern des eindeutigen Identifikators umgibt. Im einfachsten Fall besteht eine digitale Identität nur aus ihrem Identifikator und dem dazugehörigen Berechtigungsnachweis. Die zweite Schale bilden die Attribute oder auch Kerndaten der digitalen Identität. Dazu gehören unter anderem der Name, die E-Mail-Adresse, aber auch – vor allem in Unternehmen – organisatorische Informationen, wie beispielsweise die Abteilungszugehörigkeit, die Kostenstelle und der Vorgesetzte. Diese Aufzählung ist nicht abschließend; die digitale Identität kann wesentlich mehr Kerndaten enthalten. Die dritte Schale der digitalen Identität enthält anwendungsspezifische Attribute oder Berechtigungen. Sie enthält damit nicht nur Attribute, sondern ergänzend Berechtigungsinformationen, die den Handlungsspielraum der digitalen Identität in den einzelnen Anwendungssystemen definieren und entspricht durch die unterschiedlichen und unabhängigen Anwendungssysteme weniger einer Schale als vielmehr einzelnen Blütenblättern, die um die digitale Identität angeordnet sind.

Innerhalb der historisch gewachsenen IT-Infrastrukturen der Unternehmen existieren oftmals mehrere digitale Identitäten für einen Anwender, die in verschiedenen Systemen innerhalb des Unternehmens gehalten werden (vgl. META Group, 2002). Idealerweise werden diese im Rahmen eines IdM-Projekts konsolidiert und in einem einzigen, unternehmensweiten Identitätenverzeichnis gespeichert.

## 2.1.2 Authentifizierung

Das Wort „authentifizieren" ist griechisch-lateinischen Ursprungs und bedeutet soviel wie „beglaubigen" oder „die Echtheit von etwas bezeugen" (Duden, 2006). Ein Authentifizierungsvorgang bestätigt die vorgegebene digitale Identität. Bevor ein Subjekt authentifiziert wird, muss es sich authentisieren, das heißt einen Nachweis für seine Identität erbringen. Dabei wird ein Identifikator zur eindeutigen Bestimmung der digitalen Identität (Identifizierung), sowie der dazugehörige Berechtigungsnachweis vorgelegt. Ist die Identifizierung erfolgreich und der Berechtigungsnachweis erbracht, kann die Identität dieser Person bestätigt werden; sie gilt dann als authentifiziert. Im Englischen ist die Unterscheidung zwischen Authentifizierung und Authentisierung nicht üblich, für beide Vorgänge wird das Verb *to authenticate* verwendet.

Verschiedene Verfahren zur Authentifizierung sind seit langer Zeit bekannt. Seit Menschengedenken werden andere Personen aufgrund ihres Aussehens erkannt oder seit dem Altertum die Echtheit von Dokumenten oder Befehlen durch Siegel eines Machthabers bestätigt (vgl. Brockhaus, 2005). Für eine sichere und nachprüfbare Nutzung eines Anwendungssystems muss die Identität des Anwenders jedoch eindeutig festgestellt und authentifiziert werden. Nur so können Autorisierungsentscheidungen richtig getroffen und eine missbräuchliche Nutzung des Systems mit einer vorgetäuschten Identität ausgeschlossen werden.

Um den Nachweis der Identität zu erbringen, gibt es eine Vielzahl von Verfahren, die sich in vier Kategorien einteilen lassen:

• Authentifizierung durch Wissen

• Authentifizierung durch den Besitz eines Gegenstandes

• Authentifizierung auf der Basis biometrischer Merkmale

• Authentifizierung aufgrund einer Kombination aus den drei vorherigen Kategorien

Die Authentifizierung durch Wissen kann beispielsweise durch die Verwendung von Benutzername und Passwort erfolgen. Der Besitz eines Gegenstands entspricht dem Einsatz von digitalen Zertifikaten, *Smartcards* oder *Token* und die Authentifizierung anhand biometrischer Merkmale kann mit Hilfe des Fingerabdrucks oder der Iris erfolgen. Eine größere Sicherheit wird durch die Multifaktor-Authentifizierung erreicht, bei der mehrere Verfahren aus verschiedenen Kategorien zur Authentifizierung benötigt werden. Für eine ausführliche Darstellung dieser und weiterer verschiedener Authentifizierungsmethoden sei auf (Windley, 2005, S. 51 ff.) verwiesen.

Die erfolgreiche Authentifizierung eines Benutzers beruht immer auf dem Vorhandensein von Benutzerdaten und den dazugehörigen Authentifizierungsinformationen. Ein wichtiger Anwendungsfall in der Praxis ist jedoch die Einbeziehung externer Geschäftspartner in die Prozesse des eigenen Unternehmens. So werden beispielsweise Zulieferer und Händler bei Automobilherstellern in die Prozesskette einbezogen, um einen möglichst verlust- und reibungsfreien Durchlauf von Aufträgen, Bestellungen oder Finanzierungen zu ermöglichen. Aufgrund ihrer Stellung als unternehmensexterne Benutzer sind keine Benutzerdaten und Authentifizierungsinformationen, das heißt keine digitale Identität, in den Anwendungssystemen oder Identitätenverzeichnissen abgelegt. Diese Problematik lässt sich durch

zwei verschiedene Ansätze lösen: Eine schnelle, aber mit sehr hohem Wartungs-
aufwand und größerem Aufwand hinsichtlich der Einhaltung von gesetzlichen Regelungen (*Compliance*) verbundene Lösung ist die Anlage der Benutzerinforma-
tionen in den eigenen IT-Systemen (vgl. Mezler-Andelberg, 2008, S. 71). Die Daten werden dupliziert und existieren unabhängig von deren ursprünglichen Quellen. Der zweite Ansatz ist die Bildung einer sogenannten Föderation (*Federation*)
(vgl. Hommel, 2007; Mezler-Andelberg, 2008, S. 71 ff.). Dabei wird zwischen
den IT-Systemen fremder Unternehmen eine vertraglich und technisch geregelte
Vertrauensbeziehung (*Trust*) aufgebaut. Der Authentisierungs- und Authentifizierungsvorgang findet in der IdM-Infrastruktur des Unternehmens des Anwenders
statt, das andere, förderierende Unternehmen vertraut jedoch der Authentifizie-
rungsaussage und lässt die entsprechenden Benutzer das eigene Anwendungssystem nutzen. Da keine Duplizierung der Benutzerdaten statt findet, sinkt der War-
tungsaufwand für den Lebenszyklus der digitalen Identität (vgl. Abschnitt 2.1.5)
und das Risiko von *Compliance*-Verstößen (vgl. Abschnitt 2.1.7) wird reduziert.

Soll die Nutzung verschiedener Applikationen und Systeme im Unternehmen
nur mit einem Authentisierungsvorgang erfolgen, so spricht man von *Single Sign-
On (SSO)* (vgl. Clercq, 2002; Mezler-Andelberg, 2008, S. 63 f.). Für den Benutzer
ist nur ein einziger Authentisierungsvorgang beziehungsweise *Login* nötig. Die
Reduzierung verschiedener Authentisierungsvorgänge und unter Umständen verschiedener Benutzernamen und Passwörter für verschiedene Anwendungssysteme
führt zu einem Sicherheitsgewinn, da sich der Anwender nunmehr nur noch ein
Passwort anstatt einer Vielzahl komplexer Passwörter merken muss (vgl. Mezler-
Andelberg, 2008, S. 57). Da der Anwender während einer Arbeitssitzung auch weniger Authentisierungsvorgänge durchführt, erhöht sich aufgrund der reduzierten
Unterbrechungen durch die Authentisierung zusätzlich die Benutzerfreundlichkeit
des Systems.

## 2.1.3 Autorisierung und Zugriffskontrolle

Nachdem ein Anwender sich gegenüber der Identitätsmanagement-Infrastruktur
authentisiert hat, benötigt er die Autorisierung, das heißt die Berechtigung, die unterschiedliche Funktionalität eines Anwendungssystems nutzen zu dürfen. Die Berechtigungsinformationen befinden sich auf der dritten Schale, den Blütenblättern
der digitalen Identität (vgl. Abschnitt 2.1.1) und sind in vorhergehenden Verwal-
tungsprozessen des Identitätsmanagements dem Anwender zugewiesen worden.
Besitzt der authentifizierte Anwender die Autorisierung zur Nutzung des Anwendungssystems, so erfolgt für jeden direkten oder indirekten Zugriff auf das Anwendungssystem eine Zugriffsentscheidung im Rahmen der Autorisierungsprüfung.

Je nach Ausgang wird im Anschluss der Zugriff gewährt oder verweigert. Die Beziehung zwischen dem agierenden Benutzer (Subjekt) und der angeforderten Ressource (Objekt) und den damit verbundenen Zugriffsberechtigungen wird als Subjekt-Objekt-Relation (vgl. Lampson, 1971) bezeichnet. Die Begrifflichkeiten „Subjekt" und „Objekt" sind universell und werden oftmals anstelle der Begriffe „Benutzer" respektive „Ressource" verwendet. Während mit dem Wort „Benutzer" meist ein menschlicher Anwender verbunden wird, kann sich hinter dem Subjekt auch ein sogenannter technischer Benutzer wie ein anderes Anwendungssystem oder beispielsweise ein Service im Sinne der serviceorientierten Architektur befinden.

Das Zugriffskonzept der Subjekt-Objekt-Relation, ihre vollständig formalisierte Darstellung von Bell und LaPadula (vgl. Bell und LaPadula, 1973) und weitere Zugriffskontrollmodelle wie das *Biba*-Modell (vgl. Biba, 1977) oder das *Chinese Wall*-Modell (vgl. Brewer und Nash., 1989) werden in die Kategorie der *Mandatory Access Control (MAC)* eingeordnet, die zur *Lattice-Based Access Control* gehört (vgl. Benantar, 2006, S. 129 ff.). Dabei werden Subjekte und Objekte in Sicherheitsebenen eingeteilt und der Zugriff zwischen den Ebenen nur in eine Richtung, oder wie im Falle des *Chinese Wall*-Modells nur in andere Sicherheitsebenen erlaubt. Dieses Verfahren der Zugriffskontrolle eignet sich vorwiegend für hierarchische Organisationen, wie beispielsweise dem Militär und weniger für den Unternehmenseinsatz (vgl. Benantar, 2006, S. 144).

Im Gegensatz zu den relativ statischen *Lattice-Based Access Control*-Modellen, bietet das Modell der *Discretionary Access Control (DAC)* (vgl. Benantar, 2006, S. 147 ff.) eine freiere Zuteilung von Zugriffsberechtigungen für jedes Subjekt und wird daher auch als *Owner-Based Access Control* (vgl. Hartmann et al., 2003, S. 331) bezeichnet. Eine Realisierungsform des DAC-Modells sind *Access Control Lists (ACL)*, die mit Hilfe einer zweidimensionalen Matrix beschrieben werden können (vgl. Benantar, 2006, S. 147 f.). Sie werden beispielsweise zur Verwaltung von Zugriffsrechten im Dateisystem von Unix-Betriebssystemen verwendet. Dort können für jede Datei die verschiedenen Zugriffsrechte (lesen, schreiben, ausführen) für einen Anwender oder eine Gruppe festgelegt werden. Allgemein betrachtet ist die Zugriffsberechtigung auf Basis von DAC wie folgt definiert:

> [A permission is] the authority-based (i.e., subject is on the access list) right that allows a subject to perform a low-level action (such as read, write, delete, execute, or create) on a resource. (vgl. Blum, 2005a)

Die Zugriffsberechtigung ist unmittelbar im Sinne der Subjekt-Objekt-Relation mit dem Subjekt und dem Objekt verknüpft, was bei einer steigenden Anzahl von

Berechtigungen, Subjekten und Objekten nur schwer skaliert, da damit die Anzahl der Relationen stark zunimmt. Daher wird das Zugriffsmodell der DAC in modernen Anwendungssystemen nicht mehr verwendet, sondern durch Modelle wie der *Role-Based Access Control (RBAC)* oder der *Attribute-Based Access Control (ABAC)*, die im Abschnitt 3.2 vertieft diskutiert werden, abgelöst.

Formale Aussagen auf Basis abstrakter Zugriffskontrollmodelle werden als Zugriffskontrollpolicies, (Zugriffs-) Berechtigungen (*Permissions*) oder Policies[1] bezeichnet. Unabhängig vom verwendeten Zugriffskontrollmodell empfiehlt es sich bei der Vergabe von Berechtigungen oder Policies das Prinzip des *Least Privilege* einzuhalten, also nur die Berechtigungen zu vergeben, die zur Erfüllung einer Aufgabe nötig sind (vgl. Windley, 2005, S. 65). Dadurch wird der Umfang der vergebenen Rechte auf das unumgängliche Minimum reduziert und Missbrauch sowie Fehlbedienung des Anwendungssystems aufgrund zu weitgehender Berechtigungen reduziert.

## 2.1.4 Auditierung

Für einen sicheren Betrieb von Anwendungs- und IdM-Systemen ist es unerlässlich zu wissen, was innerhalb der Systeme geschieht. Der Bereich der Auditierung innerhalb einer IdM-Infrastruktur protokolliert revisionssicher die Entscheidungen, die im Rahmen der Authentifizierung, Autorisierung und Autorisierungsprüfung zur Laufzeit getroffen werden. Diese Protokollierung bietet die Möglichkeit, die gesammelten Daten im Nachhinein auszuwerten. Dabei kann zwischen anlassabhängiger, detektivischer und anlassunabhängiger, präventiver, beziehungsweise korrigierender Auswertung unterschieden werden (vgl. Rowland, 2009). Bei ersterem, der anlassabhängigen Überprüfung, gibt es einen konkreten Anlass für die Auswertung. Dies kann beispielsweise ein Sicherheitsvorfall sein, bei dem zu weit gefasste Berechtigungen zu einer Kompetenzüberschreitung von Anwendern innerhalb eines Anwendungssystems geführt haben oder ein Einbruchsversuch in das System, der nachvollzogen werden soll. Die protokollierten Informationen des IdM-Systems bilden dafür eine wichtige Grundlage. Beim anderen Anwendungsfall steht beispielsweise das Verbessern des Gesamtsystems oder das Nachvollziehen des eigenen Berechtigungskonzeptes im Praxiseinsatz im Vordergrund, wie zum Beispiel Auswertungen, welche Anwender welche Rollen haben, welche

---

[1]Eine deutsche Übersetzung für Policy wäre Richtlinie oder im speziellen Zusammenhang mit der Autorisierung auch Zugriffskontrollrichtlinie, Zugriffsrichtlinie oder Sicherheitsrichtlinie. Die Übersetzungen weichen in Nuancen voneinander ab und unterscheiden sich teilweise auch von der englischen Bedeutung. Deshalb wird im Rahmen der Arbeit einzig der englische Begriff „Policy" und der daraus abgeleitete Begriff „Zugriffskontrollpolicy" verwendet. Diese Hauptstellung des Begriffs „Policy" ist auch an der fehlenden Kursivschreibung zu erkennen.

Anwender Zugang zu einem bestimmten System haben oder wie viele Authentifizierungsvorgänge oder Autorisierungsprüfungen fehlschlugen (Rowland, 2009). Diese Verwendung der auditierten Daten ist auch unter dem Namen *Reporting* bekannt, dessen Daten oftmals in sogenannten *Dashboards* den Verantwortlichen angezeigt werden. Der Nachweis der Erfüllung von *Compliance*-Auflagen (vgl. Abschnitt 2.1.7) kann durch die gesammelten Auditierungsdaten unterstützt werden. Gesetzliche Regelungen und interne Vorgaben fordern Kontrollinstanzen für verschiedene Informationen oder Vorgänge im Identitätsmanagement. Einige Beispiele werden in (vgl. Rowland, 2009) angeführt:

- Vorbeugung von unautorisiertem Zugriff auf Daten und Systeme

- Aufdeckung irregulärer Benutzerkonten (verwaiste Konten oder Hintertüren)

- Verbesserung der durch Auditierungsmaßnahmen gefundenen Fehler

Im Rahmen einer Unternehmensprüfung durch einen externen Prüfer oder Auditor kann dieser die Einhaltung von Vorschriften, zum Beispiel die Trennung verschiedener Aufgabenbereiche (*Separation of Duties (SoD)*) (vgl. Mezler-Andelberg, 2008, S. 48), nachvollziehen. Die Auditierung wird allerdings auch von Datenschutzgesetzen wie dem Bundesdatenschutzgesetz (vgl. BDSG, 2009) beeinflusst. In Deutschland dürfen Mitarbeiter nicht überwacht werden, somit ist eine exakte Festlegung erforderlich, welche Daten im Rahmen der Auditierung gesammelt werden dürfen und welche nicht, weil eine solche Erfassung die Privatsphäre der Mitarbeiter zu stark berühren würde (vgl. BDSG, 2009).

## 2.1.5 Prozesse des Identitätsmanagements

Die digitale Identität unterliegt einem Lebenszyklus, der an deren menschliches Pendant geknüpft ist. Die verschiedenen Ereignisse dieses Lebenszyklus werden im Identitätsmanagement von verschiedenen Prozessen umgeben und unterstützt, die sich in drei grundsätzliche Kategorien einordnen lassen:

- (De-) Provisionierung von Konten und Attributen

- Vergabe und Entzug von Autorisierungen

- Verwalten und Pflege von Autorisierungen

### 2.1.5.1 (De-) Provisionierung von Konten und Attributen

Der Lebenszyklus der digitalen Identität beginnt mit ihrer Erzeugung beim Eintritt in das Unternehmen. Gemäß dem Schalenmodell der digitalen Identität werden daher mindestens der Identifikator sowie der Berechtigungsnachweis angelegt, in der Regel auch noch die verschiedenen Attribute des dahinter liegenden Subjekts gespeichert. Damit die Anwendungssysteme vom Inhaber der digitalen Identität genutzt werden können, benötigen sie, sofern sie nicht an ein zentrales Identitätenverzeichnis angeschlossen sind, ein eigenständiges Benutzerkonto als lokale Repräsentation der digitalen Identität. Automatische Provisionierungsprozesse legen diese Konten nach vorgegebenen Regeln oder nach manueller Beantragung an, gegebenenfalls mit vorhergehenden Genehmigungsprozessen zur Freigabe. Im weiteren Verlauf des Lebenszyklus der digitalen Identität ändern sich persönliche Attribute, beispielsweise durch Namensänderungen bei Heirat oder die organisatorischen Daten durch einen Wechsel der Abteilungszugehörigkeit. Diese Änderungen an den Attributen im Sinne von Wartungsarbeiten an der digitalen Identität werden ebenfalls automatisch provisioniert. Endet der Lebenszyklus der digitalen Identität, beispielsweise durch einen Austritt aus dem Unternehmen, so werden die Deprovisionierungsprozesse ausgelöst. Benutzerkonten in den angeschlossenen Systemen werden still gelegt oder gelöscht und der Benutzer hat zeitgleich mit seinem Vertragsende keinen Zugriff mehr auf die Anwendungssysteme des Unternehmens.

### 2.1.5.2 Vergabe und Entzug von Autorisierungen

Im Abschnitt 2.1.3 wurde die Zuweisung von Attributen als Voraussetzung für eine erfolgreiche Zugriffsentscheidung thematisiert. Damit ein Anwender durch seine digitale Identität in den Software-Systemen agieren kann, müssen ihm zuvor die benötigten Autorisierungen zugewiesen werden. Das Identitätsmanagement sorgt dabei für Beantragungs- und Genehmigungsprozesse, die eine Zuteilung der Autorisierung in die Wege leiten und ermöglichen. Bereits bei der Beantragung wird automatisch geprüft ob der Anwender die gewünschte Berechtigung überhaupt bekommen darf, oder ob SoD-Einschränkungen (*Separation of Duties*) (vgl. Mezler-Andelberg, 2008, S. 48) oder seine Organisationszugehörigkeit einer Zuweisung widerspricht. Ist letztendlich die Autorisierung vergeben worden, so wird diese zentral im Identitätenverzeichnis gespeichert oder in angeschlossene Systeme mit eigener Datenhaltung provisioniert. Ändert sich der Aufgabenbereich des Anwenders können überflüssige und nicht mehr benötigte Autorisierungen mit Hilfe des IdM-Systems automatisch entzogen werden.

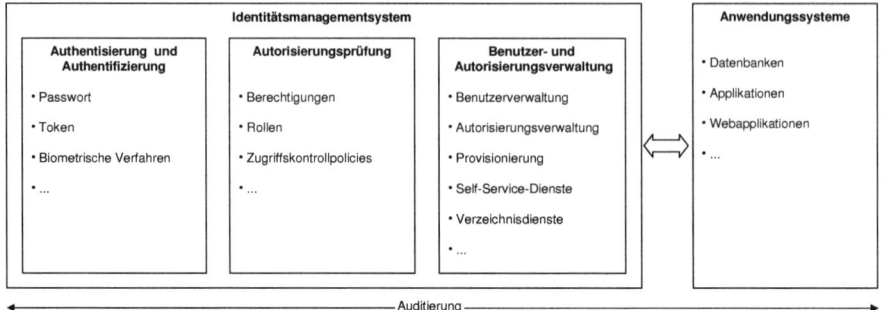

Abbildung 2.2: Funktionale Bestandteile eines Identitätsmanagementsystems

### 2.1.5.3 Verwaltung und Pflege von Autorisierungen

Die Vergabe und der Entzug von Berechtigungen bedingt einen aktuellen Stand der Autorisierungen. Verwaltungs- und Pflegeprozesse des Identitätsmanagements unterstützen bei dieser Aufgabe die Sicherheitsverantwortlichen der Anwendungssysteme. Durch neue Systemversionen oder Verbesserungen von Fehlern, die durch Auditierungsmaßnahmen (vgl. Abschnitt 2.1.4) aufgedeckt wurden, kann sich die Bezeichnung oder Struktur der Autorisierungen ändern. Neu hinzugekommene Funktionalität des Anwendungssystems muss ebenfalls als Autorisierung zur Zuweisung an digitale Identitäten angeboten werden, wie alte, nicht mehr vorhandene Funktionalität aus dem Autorisierungsangebot entfernt werden muss. Bei allen Änderungen gewährleistet die IdM-Infrastruktur die Aktualisierung in den angeschlossenen Systemen durch automatische (De-) Provisionierung sowie durch Prüfung der Gültigkeit dieser Änderungen.

## 2.1.6 Bestandteile des Identitätsmanagements

Die verschiedenen, in den vorhergehenden Abschnitten beschriebenen Bestandteile des Identitätsmanagements werden in Abbildung 2.2 dargestellt. Auf der linken Seite der Abbildung im Identitätsmanagementsystem ist der Bereich der Authentisierung und Authentifizierung dargestellt, der die in Abschnitt 2.1.2 beschriebenen Arten der Authentifizierung darstellt. Ist der Authentisierungs- und Authentifizierungsvorgang erfolgreich abgeschlossen, folgt die Autorisierungsprüfung. Je nach Anwendungssystem werden dafür die hinterlegten Berechtigungen, Rollen oder Zugriffskontrollpolicies ausgewertet. Bei erfolgreicher Autorisierungsprüfung ist der Zugriff auf das an die IdM-Infrastruktur angeschlossene Anwendungssystem möglich. Im rechten Bereich innerhalb des Identitätsmanagementsystems wird die Verwaltungsfunktionalität für Benutzerdaten und Autorisierungen der Anwendungssysteme abgebildet. Sie enthält, wie in Abschnitt 2.1.5 beschrieben, die Möglichkeit zur Verwaltung von Benutzern und Autorisierungen und durch Provisionierungsmechanismen die Fähigkeit Benutzerdaten in den angeschlossenen Anwendungssystemen zu modifizieren oder Benutzerkonten in den angeschlossenen Systemen anzulegen oder zu löschen. Die Verwaltung der eigenen Daten kann durch den Einsatz von *Self-Service*-Diensten auch an den Benutzer delegiert werden. Ein typisches Beispiel hierfür ist die Änderung des eigenen Passworts durch den Benutzer. Die Administrationsfunktionalität der IdM-Infrastruktur umfasst nicht nur die Verwaltung von Benutzerdaten, sondern auch die Pflege von Autorisierungen, wozu auch deren Zuweisungen an, beziehungsweise deren Entzug vom Benutzer, gehört. In Verzeichnisdiensten, wie zum Beispiel dem Identitätenverzeichnis, sind Benutzerdaten und Autorisierungen gespeichert und werden zentral zur Verfügung gestellt. Die im Abschnitt 2.1.4 dargestellte Auditierungsfunktionalität ist am unteren Ende der Abbildung als Querschnittsfunktionalität abgebildet, da für sämtliche funktionalen Blöcke des Identitätsmanagements die Möglichkeit der Auditierung besteht.

Für eine weitergehende Beschreibung einzelner funktionaler Komponenten sei auf (Neuenschwander und Lewis, 2005) sowie auf (Mezler-Andelberg, 2008; Walther, 2004) verwiesen.

## 2.1.7 Identitätsmanagement und rechtliche Rahmenbedingungen

Mit der zunehmenden IT-Unterstützung in den Unternehmen steigt die Anzahl der gesetzlichen Vorgaben und Regelungen, die direkte oder indirekte Auswirkungen auf die Informationstechnologie haben und deren Themenkomplex sich im Schlagwort *Compliance* manifestiert hat. Teubner und Feller definieren den Begriff wie folgt:

> [...] Compliance bedeutet die Einhaltung von Vorgaben, Normen, Standards oder Gesetzen. (Teubner und Feller, 2008)

Große Aufmerksamkeit wurde dem Thema *Compliance* im Zuge der Finanzskandale um Enron und Worldcom zuteil. In den USA wurde daraufhin zur Verhinderung solcher Vorfälle der *Sarbanes-Oxley-Act (SOX)* verabschiedet, der für alle an der US-Börse notierten Unternehmen gilt (vgl. SOX, 2002). Die aus dem

SOX entstehenden Vorgaben sind nicht IT-spezifisch, sondern fordern im Wesentlichen die Korrektheit der abzugebenden Finanzberichte bei persönlicher Haftung des Vorstandsvorsitzenden und des Finanzvorstandes. Der Bezug zu Anforderungen an die Anwendungssysteme eines Unternehmens leitet sich vor allem aus Paragraph 404 ab, der die Sicherstellung adäquater interner Kontrollstrukturen bei der Erstellung der Finanzberichte, sowie eine Bewertung der Wirksamkeit dieser Kontrollstrukturen fordert (vgl. § 404 SOX, 2002). Da bei der Erstellung der Finanzberichte unmittelbar die Finanzverwaltungssysteme und mittelbar auch andere Systeme, wie beispielsweise Warenwirtschaftssysteme, involviert sind, bezieht sich die Kontrollanforderung des SOX auf weite Teile der Anwendungslandschaft. In der Europäischen Union hat die Neufassung der 8. EU-Richtlinie (Euro-SOX) von 2006 (vgl. Euro-SOX, 2006), bei der der „Rechnungslegungsprozess zu überwachen" ist, sowie die Anforderung „die Wirksamkeit des internen Kontrollsystems, gegebenenfalls des internen Revisionssystems, und des Risikomanagementsystems des Unternehmens zu überwachen" (Artikel 41 Euro-SOX, 2006) ähnliche Ziele wie der SOX.

Banken und deren Kreditnehmer sind von der „Neue[n] Baseler Eigenkapitalvereinbarung für Banken" (Basel II) (vgl. Basel II, 2006) betroffen. Mit Basel II wird die Quote des Eigenkapitals zur Absicherung eines vergebenen Kredites in Relation zu den Kreditrisiken gesetzt. Unter anderem zählen dazu die operativen Risiken, zu deren Beherrschung Basel II ein unabhängiges operatives Risikomanagement fordert:

> The bank must have an independent operational risk management function that is responsible for the design and implementation of the bank's operational risk management system. (Basel II, 2006)

Die wesentlichen Anforderungen zur Beherrschung des operativen Risikos sind die Sicherstellung von Datenschutz, die Verhinderung von unberechtigtem Zugriff sowie die Rechtetrennung (*Separation of Duties*) (vgl. Mezler-Andelberg, 2008, S. 197). Auch das *Gesetz zur Kontrolle und Transparenz im Unternehmensbereich (KonTraG)* (vgl. KonTraG, 1998) hat ein Überwachungssystem zum Ziel, um „den Fortbestand der Gesellschaft gefährdende Entwicklungen" (§ 91, Abs. 2 AktG) rechtzeitig zu erkennen. Die konkreten Anforderungen an die IT müssen aus den allgemeinen Anforderungen des Gesetzes abgeleitet werden.

Allen Gesetzen gemein ist das Ziel, das Risiko des Unternehmens durch geeignete Kontrollstrukturen und ein unabhängiges Risikomanagement zu senken. Zur Senkung der operativen Risiken und zur Erfüllung der durch die Kontrollstrukturen entstandenen Anforderungen trägt das Identitätsmanagement wesentlich bei.

Eine IdM-Infrastruktur bietet einen kontrollierten Zugriff auf die Anwendungssysteme und definierte Prozesse zur Vergabe von Autorisierungen. Ergänzende Auditierungsmaßnahmen versetzen das Unternehmen in die Lage, die Nachprüfbarkeit der Einhaltung und Wirksamkeit der Vorschriften zu ermöglichen und bilden somit selbst eine Kontrollinstanz im operativen Bereich.

Dahingegen regeln das *Bundesdatenschutzgesetz (BDSG)* (vgl. BDSG, 2009) und die Datenschutzdirektive der Europäischen Union (vgl. EU-Datenschutz, 1995) den Schutz der Anwender und deren personenbezogenen Daten und nicht den Schutz von Unternehmen oder deren Anteilseigner. Beide Gesetze stellen an die Erhebung, Speicherung, Verarbeitung und Weitergabe personenbezogener Daten hohe Ansprüche. Die Verarbeitung personenbezogener Daten darf nur mit Einverständnis des Betroffenen erfolgen oder wenn dies durch das BDSG oder von anderen Rechtsvorschriften erlaubt ist (vgl. § 4 BDSG, 2009). Die Verarbeitung der Daten muss dabei einem bestimmten Zweck dienen und die betroffen Personen müssen ein Auskunftsrecht in Bezug auf die sie betreffenden Daten haben. Der Schutz der Daten muss durch technische oder organisatorische Maßnahmen sicher gestellt werden (vgl. Mezler-Andelberg, 2008, S. 195). Die Bezüge zum Identitätsmanagement sind offensichtlich: Der Schutz vor Zugriff auf gespeicherte Daten kann nur durch eine funktionierende Zugriffskontrolle und damit verbunden, durch eine funktionierende Berechtigungsvergabe sichergestellt werden. Auskunftsansprüche von Personen, deren Daten gespeichert wurden, beispielsweise als Kernattribute der digitalen Identität, können nur erfüllt werden, wenn diese Informationen in einem IdM-System aggregiert vorhanden sind und somit an einer Stelle abgerufen und ausgewertet werden können. Eine Auskunft von personenbezogenen Daten, die in verschiedenen Anwendungssystemen gespeichert sind, könnte ohne Identitätsmanagement in den komplexen Anwendungslandschaften moderner Unternehmen kaum vollständig gegeben werden.

# 2.2 Geschäftsprozesse im Unternehmen

In diesem Abschnitt wird in die Thematik der Geschäftsprozesse eingeführt. Nach einer allgemeinen Einführung wird die Modellierung von Geschäftsprozessen aufgegriffen, um im Anschluss daran deren IT-gestützte Umsetzung mit Hilfe des Paradigmas der serviceorientierten Architektur darzustellen.

## 2.2.1 Geschäftsprozesse

Der internationale Wettbewerb und die Anforderungen des Marktes zwingen Unternehmen schnell und flexibel auf Änderungen reagieren zu können und zugleich die Qualität der erzeugten Produkte oder der angebotenen Dienstleistungen sicher zu stellen. Eine Möglichkeit, diesen Anforderungen gerecht zu werden, ist das aus der Betriebswirtschaftslehre stammende Konzept des prozessorientierten Unternehmens (vgl. Lehner et al., 2007, S. 246), in dem die einzelnen Aufgaben und Tätigkeiten, die zur Erreichung eines Zieles notwendig sind, durch Geschäftsprozesse beschrieben werden. Aus den verschiedenen Begriffsdefinitionen in der Literatur wird an dieser Stelle die Definition von Laudon et al. verwendet:

> [Ein Geschäftsprozess ist eine] Folge von logisch zusammenhängenden Aktivitäten, die für das Unternehmen einen Beitrag zur Wertschöpfung leisten, einen definierten Anfang und ein definiertes Ende haben, wiederholt durchgeführt werden und sich in der Regel an den Kunden orientieren. (Laudon et al., 2006, S. 30)

Eine umfassende Übersicht der verschiedenen Definitionen sowie der Entstehung des Prozessgedankens findet sich in (Lehner et al., 2007, S. 242 ff.; Staud, 2006, S. 5 ff.). Ein Geschäftsprozess selbst kann aus verschiedenen Subgeschäftsprozessen bestehen, die mehrere Aktivitäten kapseln und daher in verschiedenen Kontexten verwendet werden können. Einzelne Aktivitäten, das heißt, die zu bearbeitenden Aufgaben eines Geschäftsprozesses werden von „Aufgabenträgern wahrgenommen, die Inhaber von Stellen sind, die wiederum in Organisationseinheiten gruppiert sind" (Staud, 2006, S. 7). Dabei sind Geschäftsprozesse funktionsübergreifend (vgl. Laudon et al., 2006, S. 96) und erstrecken sich über die verschiedenen Bereiche des Unternehmens wie Einkauf, Vertrieb oder Personalverwaltung (vgl. Stahlknecht, 1995, S. 235). Eine stärkere Integration und Koordination der Geschäftsprozesse zwischen den Bereichen des Unternehmens ermöglicht durch Synergieeffekte, das Unternehmen flexibler und produktiver zu machen (vgl. Laudon et al., 2006, S. 97).

Geschäftsprozesse lassen sich in Steuerungsprozesse, Kernprozesse und unterstützende Prozesse einteilen. Steuerungsprozesse dienen unter anderem zur Unternehmensplanung und zum Controlling (vgl. Gadatsch, 2008, S. 49 f.), während Kernprozesse, als die für das Unternehmen wesentlichen Prozesse, direkt zur Wertschöpfung des Unternehmens beitragen. Unterstützende Prozesse sind „nicht wertschöpfend, aber notwendig" zur Ausführung von Steuerungs- und Kernprozessen (Staud, 2006, S. 11), indem sie den notwendigen Rahmen für eine erfolgreiche Durchführung der Kernprozesse schaffen. Diese Kategorisierung wird in der

Literatur unterschiedlich vorgenommen, so verwenden Lehner et al. die Begriffe „Management- und Führungsprozesse" sowie „Haupt- und Serviceprozesse" (vgl. Lehner et al., 2007, S. 245); weitere Kategorien zur Einteilung von Geschäftsprozessen werden in (Gehring und Pankratz, 2008, S. 17 f.) thematisiert.

Sind die Kernprozesse, die zur Wertschöpfung des Unternehmens beitragen, identifiziert, können diese auf mögliches Optimierungspotential untersucht werden. Das Verhältnis von Eingabe (*Input*) und Ausgabe (*Output*) des Geschäftsprozesses kann als Kennzahl zur Erfolgskontrolle des Prozesses herangezogen werden (vgl. Lehner et al., 2007, S. 243) und dadurch eine messbare Möglichkeit zur Aufdeckung von Optimierungspotential bieten. Die Geschäftsprozessoptimierung hat die „nachhaltige Verbesserung der Wettbewerbsfähigkeit eines Unternehmens durch Ausrichtung aller wesentlichen Arbeitsabläufe an den Kundenanforderungen" (Gadatsch, 2008, S. 21) zum Ziel. Die Optimierung des Geschäftsprozesses verläuft evolutionär, das heißt, einzelne Änderungen und Optimierungen werden vorgenommen, jedoch ohne den Geschäftsprozess als Ganzes von Grunde auf neu zu konzipieren. Nicht nur eine Optimierung, sondern eine radikale Umgestaltung der Geschäftsprozesse fordern Hammer und Champy. Mit ihren Arbeiten begründeten sie die Geschäftsprozessneugestaltung (*Business Process Reengineering*), deren Ziel eine vollständige Überarbeitung der Geschäftsprozesse ist (vgl. Hammer, 1990; Hammer und Champy, 1996). Sie definieren *Business Reengineering* als „fundamentales Überdenken und radikales Redesign von Unternehmen oder wesentlichen Unternehmensprozessen" (Hammer und Champy, 1996, S. 48). Im Vergleich zu den evolutionären Verbesserungen bei der Geschäftsprozessoptimierung (vgl. Gadatsch, 2008, S. 32) versprechen sie „Verbesserungen um Größenordnungen in entscheidenden, heute wichtigen und meßbaren Leistungsgrößen in den Bereichen Kosten, Qualität, Service und Zeit" (Hammer und Champy, 1996, S. 48).

## 2.2.2 Modellierung von Geschäftsprozessen

Das Ziel der Geschäftsprozessmodellierung ist „die Bestandsaufnahme, die Feststellung, welche Geschäftsprozesse in welcher Form ablaufen" (Staud, 2006, S. 17). Die Modellierung von Geschäftsprozessen ist kein Selbstzweck (vgl. Becker et al., 2009, S. 41), sie stellt vielmehr den Prozess „übersichtlich, geordnet und in leicht auswertbarer Form" dar (Lehner et al., 2007, S. 248). Auf Basis dieser Modelle können letztendlich Organisationsabläufe optimiert und somit die Wirtschaftlichkeit des Unternehmens und seine Wettbewerbsfähigkeit erhöht werden (vgl. Lehner et al., 2007, S. 250, Rosenkranz, 2002, S. 16). Die Geschäftsprozessmodelle werden zum Verständnis der Prozessabläufe und der daran anschließenden

Analyse sowie als Kommunikationsgrundlage zwischen Mitarbeitern verwendet.
Zugleich stellen sie die Dokumentation des Prozesses dar (vgl. Lehner et al., 2007,
S. 255). Aufgrund der formalen Erfassung, die die Mehrdeutigkeiten von natürlichsprachlichen Darstellungen ausschließen sollte, bilden die Geschäftsprozessmodelle die Grundlage für den Softwareentwicklungsprozess, in dessen Rahmen
der Geschäftsprozess implementiert und in einem Anwendungssystem umgesetzt
wird. Im Allgemeinen lassen sich Geschäftsprozessmodelle wie folgt beschreiben:

> GP [Geschäftsprozesse] werden bei der grafischen Darstellung [...] durch Ak-
> tivitäts- und Ereignisknoten gebildet, die durch Kanten verbunden sind. Ge-
> richtete Kanten stellen eine **kausale Wirkung** oder den sogenannten Kon-
> trollfluss dar. Damit ist ein GP ein **Graph** aus Kanten- und Knotenmengen
> [...]. (Rosenkranz, 2002, S. 15)

Zur Modellierung von Geschäftsprozessen haben sich im Laufe der Zeit verschiedene Modellierungssprachen entwickelt, von denen an dieser Stelle die *Business Process Modeling Notation (BPMN)* (vgl. OMG, 2009b) und die Aktivitätsdiagramme der *Unified Modeling Language (UML)* (vgl. OMG, 2009d) herausge-
griffen werden. Die BPMN wurde aufgrund ihrer Stellung als Modellierungsstan-
dard der *Object Management Group (OMG)* sowie aufgrund ihrer Verwendung im
Rahmen dieser Arbeit ausgewählt; die UML Aktivitätsdiagramme aufgrund der
Bedeutung der UML im Bereich der Softwaremodellierung und ihrem Bezug zu
eigenen Vorarbeiten, welche die UML Aktivitätsdiagramme erweiterten (vgl. Klarl
et al., 2008, 2009c). Für weitere Modellierungsnotationen wie *Ereignisgesteuerter
Prozessketten (EPK)* (vgl. Keller et al., 1992) oder *Petri-Netzen* (vgl. Petri, 1962),
die keinen direkten Bezug zu dieser Arbeit haben, sei auf (van der Aalst und van
Hee, 2004; Becker et al., 2009) und für eine Gegenüberstellung verschiedener Modellierungsnotationen auf (List und Korherr, 2006) verwiesen.

### 2.2.2.1 Business Process Modeling Notation

Die *Business Process Modeling Notation (BPMN)* entstand ursprünglich bei der
*Business Process Management Initiative (BPMI)* und ist mittlerweile als Standard
bei der *Object Management Group (OMG)* angesiedelt. Sie liegt derzeit in der
Version 1.2 vor (vgl. OMG, 2009b). Für die Version 2.0 sind semantische Verbesserungen und vor allem ein formales Metamodell vorgesehen. Verglichen mit
anderen Modellierungsnotationen wie den UML Aktivitätsdiagrammen, *Ereignis-
gesteuerten Prozessketten* und *Petri-Netzen* ist die BPMN die jüngste Notation, mit
dem Ziel alle Abstraktionsebenen im Bereich der Geschäftsmodellierung abzude-
cken. Sie will gleichermaßen den Businessanalysten, die die initialen Entwürfe der

Geschäftsprozesse anfertigen, den Entwicklern, die den Geschäftsprozess in einem Anwendungssystem implementieren und der Fachseite, die den Geschäftsprozess verwaltet und überwacht, gerecht werden (vgl. OMG, 2009b, S. 1). Der einzige Diagrammtyp der BPMN ist das *Business Process Diagram*, dessen Elemente sich in vier Gruppen einteilen lassen: Ablaufelemente *(Flow Objects)*, Artefaktelemente *(Artefacts)*, Verbindungselemente *(Connection Objects)* sowie Partitionen *(Swimlanes)* (vgl. Becker et al., 2009, S. 73 ff.; Weske, 2007, S. 209 ff.). Die einzelnen Elemente werden in Abbildung 2.3 dargestellt.

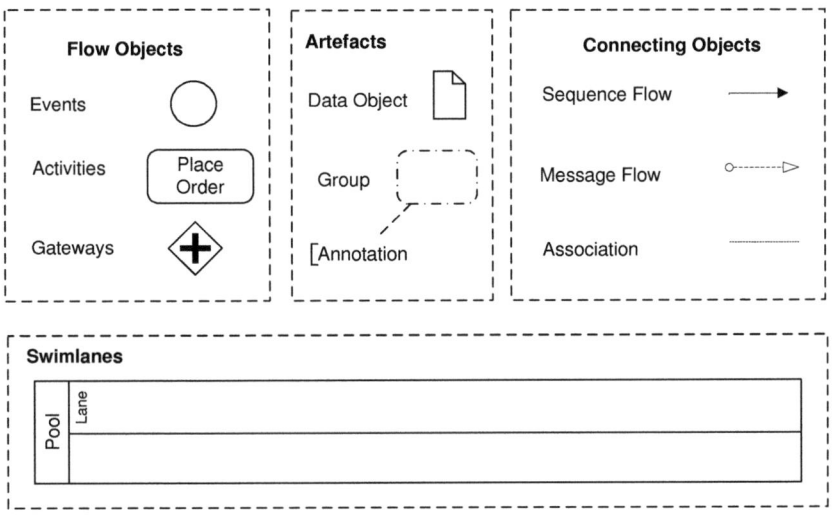

Abbildung 2.3: Elemente der BPMN (aus Weske, 2007, S. 209)

Die Ablaufelemente ermöglichen die Darstellung von Aktivitäten und Subprozessen, die durch verschiedene Verbindungselemente wie der Sequenzverbindung *(Sequence Flow)* verbunden sind, die den Ablauf des Geschäftsprozesses beschreiben. Artefaktelemente, wie das Datenobjekt, bestimmen die Ein- und Ausgabe-Objekte einer Aktivität näher. Mit Hilfe von *Swimlanes* lässt sich der Geschäftsprozess in Verantwortlichkeitsbereiche gliedern. Dafür stehen zwei unterschiedliche Elemente, *Pool* und *Lane* zur Verfügung. *Pools* repräsentieren in der Regel ein Unternehmen oder eine unabhängige Einheit mit einem eigenen Prozess, der mit den Geschäftsprozessen anderer Unternehmen oder unabhängiger Einheiten interagiert (vgl. Weske, 2007, S. 208). Ein Nachrichtenfluss ist nur zwischen *Pools* möglich. *Pools* selbst können *Lanes* enthalten, die organisatorische Einheiten wie beispielsweise Abteilungen oder Geschäftsrollen und somit die Mitwirkenden am

Prozess repräsentieren. Ein Nachrichtenfluss zwischen *Lanes* ist nicht möglich, der Prozessfluss kann innerhalb von *Lanes* nur durch Sequenzverbindungen beschrieben werden. Abbildung 2.4 veranschaulicht einen einfachen Geschäftsprozess in BPMN-Notation.

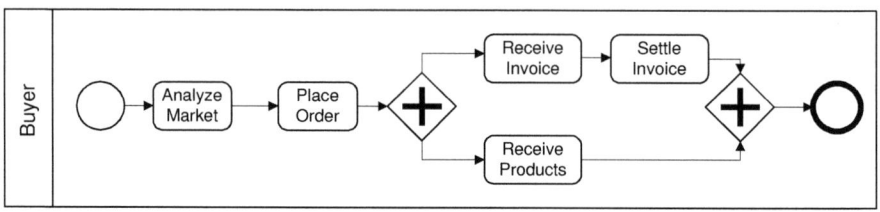

Abbildung 2.4: Geschäftsprozess in BPMN-Notation (aus Weske, 2007, S. 221)

### 2.2.2.2 Geschäftsprozesse in der UML

Für die Abbildung von Geschäftsprozessen können die dynamischen Diagramme (Verhaltensdiagramme) der UML (vgl. OMG, 2009d) verwendet werden (vgl. Becker et al., 2009, S. 59). Die UML verfolgt dabei das Ziel, die Lücke zu Notationen zur reinen Darstellung von Geschäftsprozessen wie zum Beispiel *Ereignisgesteuerter Prozessketten*, die sich nur bedingt zur Softwareentwicklung eignen, zu schließen. Zur Abbildung von Geschäftsprozessen sind mehrere Diagrammtypen der UML unterschiedlich gut geeignet. Das Anwendungsfall-Diagramm (*Use Case Diagram*) stellt die Beziehung zwischen Akteuren und Geschäftsprozessen dar, es ist dadurch ersichtlich, welcher Geschäftsprozess von welchen Akteuren genutzt wird. Eine Detaillierung der einzelnen Geschäftsprozesse kann separat in Form von Aktivitätsdiagrammen erfolgen. Das Sequenzdiagramm stellt die zeitliche Reihenfolge von Interaktionen dar, was nur eine grobe Darstellung von Geschäftsprozessen ermöglicht und vielmehr nur die Interaktionen zwischen Beteiligten wiedergibt anstatt des konkreten Sequenzflusses durch einzelne Aktivitäten eines Geschäftsprozesses. Mit den Zustandsdiagrammen können Zustände, zum Beispiel von einzelnen Objekten, und die Transition in andere Zustände, – im Sinne endlicher Automaten – dargestellt werden. Am besten zur Abbildung von Geschäftsprozessen ist das Aktivitätsdiagramm geeignet, denn es stellt elementare Bestandteile zur Beschreibung von Kontroll- und Datenflüssen dar. Eine Aktivität kann zur Visualisierung verschiedener Abläufe genutzt werden. Darunter fallen Geschäftsprozesse, aber auch Systemprozesse, zum Beispiel das Verhalten einer Waschmaschine, oder die Ablaufbeschreibung eines Algorithmus im Inneren einer Methode (vgl. Rupp et al., 2007, S. 260). Hauptbestandteile einer Aktivität sind Aktionen und Kontroll- und Objektknoten, die mit Kanten zur Darstellung des Kontroll- und Objektflusses verbunden werden (vgl. Hitz et al., 2005, S. 186 ff.; Rupp et al., 2007, S. 259 ff.). Ähnlich wie bei *Petri-Netzen* (vgl. Petri, 1962) ermöglicht das Aktivitätsdiagramm eine Tokenfluss-Semantik innerhalb des Modells. *Token* repräsentieren Kontroll- oder Datenwerte, die durch das Modell fließen und zur Vorhersage des Verhaltens des gesamten Modells verwendet werden können (vgl. Bock, 2003a). An Knoten und Kanten können daher Regeln hinterlegt werden, die den Fluss der *Token* beschreiben. Eine ausführliche Beschreibung der Aktivitätsdiagramme der UML liefert Bock in einer Artikelserie (vgl. Bock, 2003a,b,c, 2004a,b, 2005).

## 2.2.3 Serviceorientierte Architekturen

Nachdem Geschäftsprozesse in Geschäftsprozessmodellen genauer spezifiziert wurden, müssen sie in Anwendungssystemen umgesetzt werden. Die Umsetzung kann gemäß dem Paradigma der *serviceorientierten Architektur (SOA)* erfolgen. Im Mittelpunkt steht dabei der Geschäftsprozess, dessen Aktivitäten, das heißt seine einzelnen Arbeitsschritte von sogenannten Services (Diensten) gekapselt werden. Ein Service ist eine „klar gegeneinander abgegrenzte und aus betriebswirtschaftlicher Sicht sinnvolle" Funktion (Tilkov und Starke, 2007, S. 12), die in einer Softwarekomponente realisiert und in einer verteilten Umgebung genutzt werden kann (vgl. Dostal et al., 2005, S. 12). Insbesondere verbergen sie als „Anwendungsbaustein" ihre Implementierungsdetails und exponieren nach außen nur ihre Schnittstelle (vgl. Richter et al., 2005). Zur Wiederverwendung in anderen Kontexten müssen die Services in der richtigen Granularität „geschnitten" werden. Um eine Wiederverwendung auch in Geschäftsprozessen zu ermöglichen, müssen diese reorganisiert und in elementare, voneinander unabhängige Aktivitäten zerlegt werden, die danach durch einzelne Services abgedeckt werden können. Das Kombinieren von Services zu einem Geschäftsprozess wird auch als „orchestrieren"[2] bezeichnet, da aus einem spezialisierten Einzelnen, wie bei einem Musiker eines Orchesters oder einem Baustein eines Baukasten, durch einfaches Zusammensetzen eine Komposition geschaffen wird. Eine serviceorientierte Architektur verspricht Vorteile und Nutzeffekte für das Unternehmen (vgl. Newcomer und Lomow, 2005, S. 86 ff.; Richter et al., 2005). Die lose Kopplung dieser Services, das heißt unabhängig von

---

[2]An dieser Stelle wird nur auf die Orchestrierung von Services genauer eingegangen. Die Choreographie von Services wird nicht näher beschrieben; für weitere Informationen sei auf (Masak, 2007, S. 104 ff.) verwiesen.

einem bestimmten Geschäftsprozess oder von anderen Services, soll eine möglichst vielseitige Kombinierbarkeit gewährleisten. Dies erleichtert die Wiederverwendung in anderen Anwendungen oder Geschäftsprozessen und führt dadurch zu einer Einsparung von Aufwand und Kosten. Zusätzlich wird die Komplexität der Anwendungssysteme reduziert, da die selbe Funktionalität nicht redundant in mehreren Anwendungssystemen umgesetzt, sondern nur noch einmal in einem Service implementiert ist. Durch die lose Kopplung von Services können Änderungen in serviceorientiert implementierten Geschäftsprozessen schneller vorgenommen und so die Flexibilität und Agilität des Unternehmens erhöht werden. Nicht zuletzt kann das Unternehmen einzelne Services vereinfacht an einen externen Anbieter auslagern, da keine Abhängigkeiten zur Implementierung des Services, sondern nur zu seiner Schnittstelle bestehen.

Ein Service wird von einem sogenannten Dienstanbieter (*Service Provider*) angeboten. Dieser „stellt eine Plattform zur Verfügung, welche über ein Netzwerk Zugriff auf mindestens einen Dienst ermöglicht" (Dostal et al., 2005, S. 14). Das heißt, der Dienstanbieter ist in der Rolle des Betreibers, der sowohl den Service aus inhaltlicher Sicht in Bezug auf dessen Umsetzung anbietet, als auch für die Einhaltung nichtfunktionaler Anforderungen wie Verfügbarkeit und Sicherheit verantwortlich ist. Dem Dienstnutzer (*Service Consumer*) genügt es, die Schnittstelle des jeweiligen Services zu kennen, um ihn in seine Anwendungssysteme zu integrieren. Informationen zur Schnittstelle erhält der Dienstnutzer aus der Servicebeschreibung. Diese enthält mindestens die Signatur des Services, zusätzlich auch Angaben zu nichtfunktionalen Eigenschaften wie Reaktionszeiten, Verfügbarkeit oder Kosten (vgl. Dostal et al., 2005, S. 13).

Das Konzept der serviceorientierten Architekturen ist technologieneutral und kann daher mit verschiedenen Technologien umgesetzt werden. Aufgrund ihrer Einfachheit und der breiten Unterstützung in verschiedenen Programmiersprachen haben sich jedoch Webservices als eine Hauptrealisierungsform erwiesen. Mit HTTP als Transportprotokoll (vgl. RFC 2616, 1999), dem XML-basierten SOAP als Nachrichtenformat (vgl. W3C, 2007), der *Web Services Description Language (WSDL)* (vgl. W3C, 2006b) als Sprache zur Schnittstellenbeschreibung sind die zugrunde liegenden Konzepte technologieunabhängig standardisiert (vgl. Kossmann et al., 2004). Zur Abbildung von Geschäftsprozessen können Webservices mit der *WS-Business Process Execution Language (WS-BPEL)* (vgl. OASIS, 2007) orchestriert werden. Die XML-basierte Sprache beschreibt, wie einzelne Webservices kombiniert werden, um einen Geschäftsprozess abzubilden und stellt diesen selbst wieder als Webservice zur Verfügung.

# 2.3 Modellierung

In verschiedenen Bereichen der Informatik hat sich der Einsatz von Modellen bewährt (vgl. Ludewig, 2003). Modelle können ein Abbild von etwas sein (vgl. Stachowiak, 1973, S. 129), um beispielsweise Vorgänge leichter erklären zu können. Sie können aber auch ein Vorbild für etwas sein (vgl. Stachowiak, 1973, S. 129); die Modelle dienen dann als Bauplan zum Beispiel für zu entwickelnde Anwendungssysteme. Dieser Abschnitt beginnt mit einer Klärung des Begriffs „Modell" bevor die Modellierung von Anwendungssystemen thematisiert wird. Darauf aufbauend wird in die modellgetriebene Softwareentwicklung eingeführt. Mit der Darstellung der Metamodellierung, die die zur Modellierung verwendeten Modellierungssprachen selbst anhand von Modellen beschreibt, endet dieser Abschnitt.

Die Modellierung von Geschäftsprozessen wird bewusst an dieser Stelle außen vor gelassen, da sie bereits im Abschnitt 2.2.2 thematisiert wurde und dadurch alle Abschnitte mit Bezug zum Thema „Geschäftsprozesse" im Abschnitt 2.2 verbleiben.

## 2.3.1 Modellierung von Anwendungssystemen

Der Begriff „Modell" wurde in seiner wissenschaftlichen Auffassung von Stachowiak (vgl. Stachowiak, 1973) geprägt. Zusammengefasst hat ein Modell die folgenden Eigenschaften (Fieber et al., 2008):

1. Abbildung: Modelle stehen immer in Bezug zu einem Original, das sie abbilden.

2. Verkürzung: Modelle erfassen i. Allg. nicht alle Attribute des durch sie repräsentierten Originals.

3. Pragmatismus: Modelle sind ihren Originalen nicht per se eindeutig zugeordnet, sondern ihre Ersetzungsfunktion erfüllen sie für bestimmte Subjekte unter bestimmten Einschränkungen (Zweck und Randbedingungen der Modellkonstruktion).

Im Informatik-Begriffsnetz der „Gesellschaft für Informatik" findet sich eine gegenüber Stachowiak stark vereinfachte Definition:

[Ein Modell ist eine i]dealisierte, vereinfachte, in gewisser Hinsicht ähnliche Darstellung eines »Gegenstands«, »Systems« oder sonstigen Weltausschnitts mit dem Ziel, daran bestimmte Eigenschaften des Vorbilds besser studieren zu können. (GI-IB)

Diese vereinfachte und im Vergleich zu Stachowiak bereits eingeschränkte Definition des Begriffs „Modell" bezieht sich ausschließlich auf deskriptive Modelle. Deskriptive Modelle beschreiben ein Original, sei es zur Dokumentation, zum
Verständnis oder um durch die Modellbildung einen Erkenntnisgewinn zu erhalten
(vgl. Fieber et al., 2008; Hesse und Mayr, 2008); sie abstrahieren somit von der
Realität (Reduktion) und enthalten keine präterierten Attribute, die zwar im Original vorhanden sind, aber für den Verwendungszweck des Modells nicht benötigt
werden und daher im selbigen nicht erfasst werden (vgl. Ludewig, 2003). Neben
den deskriptiven Modellen existieren auch präskriptive Modelle. Sie dienen zur
Planung und Schaffung eines Originals, zum Beispiel eines Anwendungssystems,
das heißt, sie beschreiben wie etwas auf Basis eines Modells geschaffen werden
kann.

Zur Nutzung von Modellen in der Informatik sind Modellierungssprachen oder
Modellierungsnotationen nötig, die ein einheitliches Begriffsverständnis etablie-
ren. So entstanden Ende der 1980er, Anfang der 1990er Jahre vermehrt Arbeiten zum Thema der objektorientierten Modellierung (vgl. Burkhardt, 1999; Östereich, 2006), die schließlich 1997 in die als Standard veröffentlichte Version 1.0
der *Unified Modeling Language (UML)* mündeten. Mittlerweile liegt die UML in
der Version 2.2.1 vor (vgl. OMG, 2009d) und wird unter der Leitung der *Object
Management Group (OMG)* weiterentwickelt. Die UML „dient zur Modellierung,
Dokumentation, Spezifizierung und Visualisierung komplexer Softwaresysteme"
(Rupp et al., 2007, S. 12) und kann damit also sowohl deskriptive als auch präskriptive Modelle beschreiben. Im Standard selbst heißt es dazu:

> The Unified Modeling Language is a visual language for specifying, con-
> structing, and documenting the artifacts of systems. It is a general-purpose
> modeling language that can be used with all major object and component
> methods, and that can be applied to all application domains (e.g., health, fi-
> nance, telecom, aerospace) and implementation platforms (e.g., J2EE, .NET).
> (OMG, 2009c, S. 9)

Die Modellarten der UML sind unabhängig vom zu modellierenden Original;
das heißt Modelle lassen sich unabhängig ihrer Herkunft aus verschiedenen Fach-
oder Anwendungsdomänen modellieren. Zur Modellierung von Softwaresystemen
können dabei sowohl statische Strukturdiagramme als auch dynamische Verhaltensdiagramme verwendet werden.

Mit Hilfe der Strukturdiagramme lässt sich der Aufbau des Anwendungssystems beschreiben; eine ausführliche Übersicht zu den verschiedenen statischen
Diagrammtypen findet sich in (Rupp et al., 2007, S. 99 ff.). Es lassen sich sechs

verschiedene Diagrammtypen kombinieren, um verschiedene Detaillierungsstu-
fen zu erhalten, beziehungsweise um verschiedene Ausschnitte des Systems zu
beschreiben. Diese reichen von den Verteilungsdiagrammen, die die Verteilung
der einzelnen Softwarebestandteile, den sogenannten *Deployment*-Artefakten auf
die Hardwareinfrastruktur aufzeigen, über das Komponentendiagramm, mit dessen
Hilfe die Abhängigkeiten und Beziehungen der einzelnen Komponenten untereinander dargestellt werden, bis zum Klassendiagramm, das den statischen Aufbau
der Softwarekomponenten detailliert beschreibt.

Die statischen Strukturdiagramme beschreiben nur die Struktur des Systems.
Wie sich das System zur Laufzeit verhält, welche Interaktionen zwischen den
einzelnen Komponenten oder der Infrastruktur bestehen, also die dynamischen
Aspekte des Anwendungssystems, werden mit den Verhaltensdiagrammen (vgl.
Rupp et al., 2007, S. 235 ff.) beschrieben. Wie auch die Strukturdiagramme ergänzen sich die Verhaltensdiagramme, da sie verschiedene Aspekte des Anwendungssystems mit unterschiedlicher Detaillierungstiefe oder mit unterschiedlicher
Notation beschreiben. Den geringsten Detaillierungsgrad beschreiben die Anwendungsfalldiagramme. Sie beschreiben aus Sicht der Benutzer die grundlegende
Funktionalität des Systems. Soll der Ablauf der beschriebenen Anwendungsfälle genauer spezifiziert werden, werden Aktivitätsdiagramme verwendet, die bereits im Abschnitt 2.2.2.2 zur Beschreibung von Geschäftsprozessen angeführt
wurden. Sie sind allerdings nicht auf Geschäftsprozesse eingeschränkt, jegliches
Ablaufverhalten des Systems kann mit ihrer Hilfe beschrieben werden. Innerhalb
der Verhaltensdiagramme bilden die Interaktionsdiagramme eine eigene Kategorie. Sie beschreiben die Interaktion zwischen den einzelnen Systembestandteilen.
So stellt das Sequenzdiagramm „ausgewählte Abläufe in einer exakten chronolo-
gischen Reihenfolge [dar] und zeigt dabei vor allem, wie die Kommunikation in
einem System abläuft." (Rupp et al., 2007, S. 236).

Sowohl die statischen Strukturdiagramme als auch die dynamischen Verhaltensdiagramme eigenen sich aufgrund der unterschiedlich detaillierten Diagrammtypen für die unterschiedlichen Phasen des Softwareentwicklungsprozesses (vgl.
Frick, 1995). Während in der ersten Phase der Analyse das System auf hohem
Niveau beschrieben wird, so müssen diese Beschreibungen in der Design-Phase
vertieft werden, damit in der darauf folgenden Phase eine erfolgreiche Implementierung ermöglicht wird. Auch in der letzten Phase, der *Deployment*-Phase, werden
die Diagramme der UML zur Darstellung der Verteilung der einzelnen *Deployment*-Artefakte verwendet.

## 2.3.2 Modellgetriebene Softwareentwicklung

Die Modellierung von Anwendungssystemen ist kein Selbstzweck. Im vorhergehenden Abschnitt wurde zwischen deskriptiven und präskriptiven Modellen unterschieden. Präskriptive Modelle dienen zur Schaffung eines Originals, das heißt, sie
werden in einer Phase der Planung (im Softwareentwicklungsprozess die Phasen
Analyse und Design) geschaffen und dienen bei der Umsetzung (im Softwareentwicklungsprozess die Implementierungsphase) als Blaupause für das zu entste-
hende Produkt, zum Beispiel für ein Anwendungssystem. Im Gegensatz zum Bau
eines Hauses, dessen Baupläne in manueller Arbeit umgesetzt werden müssen,
ermöglicht die Entwicklung von Software die direkte und automatische Verarbeitung von Modellen durch den Einsatz von modellgetriebenen Techniken. Sind die
Modelle mit einem ausreichenden Detaillierungsgrad, also einer, für die Weiterverarbeitung genügenden Qualität modelliert (vgl. Petrasch und Meimberg, 2006,
S. 113 ff.), so können aus ihnen mit Hilfe der modellgetriebenen Softwareentwicklung (*Model-Driven Software Development*) automatisiert Bestandteile des
vom Modell beschriebenen Softwaresystems erstellt werden. Art und Umfang der
generierten Bestandteile sind dabei vom Detaillierungsgrad des Modells und vom
Transformationsprozess in die anderen Modelle abhängig. Die OMG hat wesentliche Begriffe der modellgetriebenen Architektur (*Model-Driven Architecture (MDA)*)
geprägt (vgl. OMG, 2003), die im Folgenden dargestellt werden.

Die MDA betrachtet das zu entwickelnde System aus verschiedenen Blickwinkeln (*Viewpoints*), die sich in drei Klassen einteilen lassen (vgl. OMG, 2003, S. 2–
5):

- *Computation Independent Viewpoint*

- *Platform Independent Viewpoint*

- *Platform Specific Viewpoint*

Der *Computation Independent Viewpoint* beschreibt die Umgebung des Systems
und hat dessen Anforderungen im Fokus, ohne es bereits im Detail zu spezifizieren. Auf die Funktionalität des Systems, aber noch von der Plattform abstrahiert,
auf der das System implementiert wird, bezieht sich der *Platform Independent
Viewpoint*; er beinhaltet daher nur Informationen, die plattformunabhängig sind.
Der *Platform Specific Viewpoint* bezieht schließlich Details zur Zielplattform des
Systems mit ein. Diese verschiedenen Sichtweisen auf ein System bedingen ent-
sprechend detaillierte Modelle. Die OMG unterscheidet hierzu zwischen vier Modellen (vgl. OMG, 2003, S. 2–5 f.):

- *Computation Independent Model (CIM)*

- *Platform Independent Model (PIM)*

- *Platform Specific Model (PSM)*

- *Platform Model (PM)*

Das *Computation Independent Model* beschreibt das System aus einer fachlichen Perspektive und wird auch als Domänenmodell bezeichnet (vgl. Petrasch und Meimberg, 2006, S. 100). Es definiert die im System vorhandenen Entitäten und schafft dadurch eine einheitliche Terminologie, die das Verständnis zwischen Experten der jeweiligen Fachdomäne und den Experten der IT-Seite erleichtert (vgl. OMG, 2003, S. 2–5). Das *Platform Independent Model* beschreibt ausschließlich die fachlichen Aspekte (vgl. Petrasch und Meimberg, 2006, S. 102), das heißt, das Verhalten und die Struktur des zu entwickelnden Systems (vgl. Born et al., 2004, S. 281), bleibt aber unabhängig von der Plattform, mit deren Hilfe das System realisiert werden wird. Das *Platform Specific Model* enthält letztendlich sämtliche Details wie das System auf einer bestimmten Plattform umgesetzt wird. Am Ende einer Reihe von Transformationen entspricht das *Platform Specific Model* plattformspezifischem Code, also konkreten Artefakten des Anwendungssystems.

Während die angeführten Modelle jeweils einem *Viewpoint* zurechenbar sind, verhält sich das *Platform Model* anders. Das Plattformmodell bezieht sich auf die Plattform, auf deren Basis das System implementiert werden soll. Es ist eine „[...] technische Spezifikation, die die Struktur einer Plattform (d. h. ihre Bestandteile) und die durch die Plattform angebotenen Dienste präzise beschreibt." (Born et al., 2004, S. 282). Das Plattformmodell kann dabei generische, technologiespezifische oder herstellerspezifische Plattformen beschreiben (vgl. Born et al., 2004, S. 282). Das Konzept der MDA basiert auf diesen detaillierten und beispielsweise in UML beschriebenen Plattformmodellen (vgl. OMG, 2003, S. 3–2), mit deren Hilfe die dem PIM und PSM zu Grunde liegenden Plattformen beschrieben werden. Das Plattformmodell entspricht daher einem Metamodell der Metaebene M2 (vgl. Abschnitt 2.3.3).

Damit aus den Modellen beispielsweise ein Anwendungssystem entsteht, müssen die Modelle über die verschiedenen Ebenen ineinander überführt, das bedeutet in ein anderes Modell transformiert werden. Die Transformation kann automatisch erfolgen, indem Informationen des Quellmodells auf das Zielmodell abgebildet werden. Da das Zielmodell in der Regel einen höheren Detaillierungsgrad hat, müssen jedoch fehlende Informationen manuell ergänzt werden (vgl. Petrasch und Meimberg, 2006, S. 95). Für eine erfolgreiche Transformation müssen folgende Artefakte vorhanden sein:

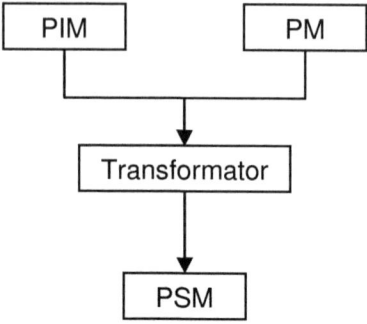

Abbildung 2.5: MDA-Transformationsprozess

* formale (Quell-) Modelle (CIM, PIM, PSM)

* deren Metamodelle (PM)

* formale Beschreibung des Transformationsprozesses (Transformator)

Die formale Beschreibung des Transformationsprozesses kann auf Basis von Abbildungsregeln auf Ebene des Metamodells, also des Plattformmodells erfolgen oder mittels Vorlagen (*Templates*), die mit den Informationen des Quellmodells gefüllt werden (vgl. Petrasch und Meimberg, 2006, S. 108 ff.; OMG, 2003, S. 3–2 ff.). Abbildung 2.5 visualisiert die Erzeugung eines plattformspezifischen Modells durch einen auf Abbildungsregeln basierenden Transformationsprozess auf Basis eines plattformunabhängigen Modells (Quellmodell) und des die Zielplattform beschreibenden Plattformmodells.

Die Bezeichnung, beziehungsweise Unterscheidung des plattformunabhängigen und plattformspezifischen Modells sind immer relativ zueinander zu betrachten. Ein plattformunabhängiges Modell wird immer in ein plattformspezifisches Modell transformiert. Allerdings kann das erzeugte plattformspezifische Modell wieder das Quellmodell für einen weiteren Transformationsschritt darstellen, und in diesem dann in der Rolle eines plattformunabhängigen Modells als Quellmodell eingehen (vgl. Born et al., 2004, S. 283).

Die modellgetriebene Softwareentwicklung reduziert durch die automatisch ablaufenden Transformationsprozesse manuelle Arbeiten, somit wird die Qualität der Zielartefakte erhöht, da Inkonsistenzen, die durch einen manuellen Entwicklungsprozess verursacht werden, reduziert werden. Gleichzeitig beschleunigt die automatische Verarbeitung den Entwicklungsprozess (vgl. Hitz et al., 2005, S. 345; Pietrek und Trompeter, 2007, S. 16 f.).

| Metaebene | Bezeichnung | Beispiel |
|-----------|-------------|----------|
| M3 | Meta-Metamodell | MOF |
| M2 | Metamodell | Metamodell der UML |
| M1 | Modell | Klassendiagramm in UML |
| M0 | Instanz | konkretes Objekt in Java |

Tabelle 2.1: Übersicht der Metamodellhierarchie

### 2.3.3 Metamodellierung

Modelle stehen laut Stachowiaks Definition immer in Bezug zu einem Original
(vgl. Abschnitt 2.3.1). Damit ein Modell etwas beschreiben kann, müssen seine
Elemente und deren Zusammenhänge definiert sein. Diese Beschreibung oder Definition geschieht anhand eines Metamodells, das das Modell beziehungsweise die
Modellierungssprache selbst definiert (vgl. Pietrek und Trompeter, 2007, S. 52).
Ein Metamodell ist somit ein „Modell, das Informationen über einen oder mehrere Aspekte eines anderen Modells oder einer Menge von Modellen abbildet."
(Petrasch und Meimberg, 2006, S. 49). Ein Metamodell beschreibt nicht nur die
bisher angeführte UML, sondern dient allgemein zur Definition von domänenspezifischen Sprachen, die „[...] kompakte, formale Sprachen [...]" (Pietrek und Trompeter, 2007, S. 56) zur Beschreibung einer bestimmten Anwendungsdomäne sind.
Das Metamodell der UML ermöglicht seine Erweiterung durch Profile und *Tag-
ged Values* (vgl. OMG, 2009c, S. 177 ff.), um ein eigenes auf der UML basieren-
des Metamodell für spezielle Anwendungsfälle zu definieren. Der Zusammenhang
zwischen Modellen, deren Metamodell und der konkreten Instanz wird in Tabelle
2.1 anhand der verschiedenen Metaebenen veranschaulicht.

Die Metaebene M0 ist eine konkrete Instanz eines Modells und entspricht – um
beim Beispiel der Tabelle 2.1 zu bleiben – beispielsweise einem Objekt in der
Programmiersprache Java. Die Modellebene M1 ist das Modell, das das Objekt
der M0 Ebene beschreibt, also die Klassendefinition des Objektes, beispielsweise
innerhalb eines Klassendiagramms. Das Modell auf der Metaebene M1 ist selbst
wieder eine Instanz der Metaebene M2, es besteht also aus dem Wortschatz, den
die Metaebene M2 definiert. Metamodelle befinden sich daher auf der Metaebene M2. Meta-Metamodelle entsprechen der Metaebene M3 und beschreiben die
grundlegenden Elemente, die zur Definition eines Metamodells erforderlich sind.
Im Falle der UML dient die *Meta Object Facility (MOF)* (vgl. OMG, 2006) der
OMG als Grundlage zur Definition des Metamodells. Das Meta-Metamodell ist
eine Instanz seiner selbst, das bedeutet, es beschreibt sich selbst mit Hilfe seines

eigenen Wortschatzes. Dadurch besteht keine Notwendigkeit für eine weitere Metaebene, die das Meta-Metamodell auf einer darüberliegenden Ebene beschreibt.

## 2.4 Anforderungsmanagement

Die Entwicklung eines Anwendungssystems erstreckt sich über die verschiedenen Phasen des Softwareentwicklungsprozesses. Am Anfang gilt es in der Analysephase die Anforderungen an das System zu sammeln, um damit zielgerichtet die gewünschte Lösung entwickeln zu können. Unter einer Anforderung wird Folgendes verstanden:

> Eine Anforderung ist eine Aussage über eine zu erfüllende Eigenschaft oder zu erbringende Leistung eines Produktes, eines Prozesses oder der am Prozess beteiligten Personen. (Rupp, 2002, S. 13)

Im Rahmen des Anforderungsmanagements (*Requirements Management*) sollen die anfallenden Anforderungen systematisch definiert, spezifiziert und innerhalb des Softwareentwicklungsprozesses verfolgt werden (vgl. Ebert, 2005, S. 17). Anforderungen lassen sich in funktionale und nichtfunktionale Anforderungen einteilen. Funktionale Anforderungen beschreiben die geforderte Funktionalität des Systems, wohingegen nichtfunktionale Anforderungen die Eigenschaft des Systems – beispielsweise in Bezug auf dessen Sicherheit, Zuverlässigkeit und Verfügbarkeit – beschreiben. Pohl schließt sich dieser Zweiteilung nicht an, sondern teilt Anforderungen in funktionale Anforderungen, Qualitätsanforderungen und Rahmenbedingungen ein (vgl. Pohl, 2008, S. 16). Seiner Meinung nach sind nichtfunktionale Anforderungen entweder unterspezifizierte funktionale Anforderungen oder Qualitätsanforderungen. Diese definiert er als eine „qualitative Eigenschaft des gesamten Systems, einer Systemkomponente oder einer Funktion" (Pohl, 2008, S. 16). Als Rahmenbedingungen sieht Pohl externe Einschränkungen an, die bei der Entwicklung des Anwendungssystems als gegeben hingenommen werden müssen und im Rahmen des Softwareentwicklungsprozesses unveränderlich sind.

Unabhängig von ihrer Einteilung beschreiben Anforderungen immer ein Bedürfnis; die Lösung zur Erfüllung des Bedürfnisses ist dabei noch offen und entsteht erst im Zuge des Softwareentwicklungsprozesses, der zur Implementierung der Anforderungen führt (vgl. Ebert, 2005, S. 13). Als Voraussetzung gilt dafür die Anforderungsspezifikation, in der die Anforderungen „strukturiert, dokumentiert und in einen Zusammenhang gebracht" werden (Ebert, 2005, S. 107). Da die

Projektbeteiligten nicht die gleiche Sprache sprechen[3] (vgl. Rupp, 2002, S. 20; Cormack et al., 2001), müssen in der Anforderungsspezifikation Mehrdeutigkeiten, Redundanzen, Widersprüche und ungenaue Angaben (vgl. Rupp, 2002, S. 21) ausgeräumt werden, mit dem Ziel, eine vollständige und korrekte Spezifikation zu erhalten, deren Anforderungen testbar und im Zuge des Softwareentwicklungsprozesses durch die verschiedenen Phasen und Artefakte verfolgbar sind (vgl. Rupp, 2002, S. 25 ff.). Um dieses Ziel zu erreichen, kann die Erfassung der Anforderungen als natürlichsprachlicher Text, als halbformale oder formale Spezifikation erfolgen. Die natürliche Sprache führt allerdings aufgrund von Vieldeutigkeiten und Unschärfe leicht zu Missverständnissen; solche Anforderungsspezifikationen sind darüber hinaus oftmals inkonsistent und die Anforderungen sind durch eine fehlende Strukturierung nur schwer in der Implementierungsphase verfolgbar. Halbformale Spezifikationen dagegen sind durch exakte Vorlagen strukturiert (vgl. Ebert, 2005, S. 119 ff.), beispielsweise durch Anwendungsfallbeschreibungen oder auf Basis von Vorlagen für Anforderungsspezifikationen, wie im IEEE Standard 830-1998 (vgl. IEEE 830-1998, 1998) beschrieben. Anhand solcher Vorlagen wird die strukturierte und vollständige Erfassung der Anforderungen gefördert und die am Prozess beteiligten Personen in der Erfassung unterstützt. Formale Spezifikationen sind im Vergleich zu den anderen beiden Verfahren zur Erfassung von Anforderungen sehr präzise und bilden die Grundlage für eine formale Verifikation der Anforderungen, allerdings muss dazu die jeweilige Beschreibungs- oder Modellierungssprache erlernt werden. Als formale Spezifikationen gelten Anforderungsmodelle, mit deren Hilfe „natürlichsprachliche Anforderungen durch Modelle zusammengefasst und deren Zusammenhänge explizit dokumentiert werden" (Pohl, 2008, S. 299). Die Zusammenfassung natürlichsprachlicher Anforderungen in Modellen kann in mehreren Iterationen stattfinden, die die Anforderungen Stück für Stück formalisieren und in das Modell integrieren und damit sprachliche Unklarheiten oder Schwächen eliminieren. Auf Basis dieser Anforderungsmodelle können durch den Einsatz von modellgetriebenen Techniken Testfälle zur Verifikation der Anforderungen generiert werden.

---

[3]Fach- und IT-Seite verwenden aufgrund ihrer unterschiedlichen Fachdomäne auch einen unterschiedlichen Fachwortschatz, der das gegenseitige Verstehen erschwert.

# 3 Stand der Forschung und Technik

In diesem Kapitel wird der Stand der Forschung und Technik dargestellt und analysiert. Die Grundlage dafür bilden definierte Anforderungen, die die strukturierte Analyse und objektive Bewertung der Literatur ermöglichen und in einem Anforderungskatalog dargestellt werden. Die Analyse des Forschungsstandes gliedert sich analog zur Struktur der Arbeit. Zuerst werden Zugriffskontroll- und Rollenkonzepte diskutiert, um im Anschluss daran die Modellierung von sicheren Systemen und Policies zu analysieren.

## 3.1 Anforderungen

Mit Hilfe dieser Anforderungen soll die Analyse und Bewertung der diskutierten Literatur strukturiert und objektiv vorgenommen werden. Die Anforderungen lassen sich in allgemeine Anforderungen, die für alle Ergebnisse dieser Arbeit gelten, sowie spezifische Anforderungen, die sich auf das Rollenkonzept für den Einsatz im Unternehmen und auf die Modellierung von sicheren Geschäftsprozessen beziehen, einteilen. Sämtliche Anforderungen werden aus dem im Abschnitt 1.1 vorgestellten Szenario und der im Abschnitt 1.2 definierten Ziele dieser Arbeit herausgearbeitet.

### 3.1.1 Allgemeine Anforderungen

Unabhängig von den beiden großen Bereichen dieser Arbeit, dem Rollenkonzept für den Einsatz im Unternehmen und der Modellierung sicherer Geschäftsprozesse, ergeben sich allgemeine Anforderungen, die sich auf die Ergebnisse der gesamten Arbeit beziehen.

**Anforderung A 1.1: Allgemeingültigkeit**

Die Ergebnisse der Arbeit müssen in ihrem Konzept allgemeingültig sein. Für die einzelnen Bereiche bedeutet dies: Das Rollenkonzept muss unabhängig von der Fachdomäne und der Aufbauorganisation des jeweiligen Unternehmens und daher prinzipiell in jedem Unternehmen anwendbar sein. Die Modellierung von sicheren

Geschäftsprozessen muss in ihrem Kern unabhängig von einer bestimmten Notation zur Geschäftsprozessmodellierung sowie vom eingesetzten Sicherheitsprodukt
sein, um den Anspruch auf Allgemeingültigkeit zu erfüllen.

**Anforderung A 1.2: Beherrschbarkeit für die Fachabteilung**

Den Kommunikationsprozess zwischen der Fach- und IT-Abteilung zu verbessern
und die Fachabteilung in die Lage zu versetzen, Zugriffskontrollanforderungen
und Zugriffskontrollpolicies in hoher Qualität selbst zu modellieren, ist ein wesentliches Ziel dieser Arbeit. Die Fachabteilung muss daher in der Lage sein, sowohl das Rollenkonzept zu verstehen, als es auch anzuwenden. Die Modellierung
sicherer Geschäftsprozesse muss ebenso von der Fachseite beherrschbar sein. Die
Lösung muss von den technischen Details ausreichend abstrahieren, um eine Modellierung der Zugriffskontrollanforderungen und Zugriffskontrollpolicies im Geschäftsprozessmodell durch die Fachabteilung zu ermöglichen.

## 3.1.2  Rollenkonzept für den Einsatz im Unternehmen

Neben der im vorhergehenden Abschnitt angeführten allgemeinen Anforderungen
existieren für jeden Teilbereich dieser Arbeit konkrete Anforderungen, die sich in
diesem Abschnitt auf das Rollenkonzept für Unternehmen beziehen.

**Anforderung A 2.1: Definition des Rollenbegriffs**

Ein Rollenkonzept, welches übergreifend von der Fach- und IT-Seite verwendet
werden soll, bedarf in erster Linie einer eindeutigen Definition des Begriffs „Rolle". Diese Definition muss für beide Seiten verständlich sein und insbesondere
bereits bestehende, aber nicht definierte oder nicht formal beschriebene Betrach-
tungsweisen des Rollenbegriffs aufgreifen. Die implizit vorhandene Unterteilung
des Rollenbegriffs der Fachseite im Sinne von Geschäftsrollen und des Rollenbegriffs der IT-Seite, im Sinne von Systemrollen der Anwendungssysteme muss im
Rollenkonzept verankert und ihre Beziehung zueinander definiert sein.

**Anforderung A 2.2: Anwendungssystemübergreifendes Rollenkonzept**

Anwendungssysteme in einer serviceorientierten Anwendungslandschaft sind nicht
gegenseitig isoliert, sondern basieren in weiten Teilen sogar auf gegenseitiger Interaktion. Bestehende Konzepte der rollenbasierten Zugriffskontrolle wie NIST
RBAC (vgl. Ferraiolo et al., 2001) sind allerdings auf ein Anwendungssystem bezogen und können daher die Anforderungen an anwendungssystemübergreifende

Rollen nicht abbilden. Das Rollenkonzept muss daher einerseits die Berechtigungen innerhalb eines Anwendungssystems verwalten, andererseits aber auch anwendungssystemübergreifende Zugriffsszenarios abbilden können.

**Anforderung A 2.3: Beibehaltung etablierter RBAC-Konzepte**

Mit der *rollenbasierten Zugriffskontrolle (RBAC)* (vgl. Ferraiolo et al., 2001) existiert bereits eine etablierte Möglichkeit, die Komplexität von Zugriffsberechtigungen innerhalb eines Anwendungssystems auf Basis von Rollen zu verwalten. Ein übergreifendes Rollenkonzept für das Unternehmen sollte die in der Forschung bearbeiteten und in der Praxis bewährten RBAC-Konzepte innerhalb von Anwendungssystemen nicht negieren. Die bestehenden Konzepte sind in den Lösungsansatz miteinzubeziehen, um dadurch die vereinfachte Integration bereits bestehender Anwendungssysteme mit rollenbasierter Zugriffskontrolle zu ermöglichen.

**Anforderung A 2.4: Bezug zur Modellierung von Geschäftsprozessen**

Innerhalb der Geschäftsprozessmodellierung existiert ebenfalls der Begriff „Rolle". Die Mitgliedschaft in einer Rolle ermöglicht ihren Mitgliedern die Durchführung von Aktivitäten (vgl. Weske, 2007, S. 105). Die Bedeutung des Begriffs und der zugrunde liegenden Modellelemente ist jedoch nicht exakt definiert, sondern liegt vielmehr in der Hand des Modellierers, der die dahinter liegende Semantik definiert (vgl. OMG, 2009b, S. 90). Das Rollenkonzept muss die Verwendung von Rollen innerhalb der Geschäftsprozessmodellierung definieren und in Verbindung zu den bestehenden Definitionen setzen, damit das Rollenkonzept auch in der Modellierung von Geschäftsprozessen Verwendung findet.

### 3.1.3 Modellierung von sicheren Geschäftsprozessen

Nachdem im vorhergehenden Abschnitt die Anforderungen an das Rollenkonzept beschrieben wurden, werden in diesem Abschnitt die Anforderungen an die Modellierung von sicheren Geschäftsprozessen dargelegt.

**Anforderung A 3.1: Modellierung von Zugriffskontrollinformationen**

Die Gewährleistung einer funktionierenden Zugriffskontrolle ist für Anwendungssysteme unerlässlich. Im Rahmen der Anforderungsanalyse des Softwareentwicklungsprozesses werden Zugriffskontrollanforderungen gesammelt, die in der Implementierungsphase umgesetzt werden. Anforderungen an das zu entwickelnde

Anwendungssystem definiert die Fachseite, daher sollte diese auch die Zugriffskontrollanforderungen für das zu entwickelnde System definieren. Die Fachabteilung muss durch ein Modellierungswerkzeug unterstützt werden, um Zugriffskontrollanforderungen visuell zu modellieren und zugleich mit Hilfe des Werkzeugs (teil-) formalisierte und syntaktisch korrekte Zugriffskontrollpolicies innerhalb von Geschäftsprozessmodellen zu erstellen.

**Anforderung A 3.2: Modellgetriebener Entwicklungsprozess für
Zugriffskontrollpolicies**

Die modellgetriebene Entwicklung verspricht im Allgemeinen viele Vorteile im
Softwareentwicklungsprozess (vgl. Abschnitt 2.3.2). Daher sollten Zugriffskontrollpolicies auf Basis der Zugriffskontrollanforderungen modellgetrieben erzeugt
werden. Ausgangspunkt sind die um Zugriffskontrollpolicies angereicherten Modelle der Fachseite, aus denen zunächst plattformunabhängige Zugriffskontrollpolicies und nach einer manuellen Anreicherungen mit weiteren Informationen Zugriffskontrollpolicies für ein konkretes Produkt erzeugt werden. Der modellgetriebene Ansatz auf Basis der *Model-Driven Architecture* (vgl. OMG, 2003) gewährleistet dabei die Interoperabilität der plattformunabhängigen Zugriffskontrollpolicies, da die Erzeugung von Zugriffskontrollpolicies für ein konkretes Sicherheitsprodukt lediglich des Austauschs des Plattformmodells und der Abbildungsregeln
des Transformators bedarf.

**Anforderung A 3.3: Erweiterung bestehender Notationen**

Die Erfassung von Zugriffskontrollanforderungen und Zugriffskontrollpolicies soll
von der Fachseite im Geschäftsprozessmodell stattfinden. Für die Modellierung
von Geschäftsprozessen haben sich verschiedene Notationen etabliert (vgl. Abschnitt 2.2.2), die von der Fach- und IT-Abteilung angewendet werden. Da der
Austausch bereits erlernter und angewandter Modellierungsnotationen einen aufwändigen und kostenträchtigen Fortbildungs- und Migrationsprozess im Unternehmen nach sich ziehen würde, sollen bestehende Notationen auch zur Modellierung von Zugriffskontrollanforderungen und Zugriffskontrollpolicies in Geschäftsprozessmodellen verwendet werden.

Mit Hilfe leichtgewichtiger Erweiterungen ihres Metamodells sollen die Notationen dahingehend erweitert werden, die Modellierung von Zugriffskontrollanforderungen und deren Verfeinerung zu Zugriffskontrollpolicies zu unterstützen.
Durch die nur leichtgewichtige Erweiterung bleibt in der Regel die Kompatibilität

| **Allgemeine Anforderungen** | |
|---|---|
| A 1.1 | Allgemeingültigkeit |
| A 1.2 | Beherrschbarkeit für die Fachabteilung |
| **Rollenkonzept für den Einsatz im Unternehmen** | |
| A 2.1 | Definition des Rollenbegriffs |
| A 2.2 | Anwendungssystemübergreifendes Rollenkonzept |
| A 2.3 | Beibehaltung etablierter RBAC-Konzepte |
| A 2.4 | Bezug zur Modellierung von Geschäftsprozessen |
| **Modellierung von sicheren Geschäftsprozessen** | |
| A 3.1 | Modellierung von Zugriffskontrollinformationen |
| A 3.2 | Modellgetriebener Entwicklungsprozess für Zugriffskontrollpolicies |
| A 3.3 | Erweiterung bestehender Notationen |

Tabelle 3.1: Anforderungskatalog

zu bestehenden Modellen und Werkzeugen erhalten, was eine reibungslose Integration der neuen Konzepte in die bestehende Umgebung erlaubt.

### 3.1.4 Anforderungskatalog

Der Anforderungskatalog in Tabelle 3.1 fasst die in den vorhergehenden Abschnitten beschriebenen Anforderungen zusammen. Der Anforderungskatalog wird zur Bewertung des Stands der Forschung und Technik herangezogen, dient als Grundlage für die in dieser Arbeit entwickelten Lösungsansätze und abschließend zur Bewertung der Erfüllung der im Abschnitt 1.2 definierten Ziele.

## 3.2 Zugriffskontroll- und Rollenmodelle

In diesem Abschnitt werden Zugriffskontroll- und Rollenmodelle aus dem Stand der Forschung und Technik analysiert und bewertet. Zuerst werden verschiedene Ansätze der rollenbasierten Zugriffskontrolle behandelt, um im Anschluss daran die attributbasierte Zugriffskontrolle darzustellen.

### 3.2.1 NIST Role-Based Access Control

In den 1990er Jahren entstanden viele Arbeiten im Bereich der *rollenbasierten Zugriffskontrolle (Role-Based Access Control, RBAC)*. Die grundsätzliche Idee dieser Arbeiten, die Zuweisung von Berechtigungen zu Rollen und diesen wiederum Identitäten zuzuweisen, war in allen Forschungsansätzen gegeben (vgl. Ferraiolo et al., 2001). Jedoch unterschieden sich die verschiedenen Forschungsansätze im Detail, was sowohl die Umsetzung als auch den Einsatz von RBAC erschwerte. Erst durch die Veröffentlichung des *Proposed NIST Standard for Role-Based Access Control (NIST RBAC)* (vgl. Ferraiolo et al., 2001) wurde ein übergreifendes Konzept erarbeitet, das die gemeinsame Schnittmenge der bestehenden Ansätze bildet.

Der wesentliche Aspekt der rollenbasierten Zugriffskontrolle ist das Aufbrechen der starren und schwer skalierbaren Subjekt-Objekt-Relation (vgl. Abschnitt 2.1.3) durch die Verwendung von Rollen. Eine Rolle hat eine Menge von Berechtigungen zugewiesen und ist selbst wiederum einem oder mehreren Benutzern zugewiesen. Die Rolle stellt somit eine Ebene der Indirektion zwischen Benutzer und Zugriffsberechtigung dar. In (Ferraiolo et al., 2001) heißt es dazu:

> [...] users are assigned to roles, permissions are assigned to roles, and users acquire permissions by being members of roles [...]

Ferraiolo et al. definieren die einzelnen Elemente wie folgt (Ferraiolo et al., 2001):

- A user is defined as a human being. Although the concept of a user can be extended to include machines, networks, or intelligent autonomous agents [...].

- A role is a job function within the context of an organization with some associated semantics regarding the authority and responsibility conferred on the user assigned to the role.

- Permission is an approval to perform an operation on one or more RBAC protected objects.

- An operation is an executable image of a program, which upon invocation executes some function for the user.

- [A] session is a mapping of one user to possibly many roles, that is, a user establishes a session during which the user activates some subset of roles that he or she is assigned. Each session is associated with a single user and each user is associated with one or more sessions.

NIST RBAC ermöglicht das Bündeln von Berechtigungen zu einer Rolle. Damit lassen sich ähnlich geartete Berechtigungen, die für die Erfüllung einer fachlichen

Aufgabe innerhalb eines Anwendungssystems nötig sind, zusammenfassen. Den Benutzern, die die entsprechende Aufgabe auszuführen haben, ist lediglich die Rolle zuzuweisen; eine direkte Zuweisung der einzelnen Berechtigungen entfällt. Dadurch wird vor allem der Administrationsaufwand deutlich reduziert, da neue oder geänderte Berechtigungen nur noch in der Rolle und nicht mehr direkt bei den betroffenen Benutzern angepasst werden müssen. Mit Hilfe von Rollenhierarchien wird die Administration nochmals vereinfacht, da Rollen Berechtigungen von anderen Rollen erben können:

> A hierarchy is mathematically a partial order defining a seniority relation between roles, whereby senior roles acquire the permissions of their juniors, and junior roles acquire the user membership of their seniors. (Ferraiolo et al., 2001)

In den meisten Organisationen gibt es grundlegende Berechtigungen, die von nahezu allen Benutzern benötigt werden, wie der Zugriff auf das Arbeitszeitkonto oder das Intranet. Die Vererbung von Rolleneigenschaften innerhalb von Rollenhierarchien ermöglicht solche Basisberechtigungen in einer globalen Rolle zu bündeln, von der anschließend weitere Rollen in der Hierarchie erben. Die Zuweisung der Basisberechtigungen erfolgt daher nur einmal zu einer solchen globalen Rolle, anstatt jeder einzelnen Rolle wiederholt die Basisberechtigung zuzuweisen. NIST RBAC sieht zur Umsetzung von Rollenhierarchien zwei Möglichkeiten vor: Allgemeine Hierarchien, bei denen die Hierarchie beliebig gebildet werden kann und somit beispielsweise Mehrfachvererbung von Benutzern und Berechtigungen ermöglicht wird, oder eingeschränkte Hierarchien, die sich zum Beispiel als Baumstrukturen abbilden lassen und Vererbung nur innerhalb eines Pfades durch den Baum ermöglichen.

Um Verantwortlichkeiten, die einen Interessenskonflikt hervorrufen können, voneinander zu trennen und somit *Compliance*-Anforderungen zu erfüllen, werden Anforderungen an die Trennung von Verantwortlichkeiten *(Separation of Duties (SoD))* mit statischen und dynamischen Verfahren umgesetzt. Ein klassisches Beispiel für SoD ist die Trennung zwischen der Person, die einen Kreditantrag erfasst und der Person, die diesen Antrag genehmigt. Die SoD-Einschränkung definiert daher, welche Rollenmitgliedschaften sich gegenseitig ausschließen. Von einer statischen SoD-Einschränkung spricht man, wenn die Auswertung und Durchsetzung der Einschränkung statisch, das heißt ausschließlich zum Zeitpunkt der Rollenzuweisung vorgenommen wird. Sind Rollenhierarchien vorhanden, so muss die effektive Rollenmitgliedschaft, also die Menge aller geerbten und direkt zugewiesenen Rollen vor Auswertung der SoD-Einschränkung berechnet werden. Die dyna-

mische SoD schränkt das Ausüben von Rollenmitgliedschaften nur während einer
Benutzersitzung ein, dabei dürfen nur Rollen aktiviert werden, die sich gegenseitig
nicht ausschließen. Eine dynamische SoD ermöglicht so die Mitgliedschaft in Rollen, deren bloßes Innehaben noch keinen Interessenskonflikt zur Folge hat, sondern
erst dann, wenn die Rollen innerhalb einer Benutzersitzung ausgeführt werden.

### 3.2.1.1 Bewertung

NIST RBAC erfüllt die Anforderungen nach Allgemeingültigkeit (A 1.1); es ist
weder auf bestimmte Fachdomänen noch auf Aufbauorganisationen beschränkt.
Gerade im Hinblick auf die Aufbauorganisation ist durch flache und hierarchische
Anordnung von Rollen jedwede Möglichkeit der individuellen Ausprägung gegeben. Als technisch fokussiertes Konzept beschäftigt sich NIST RBAC nicht mit der
Einbeziehung der Fachabteilung (A 1.2). Die Eignung für die Fachabteilung muss
daher aus dem beschriebenem Konzept abgeleitet werden. Das Verhältnis von Berechtigungen, Rollen und Benutzern ist für die Fachabteilung nachvollziehbar. Abhängig von der konkreten Ausprägung der Rollen, das heißt ihrer Benennung, Einteilung und ihrer Positionierung innerhalb der Rollenhierarchie, ist das Konzept –
bis auf die in der Regel eher technischen Berechtigungen der Anwendungssysteme – für die Fachabteilung verständlich. Eine Zuweisung von Benutzern zu Rollen
ist ohne weiteres möglich, die Definition von neuen Rollen bedarf aber in der Regel der Unterstützung der IT-Abteilung. Die Anforderung A 1.2 ist daher nur zum
Teil erfüllt. Der NIST Standard definiert den Rollenbegriff (A 2.1), allerdings ist
die Definition sehr allgemein gehalten, da zwar der Begriff „Rolle" definiert ist,
aber nicht dessen Beziehung zu den verschiedenen Anwendungssystemen innerhalb einer Organisation. Diese minimale Definition des Rollenbegriffs führt in der
Kommunikation zwischen Fach- und IT-Abteilung zwangsläufig zu Kommunika-
tionsproblemen; im Zusammenhang mit der Forderung nach einem anwendungssystemübergreifenden Rollenkonzept (A 2.2) wird dies besonders deutlich: Der an
die Tätigkeitsbezeichung des Benutzers im Kontext einer Organisation angelehnte
Rollenbegriff kann als globale, das heißt anwendungssystemübergreifende Rolle
verstanden werden, oder auch als lokale Repräsentation der Tätigkeit innerhalb eines Anwendungssystems. Betrachtet man diese beiden Szenarios hinsichtlich ihrer
Komplexität, so besteht eine Rolle innerhalb eines Anwendungssystems aus $n$ Berechtigungen, eine anwendungssystemübergreifende Rolle hingegen schon aus der
Summe von $n$ Berechtigungen über die verschiedenen Anwendungssysteme hin-
weg. Zur anwendungssystemübergreifenden oder anwendungssystemspezifischen
Verwendung von NIST RBAC findet sich keine Aussage, der technische Fokus des
Konzepts und die Implementierung von RBAC in der Praxis (vgl. Sandhu et al.,

1996) belegen jedoch eher eine anwendungssystemspezifische Umsetzung. Da sowohl Anforderung A 2.1 als auch Anforderung A 2.2 von NIST RBAC nicht oder nicht in ausreichender Tiefe umgesetzt werden, sind diese Anforderungen als nicht erfüllt zu betrachten. NIST RBAC als die „Urform" der rollenbasierten Zugriffskontrolle erfüllt die Anforderungen A 2.3 zur Beibehaltung etablierter RBAC-Konzepte. Ein Bezug zur Geschäftsprozessmodellierung (A 2.4) wird innerhalb von NIST RBAC nicht genommen, eine Herleitung des Bezugs scheitert an den nicht erfüllten Anforderungen A 2.1 und A 2.2. Die Anforderung A 2.4 ist daher ebenfalls als nicht erfüllt zu betrachten.

Trotz der nicht erfüllten Anforderungen ist NIST RBAC eine wichtige Grundlage für die rollenbasierte Zugriffskontrolle, da erstmals die grundlegenden Konzepte zusammengefasst wurden. Der technische Fokus lässt zwar Fragen hinsichtlich des Bezugs zur Fachabteilung oder der Integration in anwendungssystemübergreifenden Szenarios offen, geht dafür allerdings detailliert auf die technischen Details der Rollenhierarchien und der statischen und dynamischen SoD ein. Das NIST RBAC Dokument gliedert sich in zwei Teile, von denen das RBAC-Referenzmodell in diesem Abschnitt analysiert und bewertet wurde. Der zweite Teil enthält die funktionale Spezifikation von RBAC, die die Verwendung der einzelnen RBAC-Elemente und Funktionalität zur Auswertung definiert und benötigte Funktionalität des NIST RBAC implementierenden Systems spezifiziert.

### 3.2.2 Enterprise Role-Based Access Control

Eine Lösung zur rollenbasierten Zugriffskontrolle, die Schwächen von NIST RBAC (vgl. Abschnitt 3.2.1) – wie beispielsweise die fehlenden Ansätze zum anwendungssystemübergreifenden Einsatz – behebt, wird in (Kern et al., 2002; Kern, 2002) gefordert. Als eigenen Lösungsansatz stellen die Autoren *Enterprise Role-Based Access Control (ERBAC)* vor. Darin definieren sie explizit das Element der Geschäftsrolle, die sie als *Enterprise Role* bezeichnen. Eine solche Geschäftsrolle setzt sich aus Berechtigungen aus einem oder mehreren angeschlossenen Anwendungssystemen zusammen, wobei die Berechtigungen anwendungssystemspezifisch und von verschiedener Art sein können. Die in den Geschäftsrollen gebündelten Berechtigungen können daher abhängig vom Anwendungssystem beispielsweise einfache Berechtigungen, LDAP Gruppen oder anwendungssystemspezifische Rollen sein. Mit dem Konzept der Geschäftsrolle tragen sie den Anforderungen moderner Unternehmen Rechnung, bei denen nicht einzelne, monolithische Systeme im Einsatz sind, sondern ein Mitarbeiter zur Erfüllung seiner Aufgaben mit vielen verschiedenen Anwendungssystemen interagiert und daher für jedes System Berechtigungen benötigt. Rollenhierarchien und statische *Separation of*

*Duties* werden analog zu NIST RBAC unterstützt. Eine dynamische SoD kann aufgrund der fehlenden Benutzersitzung innerhalb von ERBAC nicht abgebildet werden. Dies ist nicht möglich, weil durch das anwendungssystemübergreifende Konzept der Geschäftsrollen innerhalb der autonom agierenden Anwendungssysteme nicht festgestellt werden kann, wenn in verschiedenen Systemen sich gegenseitig ausschließende Geschäftsrollen benutzt werden. Eine dynamische *Separation of Duties* kann daher nur – sofern vom jeweiligen Anwendungssystem unterstützt – innerhalb eines Systems und nur bezogen auf die systemeigenen Rollen erfolgen.

Neben dem Konzept der Geschäftsrolle führt ERBAC weitere Mechanismen zur Vereinfachung der Administration von Rollen und Benutzern ein. Sogenannte *Joker Permissions*, die den Geschäftsrollen zugewiesen werden, werden durch Attribute der digitalen Identität (vgl. Abschnitt 2.1.1) vervollständigt. Als Beispiel wird in (Kern, 2002) die von der Kostenstelle des Benutzers abhängige Zuweisung einer RACF-Gruppe angeführt. Der Geschäftsrolle wird lediglich die abstrakte *Joker Permission* „ACCT\$CostAccount\$" zugewiesen; bei Zuweisung der Geschäftsrolle zu einem Benutzer, wird dessen Attribut „CostAccount" ausgewertet, um die tatsächliche Berechtigung innerhalb des Systems, am Beispiel der Kostenstelle 2357 nämlich „ACCT2357" zu berechnen. Mit Hilfe von generischen Rollen soll die Administration ähnlicher Anwendungssysteme vereinfacht werden, indem gleichartige Berechtigungen von verschiedenen Anwendungssystemen abstrahiert und in einer generischen Rolle gebündelt werden, die einer Geschäftsrolle entspricht. Wird eine solche generische Geschäftsrolle zugewiesen, müssen die Anwendungssysteme, für die der Anwender berechtigt werden soll, ausgewählt werden. Bei Zuweisung dieser Geschäftsrolle müssen die jeweiligen Anwendungssysteme mit angegeben werden. So kann beispielsweise die generische Geschäftsrolle „Administrator" einem Benutzer Administrationsrechte in mehreren Systemen geben, indem lediglich die betroffenen Anwendungssysteme wie „HR-System", „CRM-System" und „Intranet-Plattform" angegeben werden. Weiterführende Administrationskonzepte für ERBAC werden in (Kern et al., 2003; Kern und Walhorn, 2005) behandelt. Neben der Einführung einer regelbasierten Provisionierung von Rollenzuweisungen (vgl. Kern und Walhorn, 2005), bei der die Zuweisung von Geschäftsrollen mit in externen Regelwerken definierten Regeln berechnet und erst anschließend in die angeschlossenen Anwendungssystemen provisioniert wird, wird besonders in (Kern et al., 2003) auf die delegierte Administration von Benutzern und Rollen eingegangen. Durch die Einführung von Delegationsbereichen kann die Delegation von Verwaltungsaufgaben beliebig eingeteilt werden, insbesondere unabhängig von Rollenhierarchien. Diese Administrationskonzepte liegen jedoch nicht mehr im Fokus dieser Arbeit und werden daher nicht weitergehend behandelt.

### 3.2.2.1 Bewertung

Die Anforderung nach Allgemeingültigkeit (A 1.1) wird von ERBAC erfüllt. Wie auch NIST RBAC unterstützt ERBAC Rollenhierarchien zur Abbildung von Aufbauorganisationen. Des Weiteren werden keine Einschränkungen hinsichtlich der Fachdomäne vorgenommen. Die Benutzbarkeit durch die Fachabteilung wird durch das Konzept der Geschäftsrolle unterstützt. Die Fachabteilung erhält die Möglichkeit, unabhängig von bestimmten Anwendungssystemen einem Benutzer aufgrund seiner Tätigkeit passende Geschäftsrollen zuzuweisen. Eine ausreichende Abstraktion von technischen Details der darunter liegenden Anwendungssysteme ist somit gewährleistet. Wie auch bei NIST RBAC wird die Fachabteilung die Unterstützung der IT-Abteilung bei der Definition neuer oder der Überarbeitung bestehender Geschäftsrollen benötigen, da dafür die entsprechenden technischen Berechtigungen der Anwendungssysteme auszuwählen sind. Die Anforderung A 1.2 kann somit nur als zum Teil erfüllt betrachtet werden. Mit der Einführung und Beschreibung von Geschäftsrollen und insbesondere der Abgrenzung zu den Berechtigungsmechanismen der angeschlossenen Anwendungssysteme, die jegliche Art von Berechtigungen sein dürfen, wird die Definition des Rollenbegriffs (A 2.1) hinreichend erfüllt. ERBAC trägt auch anwendungssystemübergreifenden Szenarios Rechnung, indem Geschäftsrollen die Berechtigung von mehreren Anwendungssystemen aggregieren können. Die Forderung eines anwendungssystemübergreifenden Rollenkonzepts (A 2.2) wird von ERBAC umgesetzt. Da Berechtigungen jeglicher Art zu Geschäftsrollen zusammengefasst werden können, können in ERBAC Anwendungssysteme mit bestehender rollenbasierter Zugriffskontrolle eingegliedert werden; die Anforderung A 2.3 ist dadurch erfüllt. Keinerlei Bezug nehmen die Autoren zur Geschäftsprozessmodellierung und in welchem Verhältnis die definierten Geschäftsrollen dazu stehen. ERBAC hat daher keinen Bezug zur Geschäftsprozessmodellierung wie in Anforderung A 2.4 gefordert.

Durch Definition von Geschäftsrollen vermeidet ERBAC eine Schwäche von NIST RBAC und basiert ansonsten weitgehend auf dessen Konzepten. Die aufgrund der anwendungssystemübergreifenden Integration nicht mehr mögliche Umsetzung dynamischer SoD-Einschränkungen zollt Tribut an die verteilten, modernen Anwendungslandschaften. Eine dynamische SoD ließe sich nur über die Integration der einzelnen Anwendungssysteme mit einer zentralen dynamischen SoD-Komponente realisieren, die weitere Fragestellungen zum Beispiel hinsichtlich des Integrationsprozesses und der Hochverfügbarkeit aufwirft. Nachteilig am Konzept von ERBAC ist die Aufnahme von Berechtigungen jeglicher Art in die Geschäftsrollen. Die Vorteile der rollenbasierten Zugriffskontrolle innerhalb der Anwendungssysteme werden zum Teil negiert, wenn feingranulare oder primitive

Berechtigungen aus verschiedenen Anwendungssystemen in Geschäftsrollen ohne jegliche Abstraktion durch die Anwendungssysteme zusammengefasst werden.
Durch diese fehlende Abstraktion steigt die Komplexität der Geschäftsrollen deutlich an, da eine Vielzahl von anwendungssystemspezifischen Berechtigungen darin
gebündelt sind. Die Auswahl der Berechtigungen erfordert detaillierte Kenntnisse des Anwendungssystems: Die Fachabteilung ist daher bei der Erstellung neuer
und der Modifikation bestehender Geschäftsrollen auf die Hilfe der IT-Abteilung
angewiesen, was bei unterschiedlichen Zuständigkeiten für die unterschiedlichen
Systeme den Kommunikationsprozess deutlich erschwert.

## 3.2.3 Modell der systemübergreifenden Autorisierung

Aufbauend auf *Enterprise Role-Based Access Control* (vgl. Abschnitt 3.2.2) wird
in (Wortmann, 2006; Wortmann und Winter, 2007) ein Modell der systemübergreifenden Autorisierung vorgestellt. Das Modell lässt sich in drei Schichten einteilen: Die erste Ebene repräsentiert dezentrale Autorisierungskomponenten, wohingegen die zweite Ebene anwendungssystemübergreifende Autorisierungskomponenten darstellt. Die Elemente der dritten Ebene schließen die Verbindung zur
Ablauforganisation des Unternehmens und repräsentieren Elemente der Fachseite.

Als ein Element der ersten Ebene führt Wortmann den Begriff „Ressource" ein.
Eine Ressource „[...] umfasst eine oder mehrere Berechtigungen und stellt ein sys-
temspezifisches Berechtigungsbündel dar" (Wortmann, 2006, S. 186), ist folglich
in den verschiedenen Anwendungssystemen angesiedelt und kann auch als Systemrolle bezeichnet werden. Das Element „Rolle" gehört zur zweiten Ebene und
entspricht der *Enterprise Role* bei ERBAC, also einer Geschäftsrolle. Sie „[...]
fasst systemspezifische Ressourcen zu systemübergreifenden Berechtigungsbündeln zusammen" (Wortmann, 2006, S. 186). Jede Rolle kann genau einer Rollen-
klasse zugewiesen sein, die zur Gruppierung von Rollen mit gleichen Merkmalen
dient. Die dritte Ebene enthält die „Prozessrolle", die „[...] eine ablauforganisato-
rische Bündelung von Aufgaben bzw. Aktivitäten [...]" (Wortmann, 2006, S. 186)
darstellt und im Metamodell der Ablauforganisation (vgl. Wortmann, 2006, S. 120)
über das Element der „Aufgabe" direkt in Verbindung zu den Prozessen des Unternehmens steht. Das Modell zur systemübergreifenden Autorisierung baut auf
ERBAC auf. Daher wird auf die Diskussion von Rollenhierarchien und *Separation of Duties* an dieser Stelle verzichtet und auf Abschnitt 3.2.2 verwiesen werden.

### 3.2.3.1 Bewertung

Das Modell der systemübergreifenden Autorisierung erfüllt die Anforderung nach
Allgemeingültigkeit (A 1.1). Es ist weder auf eine Fachdomäne noch hinsichtlich
der Aufbauorganisation eingeschränkt. Wortmann stellt zwar ein Metamodell der
Aufbauorganisation (vgl. Wortmann, 2006, S. 121) vor, dies ist jedoch lediglich
über die Entität „Person" mit dem Metamodell der Autorisierung (vgl. Wortmann,
2006, S. 123) verbunden und damit hinreichend lose gekoppelt, um das Rollenkonzept nicht unnötig einzuschränken. Mit den Elementen der Prozessrolle und
der als Geschäftsrolle fungierenden „Rolle" versucht Wortmann sein Konzept für
die Fachabteilung beherrschbar zu machen. Die direkte Verbindung der Prozessrolle mit den Aufgaben, die in den Prozessen des Unternehmens anfallen und die
Abstraktion der systemspezifischen Ressourcen mit Hilfe von Geschäftsrollen versetzt die Fachabteilung in die Lage, das auf ihrem Vokabular basierende Konzept
zu verstehen und umzusetzen. Die Relation zwischen Prozessrollen und Geschäftsrollen, die ausschließlich fachliche Aspekte repräsentiert, kann durch die Fachabteilung selbst erstellt und bearbeitet werden. Die Zuordnung von Ressourcen, also den Berechtigungsbündeln der verschiedenen Anwendungssysteme zu Rollen,
bedarf zwar geschulter Personen der Fachabteilung, aber aufgrund des Verzichts
Berechtigungen jeglicher Art in Rollen zu verknüpfen – wie bei ERBAC der Fall
– ist die Fachabteilung deutlich eher in der Lage, diese Aufgabe zu übernehmen.
Die Anforderung A 1.2 zur Beherrschbarkeit des Ansatzes für die Fachabteilung
kann daher bejaht werden. Die Definition des Rollenbegriffs – wie in Anforderung
A 2.1 beschrieben – wird vom Modell der systemübergreifenden Autorisierung
erfüllt. Sämtliche Elemente, speziell diejenigen des Rollenkonzepts wie „Ressource", „Rolle" und „Prozessrolle", sind definiert und ihr Zusammenhang ausführlich
in Metamodellen mit unterschiedlichen Fokussen dargestellt. Da das Konzept auf
ERBAC basiert, wird auch die Anforderung an ein anwendungssystemübergreifendes Rollenkonzept (A 2.2) erfüllt. Durch die Verwendung von Ressourcen als
anwendungssystemspezifische Berechtigungsbündel können in den Systemen etablierte RBAC Konzepte beibehalten und Anforderung A 2.3 kann erfüllt werden.
Durch das Konstrukt der Prozessrolle ist im Metamodell der Ablauforganisation
(vgl. Wortmann, 2006, S. 120) ein Bezug zu den Prozessen des Unternehmens
geschaffen, es wird jedoch keine Verbindung zur Geschäftsprozessmodellierung
und der damit einhergehenden Konzepte hergestellt. Alles in allem sind daher die
Grundlagen für einen Bezug zur Modellierung von Geschäftsprozessen geschaffen, die direkte Verbindung – auch aufgrund einer anderen inhaltlichen Fokussie-
rung Wortmanns Arbeit – jedoch nicht erbracht. Anforderung A 2.4 wird daher nur
als zum Teil erfüllt betrachtet.

Mit seinem Modell zur systemübergreifenden Autorisierung umgeht Wortmann die große Schwäche von ERBAC: Während ERBAC in den Geschäftsrollen Berechtigungen jeglicher Art aggregiert, werden in den als Rollen bezeichneten Geschäftsrollen Wortmanns nur Ressourcen zusammengefasst. Diese bündeln die anwendungssystemspezifischen Berechtigungen und können folglich als Systemrollen angesehen werden. Diese Stufe der Indirektion verhindert in den Geschäftsrollen die Mischung von Berechtigungstypen unterschiedlicher Granularität und führt zu einer größeren Übersichtlichkeit, was sich positiv bei der Anwendung des Konzepts durch die Fachabteilung auswirkt. Die ausführlichen und zahlreichen Metamodelle erlauben eine Einordnung aller von Wortmann vorgestellten Elemente im Unternehmen über das Rollenkonzept hinaus. Mit der Einführung von Prozessrollen wird ein erster Schritt unternommen, das Rollenkonzept mit der Geschäftsprozessmodellierung in Verbindung zu bringen und ein erster ganzheitlicher Versuch eines Rollenkonzepts für den Einsatz im Unternehmen geschaffen. Offen bleibt die Frage, worin sich Rollen (Geschäftsrollen) und Prozessrollen tatsächlich unterscheiden und welchen Mehrwert diese Unterscheidung in der Anwendung bringt. Da Geschäftsrollen systemspezifische Berechtigungsbündel enthalten und diese aus fachlicher Sicht sinnvoll gruppieren, drängt sich die Annahme auf, Prozessrollen und Geschäftsrollen seien in der praktischen Anwendung das selbe und Prozessrollen lediglich ein Konstrukt, um die Metamodelle stärker zu akzentuieren, ohne jedoch in der Praxis Anwendung zu finden.

## 3.2.4 Attributbasierte Zugriffskontrolle

Mit der Verbreitung von verteilten Systemen und dem vermehrten Einsatz von webserviceorientierten Architekturen hat sich die Änderungsdynamik innerhalb der Anwendungssysteme erhöht. Um diese Dynamik auch im Bereich der Zugriffskontrolle abbilden zu können und damit den neuen Anforderungen gerecht zu werden, haben Yuan und Tong die *attributbasierte Zugriffskontrolle für Webservices (ABAC)* (vgl. Yuan und Tong, 2005) vorgestellt. Das Ziel von ABAC besteht in der logischen Fortentwicklung von RBAC, um Zugriffskontrollpolicies mit einer flexibleren Semantik abbilden zu können. Sie wollen die relativ starre Kopplung von Benutzern und Rollen, sowie von Rollen und Berechtigungen flexibler gestalten, da bei Hinzukommen neuer Benutzer (Subjekte) oder Ressourcen (Objekte) auch im Kontext von RBAC administrative Tätigkeiten anfallen, um die neuen Daten in der RBAC-Infrastruktur zu erfassen. Die Autoren führen deshalb mit ABAC ein Policy-Modell ein, das die Definition von Zugriffskontrollpolicies auf Basis von Attributen erlaubt. Sie unterscheiden dabei zwischen *Subject Attributes*, *Resource Attributes* und *Environment Attributes*. Subjekt-Attribute bestimmen das handelnde Subjekt (vgl. Subjekt-Objekt-Relation in Abschnitt 2.1.3) näher und ziehen dabei beispielsweise die Attribute der digitalen Identität (vgl. Abschnitt 2.1.1) heran. Ressourcen-Attribute beschreiben das betroffene Objekt (vgl. Abschnitt 2.1.3) und können beispielsweise aus dessen Metadaten bestehen. Mit Hilfe der Umgebungs-Attribute kann innerhalb der Zugriffskontrollpolicies der Kontext des Zugriffs beschrieben werden, wie zum Beispiel das Erlauben des Zugriffs nur an bestimmten Tagen, zu bestimmten Zeiten oder aus bestimmten Netzwerksegmenten heraus. Rollen im Sinne der rollenbasierten Zugriffskontrolle lassen sich auch mittels ABAC abbilden, indem das Subjekt-Attribut „Rolle" mit den Werten der zugeteilten Rollen versehen ist.

Um die bessere Flexibilität und die einfacheren Zugriffskontrollpolicies gegenüber der rollenbasierten Zugriffskontrolle darzustellen, führen Yuan und Tong das Beispiel einer Online-Videothek an, welches an dieser Stelle vereinfacht wiedergegeben wird. Filme sind dort in Altersfreigabekategorien eingeteilt und die Kunden zudem in normale Kunden und Premiumkunden. In einem klassischen RBAC-Szenario erhält jeder Kunde eine Rolle, die ihn in die entsprechende Alterskategorie einordnet und die bei Überschreiten der Altersgrenze angepasst werden muss. Zusätzlich sind Premiumkunden Inhaber einer Premiumrolle. Mit ABAC hingegen muss dem Kunden nicht mehr eine altersabhängige Rolle zugewiesen werden. Die Zugriffskontrollpolicy, die den Zugriff auf einzelne Filme regelt, wertet das in den Attributen der Kunden hinterlegte Geburtsdatum aus und vergleicht das ermittelte Alter mit der Altersfreigabe des gewünschten Films. Dem Kunden muss daher keine Rolle zur Repräsentation seines Alters zugewiesen werden und auch die Anpassung bei Überschreiten einer Altersgrenze entfällt, da aus dem Geburtsdatum und dem Datum zum Zeitpunkt des Zugriffs das Alter zur Laufzeit ermittelt wird.

### 3.2.4.1 Bewertung

Der Ansatz der attributbasierten Zugriffskontrolle ist weder auf eine Fachdomäne noch auf eine Aufbauorganisation beschränkt. Mit Hilfe der Attribute lässt sich jegliche Struktur abbilden. Der Anspruch auf Allgemeingültigkeit (A 1.1) ist daher erfüllt. Durch die Verwendung von Attributen ist die Fachabteilung in der Lage, Anforderungen an die Zugriffskontrolle nahezu selbst zu formulieren. Zugriffskontrollpolicies, die den Zugriff für Benutzer mit bestimmten Attributen, beispielsweise der Zugehörigkeit zu einer bestimmten Kostenstelle oder dem Zugriff auf bestimmte Objekte, zum Beispiel auf alle Vertragsobjekte mit einem Volumen von unter 1000 € ermöglichen, sind intuitiv verständlich. Die Verwendung von ABAC kann daher als verständlich für die Fachabteilung angesehen werden und erfüllt Anforderung A 1.2. Die attributbasierte Zugriffskontrolle entspricht nicht der rollenbasierten Zugriffskontrolle und definiert daher keinen Rollenbegriff. Eine Definition des Rollenbegriffs ist nicht vorhanden, was Anforderung A 2.1 nicht erfüllt. ABAC ist anwendungssystemübergreifend, da es sich innerhalb der Zugriffskontrollpolicies lediglich auf die Attribute von Subjekten und Objekten bezieht. Die hinter Anforderung A 2.2 stehende Intention kann daher als erfüllt betrachtet werden. ABAC sieht sich als Fortentwicklung von RBAC und repräsentiert Rollen als Attribute des Subjekts. Vorhandene RBAC-Konzepte können daher mit ABAC beibehalten werden, was Anforderung A 2.3 erfüllt. Keinerlei Bezug nehmen die Autoren zur Geschäftsprozessmodellierung und wie die attributbasierte Zugriffskontrolle in diesem Bereich abbildbar sein könnte. Die Anforderung A 2.4 wird daher nicht erfüllt.

Mit der Verwendung von Attributen in der Zugriffskontrolle erweitern Yuan und Tong die klassischen rollenbasierten Konzepte in einer sinnvollen Art und Weise. Zugeteilte Rollen können nach wie vor benutzt und durch die Verwendung von zusätzlichen Attributen ergänzt und verfeinert werden. Im Hinblick auf die Subjekt- und Umgebungs-Attribute reduziert dies den Verwaltungsaufwand, sowohl hinsichtlich zeitlich bedingter Veränderungen, als auch im Hinblick auf Rollen, die bisher mangels Alternativen zum Gruppieren gleichartiger Anwender verwendet worden sind. Die Verwendung von Objekt-Attributen bringt allerdings Herausforderungen mit sich: Objekte müssen innerhalb des Unternehmens in Bezug auf ihre Attribute syntaktisch und semantisch definiert sein und die vergebenen (Meta-) Daten gepflegt und auf einem aktuellen Stand gehalten werden. Eine Verknüpfung zur Geschäftsprozessmodellierung wäre vorteilhaft gewesen, da beispielsweise Verzweigungen den Ablauf von Prozessen oftmals anhand von (Objekt-) Attributen bestimmen und durch diese Ähnlichkeiten eine Reihe von Möglichkeiten der Integration entstehen könnten.

# 3.3 Modellierung von sicheren Systemen und Policies

In diesem Abschnitt wird die Modellierung von sicheren Systemen und Policies thematisiert. Er beginnt mit technikzentrierten Arbeiten, um im weiteren Verlauf auf Forschungsansätze einzugehen, die einen stärkeren Bezug zur Fachseite haben.

## 3.3.1 Modellierung sicherer Systeme mit UMLsec

Bei der Entwicklung von sicherheitskritischen Systemen ist es unerlässlich, die an das System gestellten Sicherheitsanforderungen über den gesamten Softwareentwicklungsprozesses hinweg zu betrachten. Um dies zu unterstützen, stellt Jürjens mit *UMLsec* eine Erweiterung der UML zur Abbildung von Sicherheitsanforderungen vor (vgl. Jürjens, 2005). Die formale Erfassung der Sicherheitsanforderungen in Modellen ermöglicht die Analyse der Modelle, um Inkonsistenzen oder falsch modellierte Anforderungen bereits früh im Softwareentwicklungsprozess zu erkennen. Anhand der Modelle können Testfälle generiert werden, die die korrekte Implementierung des Modells sowie die vollständige Umsetzung aller Anforderungen automatisch überprüfen können. *UMLsec* erweitert die UML in einer leichtgewichtigen Art und Weise und verwendet dafür die Erweiterungskonzepte der UML; das Metamodell der UML bleibt dadurch unverändert. Mit Hilfe von Stereotypen und *Tags* lassen sich in *UMLsec* Sicherheitsanforderungen und -annahmen formulieren und mittels Einschränkungen *(Constraints)* Kriterien festlegen, die die Erfüllung von Anforderungen beschreiben. Die in den Modellen hinterlegten Informationen lassen sich in folgende Kategorien einteilen (vgl. Jürjens, 2005, S. 15):

• Sicherheitsannahmen bezogen auf den Aufbau des Systems

• Sicherheitsanforderungen an die logische Struktur des Systems

• Sicherheitspolicies, die von einzelnen Systembestandteilen eingehalten werden sollen

Der Softwareentwickler wird beim korrekten Modellieren mit *UMLsec* durch verschiedene Werkzeuge unterstützt, die die im Modell hinterlegten Sicherheitsinformationen im Kontext des Modells analysieren und verifizieren.

Die Tragfähigkeit von *UMLsec* wird anhand von Anwendungen in verschiedenen Szenarios demonstriert. Jürjens stellt den Entwurf eines sicheren Übertragungskanals in *UMLsec* und dessen formale Verifikation dar. Dazu bedient er sich eines bereits entdeckten Fehlers einer bekannten Implementierung eines sicheren Übertragungskanals, stellt diese mit *UMLsec* als Modell nach und deckt erwartungsgemäß den Fehler bei der Analyse des Modells auf. Ein weiteres Beispiel zeigt die Entwicklung eines sicheren Java-Programms, für das die Zugriffskontrollanforderungen mittels *UMLsec* spezifiziert und verifiziert werden.

### 3.3.1.1 Bewertung

*UMLsec* erweitert die UML und ermöglicht somit auch die Abbildung von Geschäftsprozessen mit Hilfe des Aktivitätsdiagramms. Zum Beispiel erlaubt *UMLsec* die Modellierung eines sicheren Handels zwischen zwei Parteien im Aktivitätsdiagramm, geht jedoch auf die Modellierung von Zugriffskontrollanforderungen in

Geschäftsprozessen nicht näher ein. Die Möglichkeiten der UML werden inten-
siv genutzt, daher kann der Ansatz nicht ohne weiteres auf andere Notationen zur
Geschäftsprozessmodellierung übertragen werden. *UMLsec* erzeugt keine Policies
für ein bestimmtes Sicherheitsprodukt, sondern dient zur Modellierung sicherer
Systeme, die die Sicherheitsanforderungen wie die Zugriffskontrolle selbst implementieren. Die Anforderung nach Allgemeingültigkeit (A 1.1) ist daher nicht
erfüllt. Die Zielgruppe von *UMLsec* sind Entwickler (vgl. Jürjens, 2005, S. 9),
die in die Lage versetzt werden sollen, auch ohne Expertenwissen sichere Systeme entwerfen zu können. Der Einsatz der UML erfordert technisches Wissen; es
findet durch *UMLsec* keine Abstraktion statt, um der Fachseite das Verständnis
des modellierten Anwendungssystems zu erleichtern. *UMLsec* eignet sich daher
nicht für die Fachabteilung, weder im Hinblick auf die Möglichkeiten der eigen-
ständigen Modellierung, noch in Bezug auf das Verstehen und Nachvollziehen der
fertigen Modelle. Die Beherrschbarkeit für die Fachabteilung, wie in Anforderung
A 1.2 gefordert, wird daher nicht erfüllt. Zur Modellierung von Sicherheitsanforderungen erweitert *UMLsec* die UML mit den im UML-Standard vorgesehenen
Erweiterungsmöglichkeiten, die Modellierung kann daher in standardkonformen
UML-Werkzeugen stattfinden. Mit Stereotypen und Einschränkungen ist die formalisierte Erfassung der Sicherheitsanforderungen möglich, die Einschränkungen
müssen jedoch ohne visuelle Unterstützung textuell erfasst werden. Zur Verifikation der Modelle werden Werkzeuge vorgestellt, die dem Entwickler Hinweise auf
fehlerhafte Sachverhalte geben. Die Anforderung zur Modellierung von Zugriffskontrollinformationen (A 3.1) ist nur zum Teil erfüllt, da eine visuelle Modellierung formalisierter Zugriffskontrollanforderungen nicht möglich ist. Durch die
vollständige und formalisierte Erfassung von Sicherheitsanforderungen ermöglicht
*UMLsec* einen modellgetriebenen Entwicklungsprozess, der nicht nur den funktionalen Teil der Software, sondern auch die nichtfunktionalen Sicherheitsanforderungen einbezieht. Abhängig von der konkreten Verwendung lassen sich aus den
Modellen die Implementierung des Systems oder Testfälle erzeugen, die den manuell entwickelten Code auf Korrektheit überprüfen. Transformatoren, die die modellgetriebene Erzeugung der Implementierung am Beispiel von *UMLsec* durchführen, sowie die Erzeugung plattformspezifischer Artefakte, die außerhalb des
modellierten Systems eingesetzt werden können, werden jedoch nicht vorgestellt.
*UMLsec* erfüllt Anforderung A 3.2 nicht, da ein modellgetriebener Entwicklungsprozess für Zugriffskontrollpolicies nicht möglich ist. Mit der Verwendung der
UML basiert *UMLsec* auf dem de facto Industriestandard zur Modellierung von
Anwendungssystemen. Die durch den Ansatz nötigen Erweiterungen verwenden
die in der UML vorgesehenen Möglichkeiten und nehmen durch den leichtgewichtigen Ansatz keine Veränderung des UML-Metamodells vor. Die Kompatibilität zu

standardkonformen Werkzeugen bleibt somit erhalten und die Anforderung A 3.3 ist damit erfüllt.

Mit *UMLsec* führt Jürjens umfangreiche Möglichkeiten zur Modellierung sicherer Systeme auf Basis der UML ein. Die Abbildung von Sicherheitsanforderungen in den Modellen des Anwendungssystems führt zu großen Vorteilen, da die Sicherheitsanforderungen nicht mehr separat betrachtet werden müssen. Durch die Analyse und Verifikation der Modelle, die Generierung von Testprogrammen oder Teilen des modellierten Systems, erhöht sich die Qualität des Anwendungssystems und die Geschwindigkeit des Softwareentwicklungsprozesses erheblich. Dennoch ist die Zielgruppe der UML der Personenkreis der Softwareentwickler. Die Detaillierung der technischen Perspektive des Anwendungssystems, sowie die anspruchsvolle Abbildung der Sicherheitsanforderungen (mit präzise formulierten Einschränkungen) in den Modellen überfordert die Fachabteilung und macht einen Einsatz von *UMLsec* auf der Fachseite unwahrscheinlich. Der Modellierungsansatz greift so relativ spät im Softwareentwicklungsprozess, da die Fachseite außen vor gelassen wird und deren fachliche Modelle keine Relation zu den technischen *UMLsec*-Modellen haben.

### 3.3.2 Modellgetriebene Sicherheit mit SecureUML

Der Entwurf eines Anwendungssystems und die Spezifikation dessen Sicherheitsanforderungen sind voneinander entkoppelt. Die Umsetzung der Anforderungen an die Zugriffskontrolle erfolgt daher oftmals erst im Nachgang. Das Fehlen geeigneter Modellierungswerkzeuge zur Berücksichtigung von Sicherheitsanforderungen im Entwurfsprozess eines Anwendungssystem, sowie das fehlende Expertenwissen im Bereich der Sicherheit bei den Softwareentwicklern stellt ein weiteres Problem dar. Um die Situation zu verbessern, definiert Lodderstedt *SecureUML* als Sprache zur Abbildung von Sicherheitspolicies, die in bestehenden Modellierungssprachen wie der UML verwendet werden kann (vgl. Lodderstedt, 2003). *SecureUML* basiert auf einer Erweiterung der rollenbasierten Zugriffskontrolle und ist in UML beschrieben. Syntax und Semantik von *SecureUML* sind jedoch unabhängig von einer Anwendung in UML-Modellen, die Policysprache *SecureUML* kann grundsätzlich auch in anderen Modellierungssprachen angewandt werden. Zur Verwendung in der UML nutzt *SecureUML* deren leichtgewichtigen Erweiterungsmechanismus der UML-Profile. Mit Stereotypen und *Tagged-Values* können die Elemente *SecureUMLs* in den Modellen verwendet werden. Da mit dem Konzept der rollenbasierten Zugriffskontrolle keine dynamischen Aspekte der Zugriffskontrolle ausgedrückt werden können, definiert *SecureUML* sogenannte *AuthorizationConstraints*, logische Ausdrücke, die bei der Zugriffskontrolle zusätz-

lich zu hinterlegten Rolleninformationen ausgewertet werden. Damit können beispielsweise Einschränkungen der Zugriffskontrolle zur Gewährung des Zugriffs
zu Bürozeiten oder die Limitierung von Überweisungen abhängig ihrer Höhe und
der Identität des Ausstellers ausgedrückt werden. Zur Formulierung der *AuthorizationConstraints* in den UML-Modellen wird die *Object Constraint Language (OCL)* verwendet. Die mit Informationen zur Zugriffskontrolle angereicherten
UML-Modelle können für einen modellgetriebenen Softwareentwicklungsprozess
genutzt werden. Lodderstedt zeigt, wie die modellierten Anwendungssysteme sowie die zugrunde liegende Zugriffskontrollmechanismen aus den Modellen generiert werden können. Beispielhaft wird dies für die Sicherheitsarchitektur von
*Enterprise JavaBeans (EJB)* sowie für die *.NET-Plattform* durchgeführt.

### 3.3.2.1 Bewertung

*SecureUML* ist unabhängig vom verwendeten Sicherheitsprodukt zur Auswertung
der definierten Zugriffskontrollpolicies. Durch die Aufteilung des Konzepts in die
eigentliche Sprache zur Definition von Sicherheitspolicies und die Modellierungssprache UML zum Entwurf eines Anwendungssystems, lässt sich *SecureUML*
nicht nur in der UML, sondern auch in anderen Modellierungsnotationen einset-
zen. Allerdings wird zur Absicherung von Aktivitätsdiagrammen, die zur Modellierung von Geschäftsprozessen verwendet werden, keine Aussage gemacht. Da
die Überführung von eher fachlichen Aktivitätsdiagrammen in die technischen
Artefakte eines Anwendungssystems aufwändig ist, ist eine Absicherung von Geschäftsprozessen mit Zugriffskontrollpolicies mit *SecureUML* ohne Erweiterung
des Konzepts nicht möglich. Anforderung A 1.1 ist daher nicht erfüllt. *SecureUML*
erweitert die UML, die sich vor allem an die Zielgruppe der Entwickler richtet.
Beispielsweise können Klassendiagramme mit *SecureUML* um Aussagen zur Zugriffskontrolle angereichert werden. Auf Seiten der Fachabteilung ist in der Regel
jedoch weder Wissen über die UML, noch über die technischen Details des Anwendungssystems vorhanden. Die Anwendung von *SecureUML* bleibt somit Personen mit starkem technischen Fokus wie Softwarearchitekten oder Entwicklern
vorbehalten. Die Anforderung zur Beherrschbarkeit für die Fachabteilung (A 1.2)
ist daher nicht erfüllt. Im Fokus von *SecureUML* liegt die Modellierung von Zugriffskontrollanforderungen. Mit der Verwendung der rollenbasierten Zugriffskontrolle und der Ergänzung um *AuthorizationConstraints* zur Abbildung dynamischer Anforderungen können Zugriffskontrollanforderungen modelliert werden.
Die Verwendung der UML ermöglicht die Nutzung standardkompatibler Werkzeuge, die sowohl die Modellierung erlauben als auch syntaktische Korrektheit der
Modelle gewährleisten. Die visuelle Modellierung von *AuthorizationConstraints*

ist jedoch nicht möglich, daher erfüllt *SecureUML* die Anforderung A 3.1 nur zum Teil. Die Zugriffskontrollanforderungen werden mit *SecureUML* in plattformunabhängigen Modellen erfasst. Mit Hilfe von Transformationen können daraus plattformspezifische Zugriffskontrollpolicies erzeugt werden, was am Beispiel der Sicherheitsmechanismen von EJB und der *.NET-Plattform* demonstriert wird. Ausgangspunkt sind allerdings nicht die fachlichen Modelle, sondern die plattformunabhängigen Modelle, die im Softwareentwicklungsprozess entstanden sind. *SecureUML* unterstützt somit keinen vollständig durchgehenden modellgetriebenen Entwicklungsprozess und erfüllt die Anforderung A 3.2 nur zum Teil. Mit der Erweiterung der UML setzt *SecureUML* eine bewährte Modellierungssprache ein, deren Verwendung in der Softwareentwicklung dem Stand der Technik entspricht. *SecureUML* wird durch die sogenannten UML-Profile leichtgewichtig in die UML gebracht, deren Metamodell selbst unangetastet bleibt. Eine Verwendung von *SecureUML* ist auch in anderen Modellierungsnotationen möglich. Die Anforderung A 3.3 zur Erweiterung bestehender Notationen ist daher erfüllt.

Mit *SecureUML* fokussiert sich Lodderstedt auf die Modellierung von Zugriffskontrollanforderungen, um einen modellgetriebenen Softwareentwicklungsprozess sowohl für das Anwendungssystem, als auch für die Zugriffskontrollpolicies zu ermöglichen. Die Separierung der Policysprache *SecureUML* von der Sprache zur Modellierung des Anwendungssystems ist sinnvoll, da so das Konzept auf andere Notationen übertragen werden kann. Allerdings setzt *SecureUML* sehr spät im Softwareentwicklungsprozess an. Erst auf Ebene der plattformunabhängigen Modelle, also zu einem Zeitpunkt, an dem bereits die Softwarearchitekten und Entwickler mit dem Anwendungssystem beschäftigt sind, können Zugriffskontrollanforderungen aufgenommen werden. Das Wissen der Fachabteilung über die Zugriffskontrollanforderungen kann daher nicht von ihr selbst in den Modellen erfasst werden. Ein modellgetriebener Entwicklungsprozess, der mit fachlichen Modellen beginnt, aus denen plattformunabhängige Modelle erzeugt werden können, ist daher nicht möglich. Für die Fachseite selbst sind die in *SecureUML* modellierten Modelle nicht nützlich, da die Betrachtung des Anwendungssystems auf der technischen Ebene der UML-Modelle aufgrund fehlenden Expertenwissens und einer zu starken Detailtiefe für die Fachabteilung nicht mehr verständlich ist.

### 3.3.3 Modellgetriebene Sicherheit für serviceorientierte Architekturen

Die nachrangige Behandlung von Sicherheitsaspekten bei der Softwareentwicklung, hervorgerufen durch unterschiedliche Erfassung und Verarbeitung von Sicherheitsanforderungen in den einzelnen Phasen des Softwareentwicklungsprozesses, bemängeln Hafner und Breu in (Hafner und Breu, 2009). Existierende Sprachen und Notationen, die in diesen Phasen zum Einsatz kommen, weisen oftmals Defizite beim Ausdruck solcher Anforderungen auf. Wird die Entwicklung der Sicherheit eines Anwendungssystems mit ingenieurmäßigen Prinzipien angegangen, so ist die Abbildung von Sicherheitsanforderungen primär auf sehr technische Aspekte der Sicherheitsdomäne limitiert. Zur Behebung des Problems stellen die Autoren einen Ansatz zur modellgetriebenen Sicherheit für serviceorientierte Architekturen vor. Dabei sollen Sicherheitsaspekte nicht nachrangig von Entwicklern mit einem sehr technisch fokussierten Blickwinkeln behandelt werden, sondern bereits am Anfang des Softwareentwicklungsprozesses Experten der Fachseite mitwirken. Bei dem vorgestellten Ansatz wird ein globales *Workflow*-Modell mit ersten Sicherheitsinformationen angereichert. Dieses Modell wird als UML 2 Aktivitätsdiagramm abgebildet und repräsentiert die Interaktion zwischen den am Geschäftsprozess – auch organisationsübergreifend – beteiligten Parteien, sowie den Nachrichtenfluss. Es wird ergänzt durch ein lokales *Workflow*-Modell, das den ablauffähigen Prozess jeweils einer der beteiligten Organisationen beschreibt. Mit Hilfe der sogenannten *Interface View* werden das globale und lokale *Workflow*-Modell miteinander verknüpft. Die *Interface View* beschreibt die (technischen) Schnittstellen aller am *Workflow* beteiligten Parteien, wie beispielsweise Operationssignaturen oder Formate. Die *Interface View* ist nochmals in drei Untermodelle unterteilt, die die beteiligten Rollen und ihre Beziehung untereinander, die Schnittstellen einzelner Dienste, sowie die ausgetauschten Nachrichten spezifizieren. Die im Modell hinterlegten Sicherheitsanforderungen können durch die in der *Interface View* vorhandenen Informationen ausgeprägt werden, dabei wird auf die OCL zurückgegriffen. Mit Hilfe des sogenannten *SECTET-Frameworks* werden mit mehreren QVT-basierten *(Query View Transformation)* Transformationsschritten aus dem globalen *Workflow*-Modell und der *Interface View* XACML 2.0 Policies für die Konfiguration eines Sicherheitsprodukts erzeugt. Ein weiterer Transformationsschritt führt das globale *Workflow*-Modell zuerst in das lokale *Workflow*-Modell über, um in einer weiteren Transformation ausführbaren Code in einer Ablaufsprache wie BPEL4WS zu erzeugen. Werden die Transformationsregeln angepasst, können Sicherheitspolicies auch in anderen Formaten – zum Beispiel für bestimmte Produkte – erzeugt werden.

### 3.3.3.1 Bewertung

Der vorgestellte Ansatz erfüllt die Anforderung nach Allgemeingültigkeit (A 1.1) nur zum Teil. Sicherheitspolicies werden im XACML 2.0 Format, also in einer standardisierten, produktunabhängigen Form erzeugt. Bei Anpassung der Transformationsregeln können auch Policies in einem anderen Format erzeugt werden. Eine Umstellung auf andere Notationen zur Geschäftsprozessmodellierung ist für das globale und lokale *Workflow*-Modell möglich, fällt aber für die *Interface View* schwer, da hier nicht nur Geschäftsprozessartefakte beschrieben werden, sondern weitere UML-Artefakte wie Klassendiagramme verwendet werden. Die Modelle des von Hafner und Breu vorgestellten Ansatzes befinden sich auf der plattformunabhängigen Ebene und setzen sich aus dem globalen *Workflow*-Modell und der *Interface View* zusammen. Während das globale *Workflow*-Modell in Form eines UML-Aktivitätsdiagramms für die Fachseite verständlich und modellierbar sein kann, so stößt die Fachabteilung spätestens in der *Interface View* an ihre Grenzen, in der der komplexe Zusammenhang zwischen Rollen, Schnittstellen und ausgetauschten Dokumenten – zum Beispiel in Form von Klassendiagrammen – modelliert wird. Die Modellierung der Zugriffskontrollinformationen durch die Fachabteilung ist daher nicht möglich und Anforderung A 1.2 nicht erfüllt. Durch die Verwendung der UML und OCL lassen sich in den Modellen syntaktisch korrekte Zugriffskontrollanforderungen hinterlegen. Da UML als Modellierungsnotation gewählt wurde, stehen standardkompatible Werkzeuge zur Modellierung zur Verfügung. Für die Formulierung von Sicherheitspolicies, die zum Beispiel Interaktionen zwischen zwei Diensten absichern, wird die OCL verwendet. Diese Policies sind textuell zu formulieren, eine visuelle Modellierung ist dafür nicht möglich. Die Anforderung zur Modellierung von Zugriffskontrollinformationen A 3.1 ist daher nur zum Teil erfüllt. Die modellgetriebene Erzeugung von Sicherheitspolicies steht im Fokus der analysierten Arbeit. Auf Basis des standardisierten Ansatzes der QVT-Transformationen lassen sich Zugriffskontrollpolicies für ein bestimmtes Sicherheitsprodukt erzeugen. Im konkreten Fall wird dies für den Policy-Standard XACML gezeigt, eine Transformation zu anderen Policy-Notationen ist mit Anpassung der Transformationsregeln möglich. Die Modellierung beginnt allerdings erst auf Ebene der plattformunabhängigen Modelle, die ersten Domänenmodelle der Fachseite bleiben somit außen vor. Die Anforderung A 3.2 ist daher nur zum Teil erfüllt. Mit der Verwendung der UML wird zur Modellierung ein verbreiteter Standard genutzt. Da keine schwergewichtigen Änderungen am Metamodell der UML vorgenommen wurden, bleibt die Kompatibilität zu bestehenden Modellen und Werkzeugen vorhanden. Die Anforderung A 3.3 ist somit erfüllt.

Mit ihrem Ansatz zur modellgetriebenen Sicherheit für serviceorientierte Architekturen machen Hafner und Breu einen wichtigen Schritt, um die Umsetzung von Sicherheitsanforderungen früher im Softwareentwicklungsprozess zu verankern. Die Verknüpfung der Modelle mit Sicherheitsanforderungen erfolgt auf der plattformunabhängigen Ebene. Die aus den Modellen erzeugten Sicherheitspolicies sollen in einem Sicherheitsprodukt für die Zugriffskontrolle eingesetzt wer-

den. Das Erzeugen von Sicherheitspolicies für eine Zugriffskontrollinfrastruktur
außerhalb des zu entwickelnden Anwendungssystems wird dem Konzept der serviceorientierten Architektur gerecht und entspricht dem gängigen Architekturpa-
radigma im Identitätsmanagement. Dennoch kommt der Ansatz zu spät im Softwareentwicklungsprozess. Die Fachseite beginnt mit der Beschreibung ihrer Anforderungen in ersten fachlichen Modellen, die jedoch in diesem Falle nicht genutzt werden. Durch die Komplexität, die auf der plattformunabhängigen Ebene
herrscht – einen ersten Eindruck erhält man durch die bereits sehr technische *Interface View* – ist die Fachabteilung fachlich überfordert und kann nicht an der
Erfassung der Sicherheitsanforderungen im gewünschten Umfang teilnehmen. Ein
modellgetriebener Entwicklungsprozess, der die Fachabteilung als Ausgangspunkt
hat, ist damit nur schwer möglich.

### 3.3.4 Modellgetriebene Sicherheit für Geschäftsprozesse

Für die Modellierung von Geschäftsprozessen existieren mehrere Notationen, die
standardisiert sind und in den Fachabteilungen zur Spezifizierung fachlicher Geschäftsprozessmodelle Verwendung finden. Im Gegensatz dazu ist die Spezifizierung von Sicherheitspolicies für die Geschäftsprozesse hauptsächlich Sicherheitsexperten überlassen; die Fachabteilung als Eigentümer der dahinterstehenden Anforderungen bleibt weitgehend außen vor. Dieses Vorgehen kritisieren Wolter et al.
in einer Reihe von Arbeiten (vgl. Wolter et al., 2007, 2008, 2009), die sich darin
mit einer engeren Integration von Sicherheitsanforderungen in Geschäftsprozesse
und der daraus folgenden modellgetriebenen Erzeugung von Sicherheitsrichtlini-
en befassen. Ihr Kernelement zur Abbildung von Sicherheitsanforderungen ist das
Sicherheitspolicymodell. Es besteht aus verschiedenen Sicherheitszielen (*Security
Goals*) wie Authentifizierung, Autorisierung oder Vertraulichkeit, die durch sogenannte *Constraints* umgesetzt werden. *Constraints* haben sowohl einen Bezug zu
einem Objekt als auch zu einer Policy. Als Objekt wird dabei jede Entität verstanden, die mit anderen Objekten interagieren kann, also beispielsweise eine Aktivität innerhalb eines Geschäftsprozesses. Eine Policy wiederum kann von einem
Sicherheitsmodul (der Zugriffskontrollinfrastruktur) interpretiert werden, um die
definierten *Constraints* durchzusetzen. Damit die definierten Sicherheitsziele in
Geschäftsprozessmodellen angewandt werden können, wurde die BPMN zur Abbildung von Sicherheitszielen erweitert und ein angepasstes Modellierungswerkzeug geschaffen. Domänenspezialisten können so gemeinsam mit Sicherheitsspe-
zialisten die Geschäftsprozesse modellieren und sie mit Sicherheitszielen anrei-
chern. Dieses angereicherte Geschäftsprozessmodell bildet die Grundlage für die
modellgetriebene Erzeugung von plattformspezifischen Sicherheitspolicies. Aus

den Modellen werden die hinterlegten Sicherheitsziele gelesen und auf Basis der
Spezifikation der Policysprache mit Modell-zu-Modell-Transformationen in plattformspezifische Sicherheitspolicies überführt. Die erzeugten Artefakte werden im
Anschluss daran verifiziert, um eine korrekte Transformation des Modells zu gewährleisten. Die erzeugten Policies können schließlich in der Zugriffskontrollinfrastruktur eingesetzt werden. Aufgrund der automatischen Generierung der plattformspezifischen Sicherheitspolicies reicht es aus, die Transformationsregeln zu
ändern, um Policies für ein anderes Zielformat zu erzeugen. Dies wird am Beispiel zweier verschiedener Policyformate, nämlich XACML sowie der Konfiguration für Apache Rampart, gezeigt.

### 3.3.4.1 Bewertung

Das von Wolter et al. vorgestellte Konzept verwendet zur Modellierung sicherer
Geschäftsprozesse die BPMN. Es werden keine Angaben zur Übertragbarkeit des
Konzepts auf eine andere Notation gemacht, aber es sind keine wesentlichen Einschränkung durch die Verwendung der BPMN erkennbar. Eine Abhängigkeit von
einem bestimmten Sicherheitsprodukt besteht nicht, da die plattformspezifischen
Policies aus plattformunabhängigen Modellen transformiert werden können. Für
Policies eines anderen Zielformats ist lediglich eine Anpassung der Transformati-
onsregeln nötig und die Anforderung nach Allgemeingültigkeit (A 1.1) ist somit
erfüllt. Die Modellierung der mit Sicherheitszielen abgesicherten Geschäftsprozesse wird explizit als Gemeinschaftsaufgabe von Domänenspezialisten aus der
Fachabteilung und von Sicherheitsexperten gesehen. Die Verwendung der ver-
ständlichen BPMN Notation und dem von technischen Details abstrahierenden
Konzept der Sicherheitsziele unterstützt die Fachabteilung bei dieser Aufgabe. Der
Ansatz erfüllt daher die Beherrschbarkeit durch die Fachabteilung (A 1.2). Die
Modellierung der Sicherheitsangaben im Geschäftsprozess erfolgt durch die Verwendung von Sicherheitszielen, die durch *Constraints* genauer definiert werden.
Während die Sicherheitsziele als zusätzliche Elemente innerhalb des Geschäftsprozesses positioniert werden können, finden sich zur weitergehenden Spezifizierung der *Constraints*, beziehungsweise der visuellen Unterstützung für diese
Aufgabe, keinerlei Hinweise. Da es keine Möglichkeit gibt, die Sicherheitsziele visuell unterstützt im Modell zu verfeinern, kann Anforderung A 3.1 nur als
zum Teil erfüllt betrachtet werden. Die mit Sicherheitseigenschaften angereicherten Modelle werden als plattformunabhängige Modelle erstellt. Manuelle Anreicherungen der Sicherheitsziele zur weiteren Detaillierung werden von den Autoren nicht beschrieben. Dennoch gewährleistet der Ansatz durch einfache Anpassung der Abbildungsregeln der verwendeten Transformatoren die Erzeugung

von Sicherheitspolicies in einem anderen Format. Für den modellgetriebenen Entwicklungsprozess wird allerdings nur die plattformunabhängige Ebene betrachtet. Die Verwendung der ersten fachlichen Modelle bleibt unberücksichtigt. Durch die fehlende Möglichkeit, die Sicherheitsanforderungen manuell anzureichern und der nicht einbezogenen fachlichen Modelle der CIM-Ebene, ist Anforderung A 3.2 nur zum Teil erfüllt. Zur Abbildung der Geschäftsprozessmodelle und der damit verbundenen Sicherheitseigenschaften verwenden die Autoren die BPMN. Für die zusätzlich benötigten Elemente zur Abbildung der Sicherheitsziele greifen sie auf die *Annotation*-Elemente der BPMN zurück. Die Erweiterung erfolgt auf diese Weise konform zum Standard und die am Softwareentwicklungsprozess beteiligten Personen können weiterhin mit der ihnen bekannten Notation arbeiten. Existierende Werkzeuge dürfen nur minimale Anpassungen bezüglich der Visualisierung der Annotationen benötigen. Anforderung A 3.3 ist erfüllt, da bestehende Notationen leichtgewichtig erweitert werden.

Wolter et al. setzen für ihr Vorgehen zur modellgetriebenen Absicherung von Geschäftsprozessen richtigerweise auf die Zusammenarbeit von Domänenexperten der Fachabteilung und Sicherheitsexperten. Durch die Verwendung eines flexiblen Transformationsframeworks bieten sie die Möglichkeit, Policies für unterschiedliche Sicherheitsprodukte zu erzeugen. Dennoch weist der vorgestellte Ansatz Nachteile und Einschränkungen auf. Er beginnt erst auf der Ebene von plattformunabhängigen Modellen, die ersten fachlichen Domänenmodelle werden nicht mit einbezogen. Das Konzept beginnt also nicht am Anfang des Softwareentwicklungsprozesses, sondern innerhalb dessen Verlaufs. Die in den Geschäftsprozessmodellen hinterlegten Sicherheitsziele definieren grob, was in welcher Weise abgesichert werden soll; es bleibt allerdings unklar, wie Sicherheitsziele innerhalb des Modellierungswerkzeugs detailliert mit weiteren Informationen versehen werden können. Der Transformationsprozess, der die Sicherheitspolicies aus den abgesicherten Geschäftsprozessmodellen erzeugt, läuft vollständig automatisch ab. Damit dies möglich ist, legen die Autoren eine direkte Abbildung der im plattformunabhängigen Modell spezifizierten Aktivitäten des Geschäftsprozess auf einzelnen Ressourcen (zum Beispiel Dienste) der plattformspezifischen Ebene fest. Diese vereinfachte 1:1 Abbildung ist insbesondere bei Dienstkompositionen nicht ausreichend, da diese erst während der Entwurfsphase des Anwendungssystems, das den modellierten Geschäftsprozess implementiert, aufgelöst werden. Abschließend fordern die Autoren eine äquivalente Informationskapazität für die Policysprachen, auf allen drei Modellierungsebenen (CIM, PIM, PSM). Diese Einschränkung ist jedoch nicht nötig, da zum Beispiel die Informationskapazität der CIM-Ebene kleiner als die der plattformunabhängigen oder plattformspezifischen Ebene sein kann, da mit einer Verfeinerung des Systementwurfs auch die Sicherheitsanforderungen verfeinert werden müssen. Im Hinblick auf die Transformation in verschiedene plattformspezifische Policysprachen ist allgemein keine Äquivalenz zu erreichen, da die verschiedenen Produkthersteller einen unterschiedlichen Sprachumfang für ihre Policysprachen definieren und daher die Informationskapazität der plattformspezifischen Policysprachen zwangsläufig unterschiedlich ist. Die Informationskapazität muss vielmehr auf jeder Ebene gleich oder größer als die Informationskapazität der oberhalb liegenden Ebene sein, um eine modellgetriebene Abbildung mit manuellen Anreicherungen zu erlauben.

### 3.3.5 Modellierung von Sicherheitsanforderungen in Geschäftsprozessen

Die fehlende Einbeziehung von Sicherheitsanforderungen bei der Geschäftsprozessmodellierung wird von Rodríguez et al. kritisiert. Zur Verbesserung stellen sie einen Ansatz zur Modellierung von Sicherheitsanforderungen in Geschäftsprozessmodellen in mehreren Arbeiten vor (vgl. Rodríguez et al., 2006a,b, 2007a,b,c,d). Sie setzen auf die Fähigkeiten des Business-Analysten, der den Geschäftsprozess und die daran gestellten Anforderungen aus der Sicht der Fachabteilung modelliert. Um die Modellierung der Sicherheitsanforderungen zu unterstützen, stellen die Autoren eine Erweiterung der UML Aktivitätsdiagramme sowie des *Business Process Diagrams* der BPMN vor. Da die Art der Erweiterung für die UML und die BPMN äquivalent sind, wird im Folgenden die BPMN betrachtet. Zur Abbildung der Sicherheitsanforderungen erweitern die Autoren das *Business Process Diagram* der BPMN zu einem *Secure Business Process Diagram*, welches um das Element *Security Requirement* ergänzt ist. Dies erlaubt die Abbildung verschiedener Sicherheitsanforderungen wie beispielsweise Zugriffskontrolle, Vertraulichkeit und Integrität. Im Folgenden wird die Sicherheitsanforderung *Security Permission* genauer betrachtet: Die Sicherheitsanforderung *Security Permission* spezifiziert die Zugriffsberechtigung auf ein Objekt und dessen Operationen. Das Element ist zwar formal beschrieben, jedoch sind die Einschränkungen auf bestimmte Operationen im Metamodell festgehalten und die *Security Permission* kann – wie die meisten dieser Sicherheitsanforderungen – durch den Modellierer nicht genauer spezifiziert werden. Die Modellierung sicherer Geschäftsprozessmodelle erfolgt im sogenannten *BPSec-Tool* auf Basis von *MS Visio*. Im Verlauf des Softwareentwicklungsprozesses werden aus diesen Modellen Anwendungsfalldiagramme transformiert, die in verschiedenen Partitionen abhängig von ihren Sicherheitsanforderungen eingeordnet werden. Damit die Modellierung und Verarbeitung der Sicherheitsanforderungen strukturiert abläuft, wird mit *M-BPSec* eine Methode zur Erfassung dieser Anforderungen in Geschäftsprozessen vorgestellt.

Dabei werden die einzelnen Phasen des Vorgehens beschrieben sowie die beteiligten Autoren, Werkzeuge und Artefakte zugeordnet. Das Vorgehen orientiert sich am *Unified Process* und ist selbst in vier Teile geteilt. Es nimmt jedoch keinen Bezug zum gesamten Softwareentwicklungsprozess, sondern nur auf die Analyse und den Entwurf von Anforderungen sowie auf die fachliche Modellierung des Geschäftsprozesses. Das Vorgehensmodell beginnt mit der *Construction Phase*, in der ein Businessanalyst das Geschäftsprozessmodell erstellt. Daran schließt sich unmittelbar die *Security Requirement Incorporation Phase*, in der der Businessanalyst das Geschäftsprozessmodell mit Sicherheitsanforderungen anreichert. In der dritten Phase des *Refinings* arbeiten der Businessanalyst und Sicherheitsexperten zusammen, mit dem Ziel, die abschließende Spezifikation des abgesicherten Geschäftsprozesses zu erstellen. Die vierte und letzte Phase läuft automatisch ab; in ihr werden durch Modelltransformationen Anwendungsfalldiagramme und daraus abgeleitete, grobgranulare Klassendiagramme für die Analyse-Phase des Softwareentwicklungsprozesses erzeugt.

### 3.3.5.1 Bewertung

Rodríguez et al. präsentieren eine Methode zur Erfassung von Sicherheitsanforderungen in Geschäftsprozessmodellen der UML und BPMN. Damit decken sie bereits zwei wichtige Notationen zur Geschäftsprozessmodellierung ab. Ihr Konzept hat keine starken Abhängigkeiten zu den beiden Notationen und kann daher auch auf andere Modellierungskonzepte übertragen werden. Aus den Modellen werden keine Zugriffskontrollpolicies erzeugt, somit bestehen keine Abhängigkeiten zu einem eingesetzten Sicherheitsprodukt. Die Forderung nach Allgemeingültigkeit der Anforderung A 1.1 ist daher erfüllt. Die Anreicherung der Geschäftsprozesse um Sicherheitsanforderungen ist explizit für die Fachabteilung, namentlich für die Business-Analysten vorgesehen. Dafür ist sowohl die Vorgehensmethode *M-BPSec*, als auch das dargestellte Modellierungskonzept ausgelegt; Anforderung A 1.2 wird damit erfüllt. Die Fachabteilung wird durch das *BPSec-Tool* bei der Modellierung sicherer Geschäftsprozesse unterstützt. Die in der erweiterten Notation definierten Sicherheitsanforderungen wie Vertraulichkeit, Integrität oder Zugriffskontrolle können auf den Geschäftsprozess angewandt werden. Die Definition (teil-) formalisierter Zugriffskontrollinformationen ist allerdings nicht möglich. Es können lediglich intendierte Zugriffsbeschränkungen ausgedrückt werden, ohne individuelle Verfeinerungen vorzunehmen, was Anforderung A 3.1 nur zum Teil erfüllt. Aus den abgesicherten Geschäftsprozessmodellen werden mit Transformationen Klassen- und Anwendungsfalldiagramme erzeugt. Eine Erzeugung von Zugriffskontrollpolicies, die in einer Zugriffskontrollinfrastruktur eingesetzt werden können, ist in den vorliegenden Arbeiten nicht vorgesehen, die Anforderung A 3.2 ist daher nicht erfüllt. Die Forderung zur Erweiterung bestehender Notationen A 3.3 wird erfüllt. Zur Abbildung der Sicherheitsanforderungen wird das *Business Process Diagram* der BPMN erweitert. Dabei wird auf das im Standard für solche Zwecke vorgesehene Element des Artefakts zurückgegriffen. Die Erweiterung ist dadurch leichtgewichtig und wird von gängigen Werkzeugen unterstützt. Dies gilt auch für die Umsetzung des Konzepts mittels der UML Aktivitätsdiagramme, für deren Erweiterung der Mechanismus der UML-Profile verwendet wird.

Die *M-BPSec*-Methode bringt interessante Aspekte in Bezug auf die Erfassung von Sicherheitsanforderungen für Geschäftsprozesse mit sich. Rodríguez et al. betonen den Bedarf eines Vorgehensmodells, da das alleinige Vorhandensein einer angepassten Modellierungsnotation zur Abbildung von Sicherheitsanforderungen nicht ausreicht. Sie gliedern daher die Erfassung der Sicherheitsanforderungen in mehrere Phasen und weisen diesen zusätzlich die verantwortlichen Akteure sowie die verwendeten Werkzeuge und bearbeiteten Artefakte zu. Allerdings stehen diese Überlegungen noch am Anfang, da viele Bestandteile des Konzept noch ausbaufähig sind. Die Hinterlegung der Sicherheitsanforderungen in Geschäftsprozessmodellen ist eher deskriptiver Natur, eine individuelle Verfeinerung ist selbst für Zugriffskontrollanforderungen oder *Security Permissions* nicht vorgesehen. Die Verwendung des abgesicherten Geschäftsprozessmodells endet in der Phase der Analyse und des Entwurfs der Anforderungen. Das Konzept bezieht sich daher nur auf den Beginn des Softwareentwicklungsprozesses und lässt alle weiteren Phasen außen vor. Dadurch ist auch keine modellgetriebene Erzeugung von Zugriffskontrollpolicies vorgesehen; aus der aufwändigen Modellierung zur Erfassung der Sicherheitsanforderungen könnte mehr Nutzen entstehen. Völlig unklar ist der praktische Nutzen der Erzeugung der Anwendungsfalldiagramme und der sehr einfachen Klassendiagramme aus den Geschäftsprozessmodellen. Anwendungsfälle beschreiben einfach und abstrahierend von jeglicher Implementierung die gewünschte Nutzung eines Anwendungssystems und werden im weiteren Verlauf des Softwareentwicklungsprozesses mit Hilfe von Geschäftsprozessmodellen exakter beschrieben. Wieso die Autoren den umgekehrten Weg wählen, nämlich den, aus den ein konkretes Systemverhalten beschreibenden Geschäftsprozessmodellen – die eigentlich zu Beginn des Softwareentwicklungsprozesses stehen – Anwendungsfalldiagramme zu erzeugen und welche Vorteile daraus entstehen sollen, wird nicht ersichtlich. Gleiches gilt für die Klassendiagramme, die nicht mehr Informationen als die Namen der Akteure und der Anwendungsfälle enthalten und daher in einer Granularität vorliegen, die – wenn überhaupt – allenfalls als eine erste Gedankenskizze für die Entwurfsphase des Softwareentwicklungsprozesses gewertet werden können.

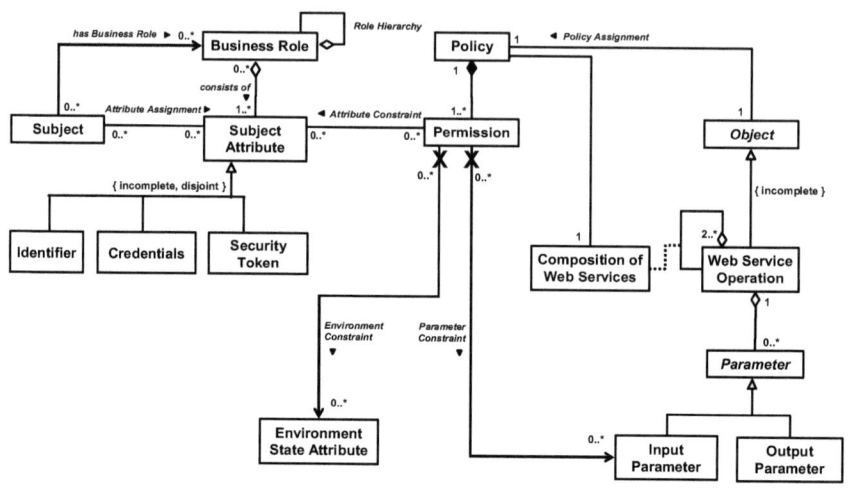

Abbildung 3.1: Metamodell für die Zugriffskontrolle in webserviceorientierten Architekturen (aus Emig et al., 2007)

### 3.3.6 Modellgetriebene Erzeugung von Policies für webserviceorientierte Architekturen

Webserviceorientierte Architekturen stellen eine Möglichkeit dar, die Anforderungen an moderne Anwendungssysteme zu erfüllen. Im Zuge der zunehmenden Verbreitung dieses Architekturparadigmas muss auch auf die Einhaltung der Sicherheitsanforderungen geachtet werden. Insbesondere im Bereich des Identitätsmanagements sehen Emig et al. Handlungsbedarf, um die bisher in sich abgeschlossenen und monolithischen Lösungen zur Zugriffskontrolle für verteilte, webserviceorientierte Architekturen zu öffnen. Sie beschreiben ihre Lösungsansätze in mehreren Arbeiten (vgl. Emig et al., 2007, 2008; Emig, 2008). Das Kernelement darin ist ein neues Metamodell für die Zugriffskontrolle in webserviceorientierten Architekturen (vgl. Abbildung 3.1).

Zwei wesentliche Konzepte, die in das Metamodell einfließen, sind die attributbasierte Zugriffskontrolle (vgl. Abschnitt 3.2.4), die in Ergänzung zur klassischen rollenbasierten Zugriffskontrolle einen größeren Gestaltungsspielraum bei der Formulierung von Zugriffskontrollpolicies bietet sowie der Fokus auf Webserviceoperationen, auf welche die Zugriffskontrollpolicies angewandt werden. Die im Metamodell dargestellte Policy setzt sich aus einer oder mehreren Berechtigungen, sogenannter *Permissions*, zusammen und bezieht sich auf eine Webserviceoperation. Die einzelnen *Permissions* setzen sich wiederum aus den Attributen des Subjekts (*SubjectAttributes*), also den Attributen der digitalen Identität (vgl. Abschnitt 2.1.1) zusammen. Ein Subjekt kann dabei sowohl ein menschlicher Anwender, als auch ein anderer Service, das heißt ein technisches System sein. Mitgliedschaften in Geschäftsrollen werden dabei als Subjektattribut der digitalen Identität abgebildet. Mittels der Verwendung von Umgebungsattributen lassen sich Berechtigungen formulieren, die nicht eine reine Subjekt-Objekt-Relation abbilden, sondern abhängig vom Kontext, zum Beispiel von Wochentag oder Uhrzeit, weitere Einschränkungen in die Zugriffsberechtigung einfließen lassen. Die Eingabeparameter einer Webserviceoperation können ebenfalls Teil der Zugriffskontrollpolicy sein und deren Aufruf auf Ebene der Parameter regulieren. Damit textuelle Policies formuliert werden können, entwickelten Emig et al. aus dem Metamodell eine domänenspezifische Policysprache für die Zugriffskontrolle, die *Web Services Access Control Markup Language (WSACML)*. WSACML repräsentiert Policies in einer plattformunabhängigen Form. Das Ziel dieser Policysprache ist zum Einem, die Implementierung der Webservices von der Beschreibung der sie betreffenden Zugriffskontrollanforderungen zu lösen, und zum Anderen, aus den plattformunabhängigen Policies mittels modellgetriebener Techniken plattformspezifische Policies für ein konkretes Sicherheitsprodukt zu erzeugen. Der Mehrwert entsteht durch die Unabhängigkeit von einem konkreten Produkt, da modellgetrieben Policies jeglichen Formates erzeugt werden können und zusätzlich die Zugriffskontrolle nicht statisch in der Implementierung der Webservices vorhanden ist. Die Autoren betrachten die Verwendung der *eXtensible Access Control Markup Language (XACML)* (vgl. OASIS, 2005), einer generischen Policysprache, nicht als äquivalenten Ersatz für ihren Lösungsvorschlag. Die syntaktische Komplexität von XACML verhindert ihrer Argumentation nach die Verwendung von XACML bereits bei der Modellierung von Geschäftsprozessen, da die Fachabteilung damit überfordert ist. Des Weiteren wird XACML – obwohl zur Formulierung von Policies standardisiert – von aktuellen Produkten im Bereich des Identitätsmanagements nur eingeschränkt unterstützt und findet keine Verwendung in der Zugriffskontrollinfrastruktur. Daher werden letztendlich zumindest herstellerspezifische Ausprägungen von XACML-Policies benötigt. Die modellgetriebene Erzeugung produktspezifischer Policies umgeht dieses Problem und bietet Flexibilität bei Änderungen des eingesetzten Produkts. Die abstrakte Syntax von WSACML wird in Abbildung 3.2 dargestellt.

Das Element *Policy* bezieht sich über das Attribut *ServiceOperationBinding* auf eine Webserviceoperation, die beispielsweise in einer *Service Registry* erfasst

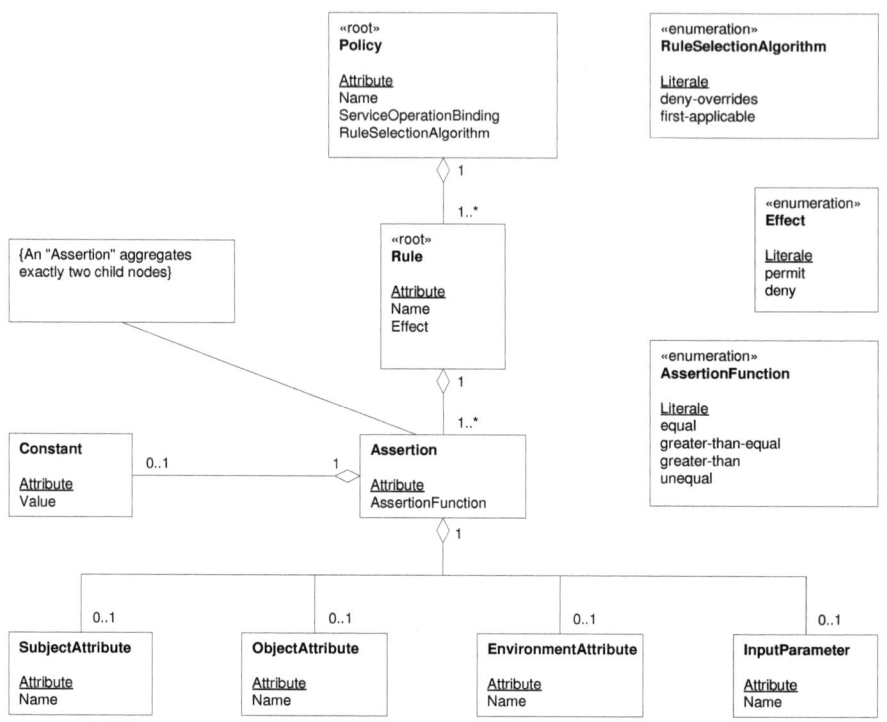

Abbildung 3.2: Abstrakte Syntax von WSACML (nach Emig et al., 2008)

ist und bei der Erstellung von Policies nachgeschlagen werden kann. Eine Policy besteht aus verschiedenen Regeln, die die einzelnen Zugriffsberechtigungen ausdrücken. Da bei der Anwendung einer Policy mehrere Regeln auf die konkrete Zugriffssituation passen können, gibt der *RuleSelectionAlgorithm* an, nach welchem Prinzip die Regeln ausgewertet werden. Eine Regel selbst besteht aus ihrem Namen und dem Effekt, der festlegt, ob die Regel bei Übereinstimmung den Zugriff gewährt oder verbietet. Das Konstrukt der Regel wurde gewählt, um die Wiederverwendung einzelner, wiederkehrender Bestandteile der Policies zu ermöglichen. Eine Regel besteht selbst aus einer oder mehreren *Assertions*, die für eine Übereinstimmung der Regel alle erfüllt sein müssen. *Assertions* verknüpfen einzelne Attribute paarweise über die *AssertionFunction* wie beispielsweise „gleich" oder „ungleich". Zur praktischen Anwendung wurde die abstrakte Syntax von WSACML in eine *XML-Schema-Definition (XSD)* überführt, was eine Formulierung von WSACML-Policies in XML-Syntax erlaubt. Damit die geschilderte Transformation der plattformunabhängigen Policies in plattformspezifische Policies eines konkreten Produkts durchgeführt werden kann, muss für dieses ebenfalls ein Modell sowie die daraus abgeleitete XML-Schema-Definition erstellt werden. Am konkreten Beispiel von *CA SiteMinder* und *IBM Tivoli Access Manager* wurde von den Autoren das plattformspezifische Modell entwickelt und daraus die entsprechenden XSDs erzeugt. Zur Abbildung der Transformationsregeln zwischen den beiden Modelle wurde *XSLT (XSL Transformation)* verwendet. Die Tragfähigkeit des Ansatzes wird durch eine Beispielimplementierung belegt, bei der ein webserviceorientiertes Szenario durch WSACML-Policies und daraus erzeugten Policies für *CA SiteMinder* abgesichert wird.

### 3.3.6.1 Bewertung

Die von Emig et al. vorgestellte Policysprache WSACML fokussiert sich nicht auf Geschäftsprozesse, sondern auf Webserviceoperationen der plattformunabhängigen Ebene und beschreibt plattformunabhängige Policies, die über Transformationen zu plattformspezifischen, also produktspezifischen Policies abgebildet werden können. Die Forderung nach Allgemeingültigkeit (A 1.1) ist erfüllt, da beliebige Policies erzeugt werden können. Die WSACML-Policysprache bezieht sich auf webserviceorientierte Architekturen, da sie Zugriffskontrollpolicies direkt mit Webserviceoperationen verknüpft. Vom konkreten Webservice abstrahierende Geschäftsprozessmodelle werden nicht verwendet. Die Fachabteilung müsste daher die Policies auf Ebene der Webservices definieren, wozu sie nicht in der Lage ist. Die Anforderung A 1.2 ist daher nicht erfüllt. WSACML-Policies basieren auf einer XML-Schema-Definition und werden in XML formuliert. Mit Hilfe gängiger XML-Editoren ist durch Einbindung der WSACML-XSDs eine Erstellung formalisierter WSACML-Policies möglich. Allerdings lassen sich diese Policies nicht innerhalb von Geschäftsprozessmodellen formulieren, sondern beziehen sich lediglich auf die nachfolgende, plattformunabhängige Ebene der Webserviceoperationen. Die Anforderung A 3.1 ist nur zum Teil erfüllt; in Bezug auf die Modellierung formalisierter Policies wird der Forderung entsprochen, jedoch ist die Fachabteilung nicht in der Lage, WSACML-Policies selbst zu modellieren. WSACML-Policies sind plattformunabhängige Zugriffskontrollpolicies, die durch Transformationen in die jeweilige Policysprache eines konkreten Sicherheitsprodukts überführt werden können. Mit Anpassung der Abbildungsregeln können daher Policies für andere Sicherheitsprodukte erzeugt werden. Exemplarisch wurde dies für *CA SiteMinder* und *IBM Tivoli Access Manager* gezeigt. Ausgangsmodell ist in diesem Fall allerdings nicht das Modell der Fachseite, sondern die für das zu entwickelnde Anwendungssystem zu nutzenden Webservices. Die Anforderung A 3.2, die einen vollständigen, modellgetriebenen Entwicklungsprozess für Zugriffskontrollpolicies fordert, ist daher nur zum Teil erfüllt. Eine Integration der WSACML-Policies mit anderen Modellen wie Geschäftsprozessmodellen oder UML-Modellen, die den Aufbau des Anwendungssystems beschreiben, findet nicht statt. Die WSACML-Policies stehen somit alleine für sich, ohne eine Notation zu erweitern oder in eine Bestehende integriert zu sein. Mit der Verwendung einer XML-Schema-Definition zur Beschreibung der Sprache und XML zur Beschreibung konkreter Policies wird allerdings ein etablierter Standard verwendet, was Anforderung A 3.3 erfüllt.

Der vorgestellte Ansatz erfüllt nicht alle Anforderungen vollständig, die Defizite befinden sich vor allem in der Einbindung der Fachabteilung. Mit dem Metamodell für die Zugriffskontrolle in webserviceorientierten Architekturen wird einem neuen und wichtigen Architekturkonzept zur Realisierung von IT-gestützten Geschäftsprozessen entsprochen. Die Entkopplung der Zugriffskontrolle von der eigentlichen Implementierung der Webservices entspricht einer klaren Trennung der Belange: Auf der einen Seite steht die implementierte Fachfunktionalität, auf der anderen Seite steht die Umsetzung der Querschnittseigenschaft „Sicherheit" in der zentralen Zugriffskontrollinfrastruktur. Der bewährte Ansatz der modellgetriebenen Entwicklung wird aus der klassischen Softwareentwicklung übernommen und auf die Erzeugung produktspezifischer Policies übertragen. Dies wird in hohem Maße der Realität aktueller Produkte für die Zugriffskontrollinfrastruktur gerecht: Nicht Policystandards wie XACML, sondern hersteller- und produktspezifische Policies werden zum aktuellen Zeitpunkt am besten unterstützt und müssen daher im Softwareentwicklungsprozess erzeugt werden.

Der Autor der vorliegenden Arbeit war als einer der Koautoren am Entstehen des vorgestellten Konzepts beteiligt. Die Grundlage, die für die plattformspezifische und plattformunabhängige Ebene bereits geschaffen wurde, wird im Rahmen dieser Arbeit durch die Erweiterung auf die fachliche Ebene und der damit verbundenen Einbeziehung der Fachabteilung erweitert.

# 3.4 Zusammenfassung

Nachdem der Stand der Forschung und Technik sowohl für die Zugriffskontroll- und Rollenmodelle, als auch für die Modellierung von sicheren Systemen und Policies in den vorangegangenen Abschnitten analysiert wurde, werden in diesem Abschnitt die zusammengefassten Ergebnisse und ihre Bewertung dargestellt. Eine Übersicht zum Erfüllungsgrad der im Anforderungskatalog in Abschnitt 3.1 aufgestellten Anforderungen zeigt Tabelle 3.2.

| | Zugriffskontrolle | | | | Modellierung | | | | | |
|---|---|---|---|---|---|---|---|---|---|---|
| | 3.2.1 Ferraiolo et al. | 3.2.2 Kern et al. | 3.2.3 Wortmann | 3.2.4 Yuan und Tong | 3.3.1 Jürjens | 3.3.2 Lodderstedt | 3.3.3 Hafner und Breu | 3.3.4 Wolter et al. | 3.3.5 Rodríguez et al. | 3.3.6 Emig et al. |
| A 1.1 | ● | ● | ● | ● | ○ | ○ | ◐ | ● | ● | ● |
| A 1.2 | ◐ | ◐ | ● | ● | ○ | ○ | ○ | ● | ● | ○ |
| A 2.1 | ○ | ● | ● | ○ | − | − | − | − | − | − |
| A 2.2 | ○ | ● | ● | ● | − | − | − | − | − | − |
| A 2.3 | ● | ● | ● | ● | − | − | − | − | − | − |
| A 2.4 | ○ | ○ | ◐ | ○ | − | − | − | − | − | − |
| A 3.1 | − | − | − | − | ◐ | ◐ | ◐ | ◐ | ◐ | ◐ |
| A 3.2 | − | − | − | − | ○ | ◐ | ◐ | ◐ | ○ | ◐ |
| A 3.3 | − | − | − | − | ● | ● | ● | ● | ● | ● |

Legende:

● = Anforderung erfüllt    ○ = Anforderung nicht erfüllt
◐ = Anforderung teilweise erfüllt    − = Anforderung nicht zutreffend

Tabelle 3.2: Erfüllungsgrad der Anforderungen

Die Anforderung A 1.1 wurde im Bereich der Zugriffskontroll- und Rollenmodelle erfüllt, wenn die Organisationsform nicht durch das Konzept eingeschränkt wurde. Im Bereich der Modellierung sicherer Systeme und Policies wurde die Anforderung nicht erfüllt, wenn keine Übertragbarkeit auf andere Notationen oder kein Bezug zur Geschäftsprozessmodellierung vorhanden war. Die Anforderung wurde teilweise erfüllt, wenn Teile des vorgestellten Ansatzes auf andere Notationen oder Produkte übertragbar waren. Im Hinblick auf die Beherrschbarkeit für die Fachabteilung (A 1.2) wurde bei den Rollenkonzepten die Anforderung teilweise erfüllt, wenn die Fachabteilung prinzipiell in der Lage ist, den Ansatz aufzugreifen, jedoch die Unterstützung der IT-Abteilung benötigt. Bei den Arbeiten mit Bezug zur Modellierung sicherer Systeme und Policies wurde die Anforderung nicht erfüllt, wenn explizit eine andere Zielgruppe genannt war oder die Modellierung auf einer sehr technischen Ebene stattfand. Mit Anforderung A 2.1 wurde eine Definition des Rollenbegriffs gefordert, die Anforderung wurde als nicht erfüllt bewertet, wenn keine Definition vorhanden war oder die Definition nicht weitreichend ge-

nug in der Unterscheidung zwischen System- und Geschäftsrollen unterschied. Die
Forderung nach einem anwendungssystemübergreifenden Rollenkonzept (A 2.2)
wurde als nicht erfüllt bewertet, wenn das beschriebene Konzept nur auf ein Anwendungssystem fokussiert war und als erfüllt, wenn ein Bezug auf mehrere Systeme möglich war. Die Beibehaltung etablierter RBAC-Konzepte (A 2.3) wurde
als erfüllt gewertet, wenn bestehende Konzepte der rollenbasierten Zugriffskontrolle nicht obsolet wurden. Nicht erfüllt wurde Anforderung A 2.4, wenn kein
Bezug zur Geschäftsprozessmodellierung vorhanden war. Wurde ein Bezug nicht
klar genug herausgearbeitet oder ließen nur vorhandene Artefakte auf einen Bezug
zur Geschäftsprozessmodellierung schließen, so wurde der Ansatz als teilweise erfüllt bewertet. Die Modellierung von Zugriffskontrollinformationen (A 3.1) wurde
teilweise erfüllt, wenn keine visuelle Modellierung sondern nur textuelle Modellierung von Zugriffskontrollinformationen möglich war oder wenn nur vordefi-
nierte Anforderungen verwendet werden konnten. Die Anforderung A 3.2 wurde
nicht erfüllt, wenn keine modellgetriebene Erzeugung von Policies möglich war
und teilweise erfüllt, wenn der Ausgangspunkt für die modellgetriebene Entwicklung nicht das Domänenmodell der Fachseite war. Wurden bestehende Notationen
(A 3.3) über ihre eigenen Erweiterungsmöglichkeiten erweitert, so wurde die Anforderung erfüllt.

Die Analyse des Stands der Forschung und Technik zeigt für die Zugriffskontroll-
und Rollenmodelle sowie für die Modellierung von sicheren Systemen und Policies Defizite. Vor allem die durchgängige Einbeziehung der Fachseite ist bei
vielen Ansätzen ungenügend berücksichtigt. Oftmals werden tiefer gehende IT-
Kenntnisse vorausgesetzt, um die Konzepte anwenden zu können. Bei den un-
tersuchten Rollenkonzepten ist fast durchgehend kein Bezug zur Geschäftsprozessmodellierung vorhanden und dadurch auch keine Verbindung der Akteure innerhalb des Geschäftsprozesses mit dem Rollenkonzept des Unternehmens. Die
Nutzung der frühen fachlichen Modelle für den Softwareentwicklungsprozess ist
bei den Konzepten zur Modellierung sicherer Geschäftsprozesse kaum ausgeprägt,
vorhergehende Arbeiten der Fachabteilung werden von der IT-Seite in zu geringem
Maße aufgegriffen. Im Rahmen dieser Arbeit werden Lösungen für die in der Problemstellung und Zielsetzung (vgl. Abschnitt 1.2) und im Anforderungskatalog
(vgl. Abschnitt 3.1) ausgearbeiteten Ziele und Anforderungen entwickelt. Diese
werden detailliert in den nachfolgenden Kapiteln vorgestellt.

# 4 Rollenkonzept für den Einsatz im Unternehmen

Die Autorisierung von Zugriffen und die Zugriffskontrolle sind wichtige Bestandteile des Identitätsmanagements (vgl. Abschnitt 2.1). Für die Arbeit in den Anwendungssystemen eines Unternehmens muss jeder Mitarbeiter die von ihm benötigten Berechtigungen besitzen. Zugleich müssen *Compliance*-Vorgaben eingehalten werden, die die Vergabe und den Besitz von Berechtigungen konform zu bestehenden Gesetzen oder Vorgaben regeln. Betrachtet man das Unternehmen als Ganzes, erstrecken sich Berechtigungen mit fachlichem Hintergrund von der Ebene der Geschäftsprozesse bis hin zu deren technischer Ausprägung in den einzelnen Anwendungssystemen. Eine Möglichkeit, Berechtigungen zu verwalten, ist die rollenbasierte Zugriffskontrolle. Ausgehend von den im Abschnitt 1.2 definierten Zielen und den im Anforderungskatalog im Abschnitt 3.1 beschriebenen Anforderungen, wird in diesem Kapitel ein Rollenkonzept für den Einsatz im Unternehmen entwickelt.

## 4.1 Abbildung von Geschäfts- und Systemrollen

Die *rollenbasierte Zugriffskontrolle (RBAC)* hat sich zur einfachen Verwaltung der Berechtigungen eines Anwendungssystems etabliert. Seit der Standardisierung von NIST RBAC (vgl. Ferraiolo et al., 2001) wurden in vielen wissenschaftlichen Beiträgen Verbesserungsvorschläge präsentiert (vgl. Abschnitt 3.2). Die Analyse des Stands der Forschung und Technik in Abschnitt 3.2 zeigt jedoch Defizite der bestehenden Konzepte auf, wenn sie an den Zielen und Anforderungen der vorliegenden Arbeit gemessen werden.

Unternehmen sind komplexe Gebilde; die einzelnen Bestandteile, wie zum Beispiel Abteilungen, haben in der Regel komplexe Abhängigkeiten und Beziehungen zueinander. So hat die Fachabteilung die Hoheit über die fachlichen Abläufe und Anforderungen, ist jedoch für die Durchführung der an sie gestellten Aufgaben auf unterstützende Anwendungssysteme angewiesen. Diese werden von der IT-Abteilung entwickelt und betrieben, jedoch immer auf Grundlage der von der Fachabteilung definierten Anforderungen. Dieses Zusammenwirken beider Abteilungen zeigt sich auch auf Seiten der Vergabe und Verwaltung von Zugriffsrechten. Die Fachabteilung entscheidet darüber, welcher Mitarbeiter welche fachlichen Abläufe in den Anwendungssystemen des Unternehmens durchführen darf, während die IT-Abteilung Berechtigungsstrukturen innerhalb des Anwendungssystem gliedert und auf die entsprechende technische Funktionalität abbildet. Diese Dualität der Verantwortlichkeit ist vom zu entwickelnden Rollenkonzept aufzugreifen. Für die Fachseite wird daher das Konstrukt der Geschäftsrolle definiert, das den Begriff „Rolle" im fachlichen Kontext bestimmt und dadurch beherrschbar für die Fachabteilung macht. Der IT-Abteilung hingegen müssen Systemrollen die Möglichkeit zur rollenbasierter Verwaltung von Berechtigungen innerhalb des Anwendungssystems geben. Durch diese Zweiteilung des Rollenbegriffs wird einerseits die Möglichkeit eröffnet, den Rollenbegriff durch einen klaren Kontextbezug genauer zu definieren, andererseits wird durch die Schaffung von Geschäftsrollen eine Relation zur Fachabteilung hergestellt. Diese kann fortan stärker in die Vergabe der durch die Geschäftsrollen abstrahierten Zugriffsberechtigungen einbezogen werden. Damit die Fachseite tatsächlich eine Abstraktion auf die verschiedenartigen Berechtigungen innerhalb des Unternehmens erhält, muss sich das Rollenkonzept, wie in Anforderung A 2.2 beschrieben, auch über die verschiedenen Anwendungssysteme des Unternehmens erstrecken. Eine isolierte Betrachtung der Berechtigungskonzepte einzelner Anwendungssysteme bietet der Fachabteilung keinerlei Mehrwert, da zur fachlichen Aufgabenerfüllung das Zusammenwirken unterschiedlicher Anwendungssysteme nötig sein kann. Vom vorgestellten Rollenkonzept ist ebenso die Geschäftsprozessmodellierung betroffen, bei der die Fachabteilung die Abläufe, die zur Erfüllung ihrer Aufgaben nötig sind, erfasst und zugleich die einzelnen Arbeitsschritte eines Geschäftsprozesses bestimmten Fachbereichen oder Stellenprofilen zuweist. Die resultierenden Modelle werden oftmals zur Dokumentation oder zur Optimierung der geschäftlichen Abläufe angefertigt. Es bietet sich daher an, diese gleichzeitig zur Dokumentation der benötigten Zugriffsrechte zu nutzen. In den folgenden Abschnitten werden die wesentlichen Bestandteile des Rollenkonzepts für Unternehmen, die Geschäfts- und Systemrollen dargestellt. Im Anschluss daran wird deren gemeinsame Beziehung anhand ihres Metamodells erläutert, um mit der Beschreibung des Zusammenhangs zur Geschäftsprozessmodellierung zu enden.

## 4.1.1 Geschäftsrollen der Fachseite

Ein gängiges Element zur Strukturierung eines Unternehmens ist der Organisationsbaum. Darin sind, in der Regel ausgehend von der Spitze des Unternehmens, wie dem Vorstand, sämtliche unterstellten Bereiche, Abteilungen und Gruppen erfasst. Je nach Aufbau der Organisation ist die Einteilung fein- oder grobgranularer vorgenommen. Die Einteilung erfolgt zum Beispiel abhängig vom jeweiligen Geschäftsfeld. Im Bereich der Bankendomäne könnten dies beispielsweise die Bereiche Privatkundengeschäft, das Firmenkundengeschäft, aber auch interne Bereiche wie die Zentral-IT sein. Jedem Zweig, beziehungsweise jedem Blatt des Baumes können Mitarbeiter zugeordnet sein. Durch die Position im Organisationsbaum ist das Aufgaben- und Tätigkeitsfeld eines bestimmten Mitarbeiters bereits grob umrissen, es bestehen aber noch Lücken in Bezug auf dessen konkrete Ausprägung. Um dies zu präzisieren, kann die Stellenbeschreibung der Personalabteilung für den entsprechenden Mitarbeiter herangezogen werden. Passend zum oben genannten Beispiel, lässt sich die Stelle des Kreditsachbearbeiters, der im Privatkundengeschäft tätig ist, anführen. In Bezug auf die Vergabe von Berechtigungen dienen die Platzierung im Organisationsbaum und die Stellenbeschreibung bereits als erste Hinweise, welche Aufgaben der Kreditsachbearbeiter in den Anwendungssystemen des Unternehmens durchführen darf. Jedoch bleibt eine Präzisierung der eigentlichen Handlungsbereiche sowie die Betrachtung bereichsübergreifender Verantwortlichkeiten unberücksichtigt. Mit dem Konzept der Geschäftsrolle wird diese Lücke geschlossen. Während Stellenprofile oder die Einteilung in Organisations- oder Aufgabenbereiche rein fachliche Konzepte sind, wird mit Hilfe der Geschäftsrollen ein Bezug zur IT und dadurch zum Berechtigungskonzept der Anwendungssysteme des Unternehmens geschaffen. Die Hauptcharakteristika einer Geschäftsrolle, die im Laufe dieses Abschnittes vertieft werden, lassen sich wie folgt beschreiben:

- Eine Geschäftsrolle repräsentiert fachliche Aufgaben oder Stellenprofile im Unternehmen.

- Jedem Mitarbeiter kann eine Geschäftsrolle oder mehrere Geschäftsrollen zugewiesen werden.

- Geschäftsrollen sind nicht auf ein Anwendungssystem bezogen, sie sind ein unternehmensweites Konzept.

- Geschäftsrollen haben eine Beziehung zu Systemrollen, die die beteiligten Anwendungssysteme bei der Ausübung der Geschäftsrolle reflektieren.

Eine Geschäftsrolle repräsentiert fachliche Aufgaben oder Stellenprofile im Unternehmen, das heißt, sie setzt sich entweder aus exakt definierten Stellenprofilen, die Auskunft über den Aufgabenbereich eines Mitarbeiters geben, oder speziellen fachlichen Aufgaben zusammen. Fachliche Aufgaben sind dabei Tätigkeiten, die sich nicht eindeutig einem Stellenprofil zuordnen lassen, sondern als Querschnittseigenschaft in mehreren Stellenprofilen benötigt werden oder der Spezialisierung dienen. Geschäftsrollen auf Basis fachlicher Aufgaben ergänzen daher die auf Stellenprofilen beruhenden Geschäftsrollen um diese übergreifenden oder spezialisierenden Zugriffsrechte. Ein typisches Beispiel für eine Geschäftsrolle auf Basis einer fachlichen Aufgabe ist die Geschäftsrolle „Mitarbeiter". Diese erlaubt beispielsweise Zugriff auf das Intranet, die Arbeitszeitapplikation und die allgemeine Dateiablage und existiert aufgrund des Querschnittaspekts als eigens ausgeprägte Geschäftsrolle. Jeder Mitarbeiter kann einer oder mehreren Geschäftsrollen zugewiesen sein. Die Menge der Geschäftsrollen eines Mitarbeiters bildet letztlich die Grundlage seiner Berechtigungen in den Anwendungssystemen. Einem Mitarbeiter können mehrere Geschäftsrollen zugeteilt sein, da er zum Beispiel die Geschäftsrolle „Mitarbeiter", aber auch die zu seinem Stellenprofil passende Geschäftsrolle „Kreditbearbeitung" haben kann. Umfasst sein Aufgabenbereich zusätzlich die Gewinnung von neuen Kunden, so kann er auch Inhaber der auf der fachlichen Aufgabe basierenden Geschäftsrolle „Neukundengewinnung" sein. Geschäftsrollen können von anderen Geschäftsrollen erben, das heißt, sie enthalten alle Berechtigungen der vererbenden Geschäftsrolle und ergänzen diese um weitere Zugriffsrechte. Damit kann beispielsweise der Vorgesetzte alle Rechte seiner Mitarbeiter besitzen und zusätzlich noch weitergehende Befugnisse haben. Die Vererbung von Rechten wird im Abschnitt 4.2.1 detaillierter beschrieben. Ein wichtiger Aspekt der Geschäftsrollen ist deren anwendungssystemübergreifende Eigenschaft. Vom fachlichen Blickwinkel ist es unerheblich, welche Anwendungssysteme in welcher Zusammensetzung zur Erfüllung einer Aufgabe verwendet oder benötigt werden. Es zählt vorrangig die effiziente und zeitnahe Erledigung der Aufgaben. Daher reicht es aus, wenn die Mitgliedschaft in einer Geschäftsrolle regelt, welche fachlichen Kompetenzen ein Mitarbeiter generell ausüben darf und zwar unabhängig vom verwendeten Anwendungssystem.

Damit Art und Umfang der fachlichen Berechtigungen einer Geschäftsrolle ersichtlich sind, sind jeder Geschäftsrolle eine oder mehrere sogenannter Geschäftsrollenpolicies zugewiesen, die die der Geschäftsrolle zugrunde liegenden, einzelnen fachlichen Berechtigungen benennen und definieren. Mit Hilfe der Geschäftsrollenpolicies lässt sich ein Abgleich zu *Compliance*-Vorgaben durchführen oder im Rahmen einer Auditierung eine Auswertung der Berechtigungen einer Geschäftsrolle erstellen. Abbildung 4.1 zeigt den Zusammenhang zwischen Anwender (das heißt der digitalen Identität), Geschäftsrolle und Geschäftsrollenpolicy. Im oberen Teil der Abbildung ist Anwender „Chris", Leiter der Kreditberatung im Geschäftsfeld Privatkundengeschäft zu sehen. Ihm sind die Geschäftsrollen „Mitarbeiter" und „Leiter Kreditbearbeitung" zugewiesen. Die jeweils zugeordne-

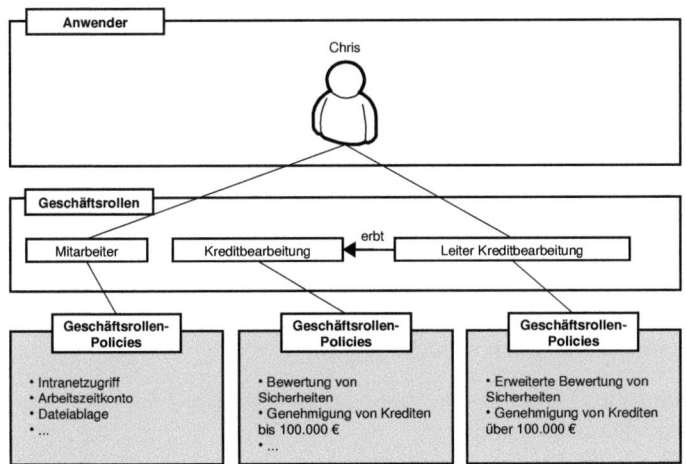

Abbildung 4.1: Zusammenhang zwischen Anwender, Geschäftsrolle und Geschäftsrollenpolicy

ten Geschäftsrollenpolicies beschreiben die fachlichen Berechtigungen, zu denen die Rollenmitgliedschaft berechtigt. Die gesamten Berechtigungen des Anwenders „Chris" setzen sich insgesamt jedoch aus drei Geschäftsrollen zusammen. Die Geschäftsrolle „Leiter Kreditbearbeitung" erbt von der Geschäftsrolle „Kreditbearbeitung" und enthält somit alle Berechtigungen dieser Rolle und erweitert diese Basis um das Recht, Kredite über 100.000 € genehmigen zu dürfen und einen größeren Rahmen zur Bewertung von Sicherheiten zu haben.

## 4.1.2 Systemrollen der IT-Systeme

Ein Anwendungssystem ist „[...] ein System, das Software-Komponenten enthält." (GI-IB). Diese bestehen im weitesten Sinne aus verschiedenen Objekten, auf denen Operationen ausgeführt werden können. Ist ein solches Anwendungssystem für mehrere Anwender verfügbar, benötigt es eine Rechte- und Zugriffsverwaltung. Die kleinste Einheit bildet dabei die sogenannte Berechtigung *(Permission)*, die das Ausführen einer Operation auf ein Objekt gewährt. Diese Berechtigung kann im Sinne der Subjekt-Objekt-Relation (vgl. Abschnitt 2.1.3) dem handelnden Subjekt (also dem Anwender), zugewiesen werden. Mit Veränderungen im Anwendungssystem durch die Beseitigung von Fehlern oder der Einführung neuer Funktionalität, unterliegen jedoch die Berechtigungen und damit ihre Zuteilung einem stetigen Wandel. Die dem Anwender zugewiesenen Berechtigungen müssten daher nach jeder Änderung am System für alle Anwender aktualisiert werden und bedürften gegebenenfalls aufgrund der Rechteänderung des positiven Ausgangs von Freigabeprozessen. Klassische rollenbasierte Ansätze (vgl. Ferraiolo et al., 2001; Sandhu et al., 1996) tragen dieser Problematik Rechnung, indem sie einzelne Berechtigungen in Rollen zusammenfassen und nur die Abstraktionsebene der Rollen eine direkte Verbindung zum Benutzer hat. Im Folgenden wird dieser Ansatz aufgegriffen, jedoch der allgemeine Rollenbegriff vorhandener Ansätze durch das Konstrukt der Systemrolle präzisiert und gegenüber der in Abschnitt 4.1.1 definierten Geschäftsrolle abgegrenzt.

Eine Systemrolle definiert sich wie folgt:

- Systemrollen kapseln Berechtigungen für verwandte Aufgaben innerhalb eines Anwendungssystems.

- Systemrollen werden Geschäftsrollen zugewiesen und haben keine direkte Beziehung zu den Anwendern.

- Systemrollen können gemäß bekannter RBAC-Konzepte (vgl. Ferraiolo et al., 2001) organisiert sein.

Durch die Kapselung von Berechtigungen in Systemrollen ist bei Änderung des Anwendungssystems in der Regel nur eine Anpassung dieser Gruppierung notwendig. Nach außen hin zeigen die Systemrollen damit das gleiche Verhalten, auch wenn sich Systeminterna wie Benennung von Objekten oder Operationen geändert haben oder für Teilbereiche neue Berechtigungen hinzugekommen sind. Systemrollen abstrahieren zwar von den Berechtigungen eines Anwendungssystems, indem sie die zu einem Aufgabengebiet gehörenden Berechtigungen kapseln, sind aber dennoch auf ein Anwendungssystem bezogen und daher eher technischer Natur. Um dies zu verbessern und der Fachabteilung die Verwaltung der Zugriffsrechte zu ermöglichen, werden die Systemrollen anwendungssystemübergreifend in Geschäftsrollen gebündelt. Das heißt, eine oder mehrere Systemrollen werden einer oder mehreren Geschäftsrollen zugewiesen. Dies geschieht über die verschiedenen Anwendungssysteme hinweg, Geschäftsrollen enthalten somit die für ein Aufgabengebiet relevanten Systemrollen verschiedener Anwendungssysteme. Eine direkte Zuweisung der Systemrollen zum Anwender erfolgt nicht, der Zusammenhang besteht nur indirekt über die Beziehung des Anwenders zu den Geschäftsrollen. Innerhalb des Anwendungssystems können die Systemrollen nach bekannten und erprobten RBAC-Konzepten organisiert sein. Dies ermöglicht das Aufsetzen auf bewährten Grundlagen und sichert die Kompatibilität des Ansatzes zu Anwendungssystemen mit bestehender rollenbasierter Zugriffskontrolle.

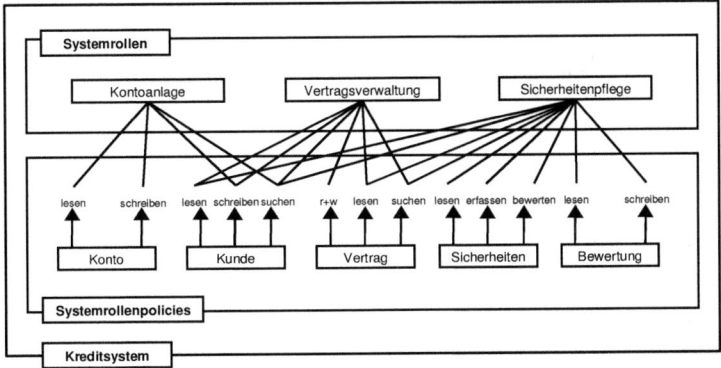

Abbildung 4.2: Zusammenhang zwischen Systemrollen und Berechtigungen

Analog zu den Geschäftsrollen beschreiben die Systemrollenpolicies die konkreten Berechtigungen des Anwendungssystems, die in der Systemrolle zusammengefasst sind. In Abbildung 4.2 ist exemplarisch die Beziehung von Berechtigungen und Systemrollen für ein Kreditsystem dargestellt. Im unteren Teil der Abbildung sind Objekte des Anwendungssystems wie „Kunde" oder „Vertrag" abgebildet. Jedes dieser Objekte bietet verschiedene Operationen wie zum Beispiel „Lesen" oder „Schreiben" an. Das Tupel aus Objekt und Operation ergibt die jeweilige Berechtigung, die anschließend in den Systemrollen – im oberen Bereich der Abbildung – zusammengefasst werden.

## 4.1.3 B&S-RBAC-Metamodell

Nachdem in den beiden vorangegangenen Kapiteln die Geschäfts- und Systemrollen eingeführt wurden, wird in diesem Abschnitt der Zusammenhang beider Rollentypen verdeutlicht. Dazu wird das Metamodell für das Rollenkonzept im Unternehmen, das der Autor unter dem Namen B&S-RBAC (*Business and System Role-Based Access Control*) in (Klarl et al., 2009b) publizierte, vorgestellt.

Betrachtet man die Analyse des Stands der Forschung und Technik (vgl. Abschnitt 3.2) und fasst die vorangegangenen Abschnitte zusammen, so können hauptsächlich zwei Problemfelder identifiziert werden: Auf der Seite des Anwendungssystems existiert eine Vielzahl von Systemrollen, deren starker technischer Bezug sie von der fachlichen Seite loslöst und deren große Anzahl die Verwaltung erschwert. Auf der Fachseite werden Rollen verwendet, um fachliche Aufgaben oder Stellenprofile zu beschreiben, jedoch fehlt dabei die Verbindung zu den darunter

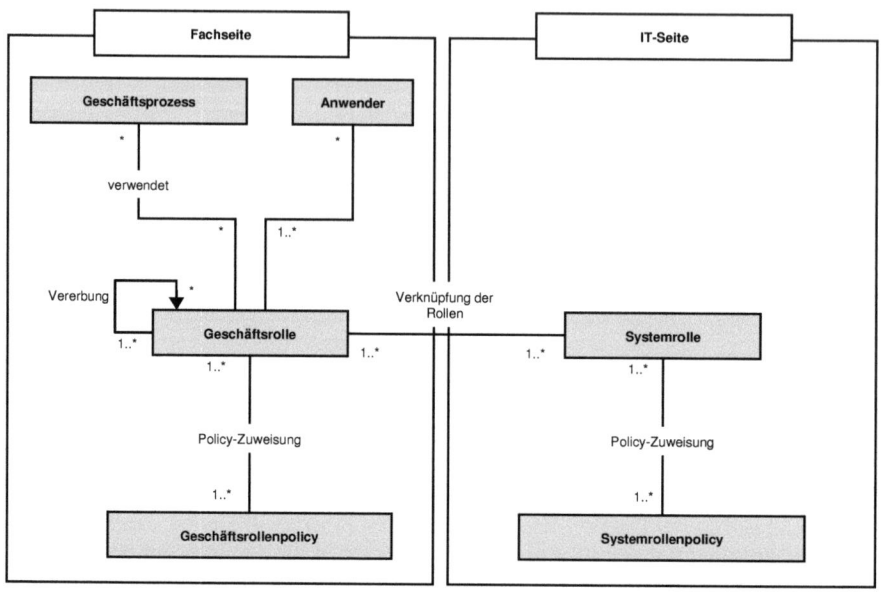

Abbildung 4.3: B&S-RBAC-Metamodell

liegender Anwendungssystemen und deren technischen Systemrollen. Dieses Problem wird durch die Definition von Geschäftsrollen und Systemrollen umgangen: B&S-RBAC erlaubt daher eine umfassende Sicht auf die Gesamtheit der Rollen, die im Unternehmen definiert sind. Damit die Fach- und IT-Seite über ihre Rollen verbunden werden, besteht eine direkte Verbindung zwischen Geschäftsrollen und Systemrollen, die in Abbildung 4.3 dargestellt wird. Diese Verbindung zwischen beiden Seiten ermöglicht die Verwendung beider Rollenbegriffe in ihrem ursprünglichen Kontext, ohne die Verbindung zur Gegenseite zu verlieren. Die Fachseite kann mit den Geschäftsrollen arbeiten, ohne Kenntnis der technischen Interna darunter liegender Anwendungssysteme zu haben. Die IT-Abteilung, als Betreiber der Anwendungssysteme, arbeitet weiterhin mit den Systemrollen, aber kennt durch die Verknüpfung beider Rollen den Geschäftskontext, in dem die Systemrollen Verwendung finden. Der linke Teil der Abbildung 4.3 zeigt die Sicht der Fachseite auf B&S-RBAC. Jedem Anwender ist eine oder mehrere Geschäftsrollen zugewiesen. Zugleich werden die Geschäftsrollen in Geschäftsprozessen verwendet, um auszudrücken, wer berechtigt oder verantwortlich für die Ausführung einer Aktivität ist. Mit jeder Geschäftsrolle sind eine oder mehrere Geschäftsrollenpolicies verknüpft, die die fachlichen Berechtigungen beschreiben. Der IT-zentrische Teil der Anwendungssysteme ist auf der rechten Seite der Abbildung dargestellt. Er zeigt die Systemrollen und ihre Verbindung zu den Systemrollenpolicies, die die Berechtigungen der Anwendungssysteme enthalten. Systemrollen und die darunter liegenden Berechtigungen können gemäß bestehender Ansätze zur rollenbasierten Zugriffskontrolle organisiert sein. Beide Seiten, die linke fachliche Seite und die rechte Seite der IT-Abteilung sind miteinander durch die Relation zwischen Geschäftsrolle und Systemrolle verbunden. Durch die Verbindung zu den Systemrollen hat jede Geschäftsrolle einen Bezug zu den darunter liegenden Anwendungssystemen. Diese einzige Verbindung zwischen den Rollenbegriffen beider Seiten stellt einerseits die Durchgängigkeit der Beziehung sicher und erfüllt andererseits durch die Definition der Relation eine klar beschriebene Trennung zwischen den Belangen der Fach- und der IT-Abteilung.

Die Vorteile von B&S-RBAC werden durch die Abbildungen 4.4 und 4.5 visuell verdeutlicht. Abbildung 4.4 zeigt die Rollenzuweisung klassischer Konzepte. Dem

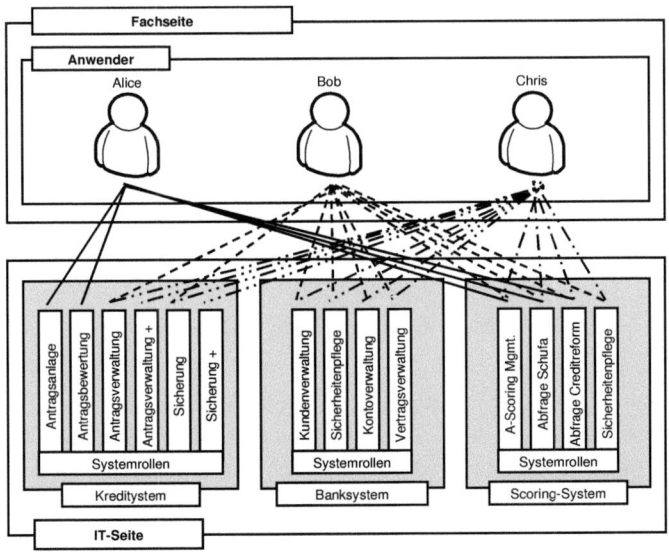

Abbildung 4.4: Klassische Rollenzuweisung

Anwender werden Rollen verschiedener Anwendungssysteme direkt zugewiesen. Viele Zuweisungen sind dabei redundant; „Bob" unterscheidet sich zum Beispiel nur in zwei Rollen von „Chris". Die Komplexität des Ansatzes und die Herausforderungen in Bezug auf Wartung und Verwaltung sind offensichtlich. Mit der Verwendung von B&S-RBAC kann dieses Szenario optimiert werden, was in Abbildung 4.5 dargestellt ist. Durch die Analyse der Beziehungen zwischen Anwender

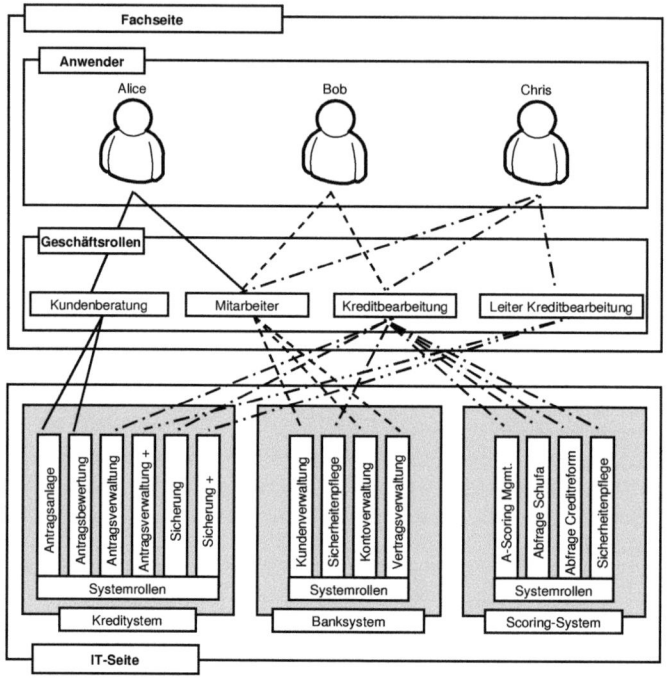

Abbildung 4.5: Rollenzuweisung mit B&S-RBAC

und den Rollen in den Anwendungssystemen mit Hilfe sogenannter *Role-Mining-Verfahren* (vgl. Kuhlmann et al., 2003) können Geschäftsrollen etabliert und die Komplexität der Beziehungen reduziert werden. Im dargestellten Szenario können vier Geschäftsrollen identifiziert werden: „Mitarbeiter", „Kundenberatung", „Kreditbearbeitung", „Leiter Kreditbearbeitung". Diese Geschäftsrollen aggregieren die Systemrollen der Anwendungssysteme zu fachlich motivierten Kombinationen, die dem Anwender direkt zugewiesen werden. Eine direkte Zuweisung der Systemrollen ist daher nicht mehr nötig. Vergleicht man die beiden Abbildungen, ist durch die Verwendung der Geschäftsrollen bereits in diesem einfachen Szenario eine deutliche Komplexitätsreduktion zu erkennen.

In (Molitorisz, 2008) wurde B&S-RBAC auf die IT-Infrastruktur eines Anbieters internetbasierter Schulungen angewandt. Neben dem sogenannten *Role-Mining*, also dem Erstellen und Herausfinden der Zusammenhänge zwischen Geschäfts- rollen und Systemrollen, wurde das Rollenmodell exemplarisch in einem kom- merziellen Produkt, dem *Sun Role Manager* umgesetzt. Die beispielhafte Um- setzung von B&S-RBAC konnte die erwartete Komplexitätsreduktion der Rollen- Benutzer-Beziehung nachweisen.

## 4.1.4 Anwendung in der Geschäftsprozessmodellierung

In Abschnitt 2.2.2 wird auf die Grundlagen der Modellierung von Geschäftspro- zessen eingegangen. Geschäftsprozessmodelle werden von der Fachseite zur Do- kumentation, Auswertung und Optimierung ihrer Abläufe genutzt. Im Idealfall gehen aus einem Geschäftsprozessmodell alle Informationen hervor, um den Ab- lauf des Prozesses ohne weitere Informationen nachvollziehen und durchführen zu können. Verantwortlichkeiten für einzelne Aktivitäten innerhalb des Geschäfts- prozesses lassen sich beispielsweise in der BPMN mit *Swimlane*-Elementen abbil- den. In diesen Modelelementen werden zuständige Bereiche, Abteilungen oder Funktionen innerhalb des Unternehmens, meist als Freitext hinterlegt, was ei- ne automatisierte Auswertung oder Verarbeitung erschwert. Im Rahmen der Ge- schäftsprozessneugestaltung werden die Geschäftsprozesse samt ihrer Verantwort- lichkeitsbereiche umgestaltet und bei Auditierungen wird überprüft, ob die Tren- nung der Verantwortlichkeiten gemäß der für das Unternehmen gültigen *Com- pliance*-Vorschriften umgesetzt worden ist. Allerdings haben die ausführlich er- fassten Geschäftsprozessmodelle durch die nahezu freie Vergabe der Verantwor- tungsbereiche weder einen Bezug zum Rollenmodell des Unternehmens, noch zu den die Aktivitäten umsetzenden Anwendungssystemen. Dies kann sowohl bei der Geschäftsprozessneugestaltung, als auch bei Auditierungen zu Problemen führen, da die vergebenen, frei gewählten Bezeichnungen nur erschwert auszuwerten sind. Mit der Verwendung der in B&S-RBAC definierten Geschäftsrollen innerhalb der Geschäftsprozessmodelle wird diese Lücke geschlossen: Bereits bei der Model- lierung von Geschäftsprozessen können die Verantwortlichkeiten für Aktivitäten auf Basis von Geschäftsrollen ausgedrückt und in den *Lane*-Elementen hinterlegt werden. Durch die im Unternehmen definierten Geschäftsrollen ist somit eindeu- tig festgelegt, welche Zugriffsrechte zur Durchführung einer Aktivität nötig sind. Durch die Beziehung zwischen Geschäftsrollen und Anwender wird bestimmt, wer die Aktivität durchführen darf. Der Geschäftsprozess existiert nicht mehr losgelöst auf der fachlichen Seite, sondern wird dadurch ein Stück mehr zum Ausgangsmo- dell für einen durchgehenden, modellgetriebenen Softwareentwicklungsprozess, der mit den fachlichen Modellen beginnt, die bereits eine Beziehungen zu den

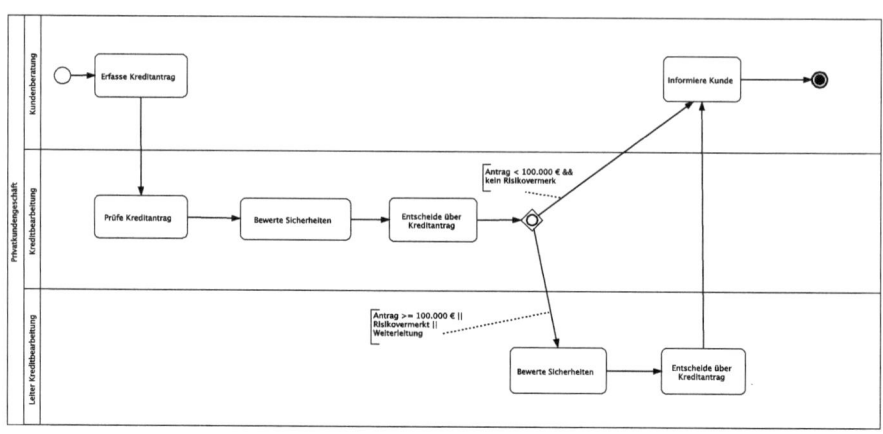

Abbildung 4.6: Geschäftsrollen im Geschäftsprozess zur Kreditvergabe

Modellen und Anwendungssystemen der IT-Seite haben.

Abbildung 4.6 zeigt einen exemplarischen Geschäftsprozess zur Kreditvergabe. Im Zuge der Bearbeitung des Kreditantrags können die drei verschiedenen Geschäftsrollen involviert sein: „Kundenberatung", „Kreditbearbeitung" und „Leiter Kreditbearbeitung". Jede der definierten Geschäftsrollen ist im Geschäftsprozessmodell mit dem sogenannten *Lane*-Element realisiert. Die in der jeweiligen *Lane* befindlichen Aktivitäten können nur vom Inhaber der jeweiligen Geschäftsrolle ausgeführt werden. Wird der fachlich modellierte Geschäftsprozess implementiert und in einem Anwendungssystem umgesetzt, ist für die den Geschäftsprozess implementierende IT-Abteilung ersichtlich, welche Zugriffsrechte für die einzelnen Aktivitäten nötig sind. Die in der Abbildung erfassten Geschäftsrollen sind mit dem Bezug zu ihren Systemrollen und Anwendungssystemen bereits in Abbildung 4.5 dargestellt.

## 4.2 Aufbau und Umfeld des Rollenkonzepts

Die Anforderungen an ein Rollenkonzept im Unternehmen wachsen mit dessen Verwendung. Die in den vorhergehenden Abschnitten vorgestellte Trennung von Geschäfts- und Systemrollen vereinfacht zwar die Anwendung rollenbasierter Zugriffskontrolle, kann aber in verschiedenen Bereichen noch anwenderfreundlicher und leichter handhabbar gestaltet werden. In den folgenden Abschnitten werden deshalb drei Erweiterungen des Basiskonzepts diskutiert.

## 4.2.1 Vererbung von Rechten

Oftmals unterscheiden sich die Aufgabenbereiche verschiedener Anwender nur im Detail. Da mit dem Konzept von B&S-RBAC verschiedene Aufgabenbereiche durch Geschäftsrollen repräsentiert werden, führen die unterschiedlichen Nuancen der Aufgabenbereiche zu neuen, im Wesentlichen ähnlichen Geschäftsrollen. Diese hätten nahezu die selben Eigenschaften und unterschieden sich auch nur in einigen wenigen Geschäftsrollenpolicies, die zur Abbildung der zusätzlichen Zugriffsrechte nötig wären. Im Bereich der objektorientierten Programmierung hat sich zur Abbildung von Generalisierungen und Spezialisierungen das Konzept der Vererbung etabliert. Dabei werden die Eigenschaften des verallgemeinerten Objekts vererbt, das erbende Objekt führt die Spezialisierung durch und ergänzt die fehlenden Eigenschaften. Dieses Konzept kann auch sinnvoll für Geschäftsrollen angewandt werden. Es führt zu Einsparungen von Verwaltungsarbeit, wenn sich die fachlichen Basisrechte einer Geschäftsrolle ändern, da die Änderungen durch die Vererbung sogleich in allen erbenden Geschäftsrollen aktualisiert werden.

Die Vererbung von Rechten einer Geschäftsrolle ermöglicht der erbenden Geschäftsrolle die Übernahme aller in der Geschäftsrolle vorhandenen Zugriffsrechte, also der Geschäftsrollenpolicies. Am Beispiel der Rollen „Kreditbearbeitung" und „Leiter Kreditbearbeitung" sind die Vorteile des Konzept der Vererbung in Abbildung 4.1 verdeutlicht. Der Unterschied zwischen den beiden Geschäftsrollen liegt in der unterschiedlichen Genehmigungsbefugnis, abhängig von der Höhe des Kreditvolumens. Während Mitglieder der Geschäftsrolle „Kreditbearbeitung" Kredite bis maximal 100.000 € genehmigen dürfen, dürfen Mitglieder der Geschäftsrolle „Leiter Kreditbearbeitung" Kredite auch über dieser Grenze genehmigen. Ansonsten benötigen sie dieselben Zugriffsrechte wie die Kreditsachbearbeiter, da sie mit demselben Aufgabenfeld betraut sind. Es bietet sich an, die Geschäftsrolle „Leiter Kreditbearbeitung" von der Geschäftsrolle „Kreditbearbeitung" erben zu lassen und nur die zusätzlich benötigten Zugriffsrechte zu ergänzen. Findet eine Änderung des Umfangs der Geschäftsrolle „Kreditbearbeitung" statt, wird die Änderung automatisch für die davon erbenden Geschäftsrollen vollzogen. Bei einer größeren Anzahl von Rollen führt dies zu einer signifikanten Reduktion der Administrationsarbeit und zur Vermeidung von Redundanzen.

Von erbenden Geschäftsrollen kann natürlich wieder geerbt werden, was letztlich zu einer Bildung von Rollenhierarchien führt. Innerhalb von Rollenhierarchien kann eine Vererbung einer einzelnen hinzugefügten Geschäftsrollenpolicy auf einer Zwischenebene innerhalb der Hierarchie unerwünscht sein. In diesem Fall muss die Vererbung unterbunden werden können. Der Rechteumfang einer Geschäftsrolle wird durch die Menge ihrer Geschäftsrollenpolicies bestimmt. Eine

Vererbung einzelner Geschäftsrollenpolicies kann durch die Attribuierung dieser verhindert werden. Dafür kann ein Attribut zur Verhinderung der Vererbung wie beispielsweise „*block policy inheritance*" angelegt und auf den booleschen Wert „wahr" gesetzt werden (vgl. Molitorisz, 2008). Dies gilt für alle Geschäftsrollenpolicies der Geschäftsrollen sowie für alle hinzugefügten Geschäftsrollenpolicies in der jeweils erbenden Geschäftsrolle.

Ein Vererbungsmechanismus ist prinzipiell auch für Systemrollen möglich und wird beispielsweise für NIST RBAC vorgestellt (vgl. Ferraiolo et al., 2001). Da sich vorliegende Arbeit jedoch vorwiegend auf die Schnittstelle zwischen IT- und Fachbereich konzentriert, liegt eine weitergehende Darstellung des Vererbungskonzepts für Systemrollen außerhalb des Fokus.

## 4.2.2 Separation of Duties

Unternehmensinterne Regeln oder *Compliance*-Vorgaben können einen wechselseitigen Ausschluss, die sogenannte *Separation of Duties (SoD)* von Rollen erfordern. Dies ist immer dann der Fall, wenn die Ausübung zweier Tätigkeiten nicht miteinander vereinbar ist. In der Bankendomäne ist dies zum Beispiel das Genehmigen und das Auszahlen eines Kredits. Um Missbrauch zu verhindern, müssen diese beiden Tätigkeiten von unterschiedlichen Personen ausgeführt werden; so kann sich kein Mitarbeiter einen Kredit selbst genehmigen und zugleich auszahlen. Die SoD lässt sich in zwei Bereiche einteilen: der statischen SoD und der dynamischen SoD. Im Folgenden wird die Anwendung beider Einschränkungen in Bezug auf Geschäftsrollen betrachtet. Die Anwendung von SoD auf Systemrollen wurde bereits in Arbeiten klassischer RBAC-Konzepte (vgl. Ferraiolo et al., 2001) aufgegriffen und wird an dieser Stelle nicht behandelt.

### 4.2.2.1 Statische Separation of Duties

Bei der statischen *Separation of Duties* wird bereits zum Zeitpunkt der Administration, also bei der Zuweisung einer Geschäftsrolle, geprüft, ob dadurch eine Forderung zum wechselseitige Ausschluss zu bereits zugewiesenen Geschäftsrollen verletzt wird. Ist dies nicht der Fall, können sie gleichzeitig dem Anwender zugewiesen werden. Geschäftsrollen können sich auf zweierlei Arten gegenseitig ausschließen:

- Zwei Geschäftsrollen schließen sich aus fachlichen Gründen aus.

- Zwei Geschäftsrollen schließen sich aufgrund eines Ausschlusses der ihnen zugeordneten Systemrollen aus.

Der erste Fall wird von der Fachseite definiert, wenn aus fachlichen Gründen die gleichzeitige Mitgliedschaft in Geschäftsrollen nicht zulässig ist. Als Beispiel kann das eingangs erwähnte Szenario von Genehmigung und Auszahlung eines Kreditantrags angeführt werden. Beim zweiten Fall schließen sich die Geschäftsrollen an sich nicht aus, die Verletzung der SoD-Einschränkung tritt erst auf Ebene der Systemrollen auf, die mit den Geschäftsrollen über die Geschäftsrollenpolicies verbunden sind. In diesem Fall führt innerhalb eines Anwendungssystems die Mitgliedschaft in zwei Systemrollen zu einem Konflikt, was sich in einem wechselseitigen Ausschluss auf Ebene der Geschäftsrollen widerspiegelt.

Da Vorgaben zur *Separation of Duties* bereits im Rollenmodell abbildbar sind, lässt sich die Einhaltung solcher Vorgaben durch *Compliance*-Anforderungen bereits auf Ebene des ausgeprägten Rollenmodells automatisiert überprüfen. Gegenüber einer manuellen oder teilautomatisierten Prüfung der effektiven, in den Anwendungssystemen oder der Zugriffskontrollinfrastruktur vorhandenen Zugriffsberechtigungen, stellt dies sowohl einen quantitativ, da Zeit sparenden, als auch einen qualitativ, aufgrund der Vollständigkeit und Korrektheit des Modells, vorteilhaften Ansatz dar.

### 4.2.2.2 Dynamische Separation of Duties

Die Einschränkungen bei statischer *Separation of Duties* werden unmittelbar zum Zeitpunkt der Zuteilung der Geschäftsrollen wirksam. Oftmals ist die Anforderung nach einer wechselseitigen Einschränkung jedoch auf den Kontext bezogen, in dem die Ausübung der Geschäftsrolle wirksam wird. Anhand des bereits angeführten Beispiels, der Kreditgenehmigung, lässt sich dies verdeutlichen: Die fachliche Anforderung, die am Beginn des Abschnittes vorgestellt worden ist, besagt nicht zwangsläufig die generelle Trennung der Geschäftsrollen zur Genehmigung und Auszahlung eines Kredites, sie fordert lediglich eine Trennung dieser beiden Aufgaben in Bezug auf den selben Kontext, also bezogen auf den selben Kreditantrag. Ein Bankangestellter kann folglich Inhaber beider Geschäftsrollen sein, so lange er beide Geschäftsrollen nicht gleichzeitig im selben Kontext, das heißt für den selben Kreditantrag ausführt. Diese Kontextabhängigkeit ist nur realisierbar, wenn der Kontext der Handlungen, die ein Anwender getätigt hat, vorliegt. Dies funktioniert innerhalb eines Anwendungssystems, denn sowohl die Systemrollen, als auch der Kontext, in dem sie angewandt wurden, ist bekannt und kann gespeichert oder ausgewertet werden. Bei den anwendungssystemübergreifenden Geschäftsrollen fehlt jedoch die zentrale Instanz des Anwendungssystems, die Informationen über die ausgeführten Geschäftsrollen im jeweiligen Kontext hat und speichert. Die Problematik kann dadurch umgangen werden, wenn zur Speiche-

rung des Kontexts die digitale Identität herangezogen wird, in der die ausgeüb-
ten Geschäftsrollen kontextspezifisch abgelegt werden. Damit ein solcher Ansatz
funktioniert, müsste eine einheitliche Definition des Kontexts vorhanden sein, die
von allen Anwendungssystemen des Unternehmens durchgängig umgesetzt wird.
In den heterogenen Anwendungssystemen stellt dies die IT vor erhebliche Herausforderungen, da eine dynamische SoD selbst innerhalb von bestehenden Anwendungssystemen aufgrund der Komplexität nicht vollständig umgesetzt ist. B&S-
RBAC verzichtet daher auf die Umsetzung der dynamischen SoD und nutzt stattdessen die Möglichkeiten der statischen SoD. Anforderungen an den dynamischen
wechselseitigen Ausschluss können allerdings innerhalb des Anwendungssystems
für Systemrollen umgesetzt werden.

## 4.2.3 Generische Rollen

Eine einfache Verwaltung trägt wesentlich zur Akzeptanz und Beherrschbarkeit eines Rollenkonzepts bei. Mit der Möglichkeit der Vererbung (vgl. Abschnitt 4.2.1)
wurde der Verwaltungs- und Pflegeaufwand von einander ähnlichen Geschäftsrollen bereits verringert, jedoch ist die Vererbung von Rollen immer mit der Bildung
einer Hierarchie verknüpft. Für Rollen, die sich auf der gleichen Ebene befinden,
entstehen dadurch keine Vorteile. Dies ist zum Beispiel der Fall, wenn Geschäftsrollen ein Stellenprofil verkörpern, das in verschiedenen Bereichen eines Unternehmens eingesetzt wird. Beispielsweise unterscheidet sich die Geschäftsrolle eines Kundenberaters eines in Regionen aufgeteilten Unternehmens nicht in Bezug
auf den Umfang der erlaubten Tätigkeiten, sondern nur in Bezug auf den Bereich
innerhalb des Unternehmens, in dem diese Tätigkeiten erlaubt sind, wie beispielsweise nur in der Region, in der der Mitarbeiter eingesetzt ist. Dies kann als Attribut
in der digitalen Identität hinterlegt sein. Mit Hilfe von generischen Geschäftsrollen
lässt sich dieser Sachverhalt adäquat abbilden. Generische Geschäftsrollen bestehen dabei aus einer Menge von ähnlichen Geschäftsrollen, die durch ein Attribut
unterscheidbar sind. Wird eine generische Geschäftsrolle zugewiesen, so wird in
Abhängigkeit eines Attributs der digitalen Identität des Anwenders die zum Attribut passende Geschäftsrolle aus der generischen Geschäftsrolle, also der Menge
der Geschäftsrollen, ausgewählt. Abbildung 4.7 visualisiert die generische Geschäftsrolle „Kreditbearbeitung", die abhängig von der Organisationseinheit (als
Attribut „ou" der digitalen Identität) vergeben wird. Generische Geschäftsrollen
werden zum Zeitpunkt der Zuteilung in die entsprechenden Geschäftsrollen aufgelöst. Einem Anwender kann somit niemals direkt eine generische Geschäftsrolle
zugewiesen werden.

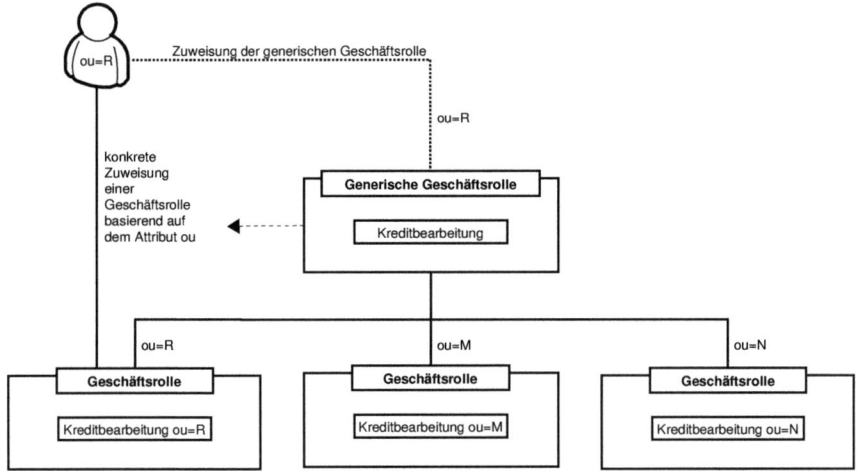

Abbildung 4.7: Zusammenhang zwischen generischen Geschäftsrollen und Geschäftsrollen

# 4.3 Zusammenfassung

In den vorangegangenen Abschnitten wurde B&S-RBAC, ein Rollenkonzept für den Einsatz im Unternehmen beschrieben. Es vereint die Anforderungen der Fachseite sowie der IT-Seite in einem Modell und baut dazu auf bewährten Ansätzen auf. Ziel war es, das Konzept allgemeingültig zu gestalten (A 1.1), um keine Restriktionen in Bezug auf die Aufbauorganisation oder Fachdomäne des Unternehmens zu schaffen. Deshalb enthält B&S-RBAC die Basisidee der unternehmensweiten, rollenbasierten Zugriffskontrolle, ohne Spezifika bestimmter Organisationsformen auszuprägen. Um von den technischen Details bestehender Rollenkonzepte zu abstrahieren, wurden Geschäftsrollen eingeführt, die Stellenprofile oder fachliche Aufgaben eines Mitarbeiters repräsentieren und dadurch verständlich und beherrschbar für die Fachabteilung sind (A 1.2). Im Zuge dessen wurde die Definition des Rollenbegriffs vorgenommen. Das Modell unterscheidet zwischen zwei verschiedenen Rollentypen: Geschäftsrollen werden durch die Fachabteilung genutzt, deren fachlicher Kontext darin abgebildet ist. Systemrollen werden innerhalb der Anwendungssysteme verwendet, sie sind technischer Natur und werden durch die IT-Abteilung verwaltet. Die eindeutige Begriffsbestimmung stellt die Verwendung des Rollenbegriffs auf eine eindeutige Basis (A 2.1) und bildet dadurch die Grundlage für einen unternehmensweiten Einsatz. In Anbetracht der

fachlichen Sichtweise auf die Geschäftsrollen wurden diese anwendungssystemübergreifend definiert (A 2.2), da fachliche Aufgaben zu ihrer Umsetzung oder Bearbeitung der Nutzung mehrerer Anwendungssysteme bedürfen können, was sich
letztlich im Rollenkonzept niederschlägt. Ansätze zur rollenbasierten Zugriffskontrolle existieren schon eine geraume Zeit und wurden bereits im Stand der Forschung und Technik (vgl. Abschnitt 3.2) behandelt. Da einige bestehende Anwendungssysteme auf diesen Konzepten zur Zugriffskontrolle basieren und sich diese
Konzepte auf einzelnen Anwendungssystemen bewährt haben, ermöglicht B&S-
RBAC die Nutzung dieser Lösungen weiterhin. Die Systemrollen können daher
auf Basis verschiedener Ansätze der rollenbasierten Zugriffskontrolle organisiert
sein (A 2.3), da sie über die Verbindung zu Geschäftsrollen eine klare Schnittstelle
aufweisen. Durch die Definition und Einordnung der Geschäftsrolle wurde deren Nutzung in der Geschäftsprozessmodellierung ermöglicht. Die Akteure, denen
in bisherigen Geschäftsprozessmodellen Aktivitäten zur Durchführung zugeordnet
wurden, sind durch das vorgestellte Konzept mittels Geschäftsrollen definiert und
können nun eindeutig bestimmt werden (A 2.4). Durch die Beziehung von Geschäftsrollen und Systemrollen ist bereits auf Ebene der Geschäftsprozessmodelle ein erster Bezug zu den sie unterstützenden Anwendungssystemen geschaffen.
Dies bildet die Grundlage für einen modellgetriebenen Entwicklungsprozess, der
die automatisierte Auflösung fachlicher Geschäftsrollen in technische Systemrollen ermöglicht. In Abschnitt 4.2 wurden abschließend Mechanismen beschrieben,
die den Einsatz und die Verwaltung des Rollenkonzepts erleichtern. Die Vererbung von Rechten dient dabei der Vereinfachung innerhalb der Rollenhierarchie,
während generische Rollen auf derselben Ebene ansetzen und die Attribute der digitalen Identität zur Vereinfachung der Administration bei der Zuweisung von Geschäftsrollen mit einbeziehen. Durch den wechselseitigen Ausschluss von Rollen
(*Separation of Duties*), können die Vorgaben von Gesetzen und Regularien umgesetzt und eine ordnungsgemäße Anwendung des Rollenkonzepts gewährleistet
werden.

# 5 Modellierung von sicheren Geschäftsprozessen

Die Modellierung von Geschäftsprozessen ist in modernen Unternehmen weit verbreitet (vgl. Weske, 2007, S. 39 ff., Barros et al., 2009). Die fachlichen Geschäftsprozessmodelle bilden die Grundlage für die Geschäftsprozessoptimierung und dienen als Blaupause für deren Umsetzung in den Anwendungssystemen des Unternehmens. Das Wissen und die Anforderungen der Fachabteilung werden in den Geschäftsprozessmodellen festgehalten. Sie beinhalten sowohl die fachlichen Aspekte, als auch querschnittliche Eigenschaften wie zum Beispiel Anforderungen an die Zugriffskontrolle. Die Zugriffskontrolle wird maßgeblich von gesetzlichen Vorschriften oder fachlichen Anforderungen geprägt; nicht jeder Mitarbeiter darf daher alle Aktivitäten eines Geschäftsprozesses ausführen. Die mit Informationen zur Zugriffskontrolle angereicherten Geschäftsprozessmodelle bilden den Ausgangspunkt für einen modellgetriebenen Entwicklungsprozess, an dessen Ende konkrete Zugriffskontrollpolicies stehen, die zur Absicherung der die Geschäftsprozesse umsetzenden Anwendungssysteme verwendet werden. Auf Basis der im Abschnitt 1.2 definierten Ziele und der daraus abgeleiteten Anforderungen im Abschnitt 3.1 wird in diesem Kapitel ein Konzept zur Modellierung sicherer Geschäftsprozesse vorgestellt. Es stellt dar wie einerseits Zugriffskontrollpolicies beschrieben, modelliert und in Geschäftsprozessmodelle der BPMN integriert werden können und zeigt andererseits das Umfeld, bestehend aus den verschiedenen Rollen, Artefakten und Werkzeugen, das für die Absicherung eines Geschäftsprozesses benötigt wird, auf.

## 5.1 Abbildung von Zugriffskontrollinformationen

Mit der zunehmenden Verbreitung der Modellierung von Geschäftsprozessen entstanden verschiedene Forschungsarbeiten, die Geschäftsprozessmodelle zur Abbildung von Zugriffskontrollinformationen nutzten. Vergleicht man die Resultate dieser Arbeiten mit den Anforderungen an solche Ansätze – insbesondere im Hinblick auf die Beteiligung der Fachabteilung –, so weisen diese einige Defizite und Schwächen auf, die bereits im Stand der Forschung und Technik im Abschnitt 3.3

diskutiert wurden.

Die verschiedenen Fachabteilungen des Unternehmens sind in der Lage ihre Geschäftsprozesse als Modelle abzubilden. Dazu haben sich verschiedene Notationen wie *Business Process Modeling Notation (BPMN)*, UML Aktivitätsdiagramme oder *Ereignisgesteuerte Prozessketten (EPK)* etabliert (vgl. Abschnitt 2.2.2). Neben den fachlichen Anforderungen soll die Fachabteilung in die Lage versetzt werden, Anforderungen in Bezug auf die Zugriffskontrolle in den Geschäftsprozessmodellen zu hinterlegen (A 3.1). Die Verwendung, beziehungsweise Erweiterung bestehender und bewährter Notationen verspricht eine größere Akzeptanz in der Fachabteilung als die Schaffung neuer Notationen, da bestehende Modelle weiterhin verwendet werden können und erlerntes Wissen der Mitarbeiter zur Anwendung der Modellierungsnotation nicht verloren geht. Die Voraussetzung dafür ist jedoch, die jeweilige Notation leichtgewichtig, das heißt über ihren standardisierten Erweiterungsmechanismus zu erweitern (A 3.3), damit die Kompatibilität zur ursprünglichen Version gewährleistet ist. Die mit Informationen zur Zugriffskontrolle angereicherten Geschäftsprozessmodelle sollen nicht nur der Anforderungsdokumentation dienen, sondern den Ausgangspunkt für einen modellgetriebenen Softwareentwicklungsprozess bilden, in dessen Verlauf zunächst plattformunabhängige Zugriffskontrollpolicies und schließlich plattformspezifische Zugriffskontrollpolicies für ein bestimmtes Produkt erzeugt werden (A 3.2). Im Rahmen dieser Arbeit wird exemplarisch die BPMN gewählt und damit ihrer Verbreitung in den Fachabteilungen der Unternehmen Rechnung getragen (vgl. Barros et al., 2009). Die nachfolgend vorgestellten Konzepte sind jedoch unabhängig von der BPMN und können daher leicht auf andere Notationen übertragen werden, was beispielsweise in eigenen Vorarbeiten mit den Aktivitätsdiagrammen der UML (vgl. Klarl et al., 2008, 2009c) gezeigt wurde. In den folgenden Abschnitten wird zuerst das Metamodell zur Abbildung von Zugriffskontrollinformationen vorgestellt und die Bedeutung der einzelnen Elemente erklärt. Im Anschluss daran werden die Bestandteile des Metamodells in die BPMN eingebettet und die visuelle Modellierung von Zugriffskontrollpolicies vorgestellt.

## 5.1.1 Metamodell der Zugriffskontrollinformationen

Bevor Zugriffskontrollinformationen formuliert werden können, müssen deren Elemente und deren Zusammenhang definiert werden. Mit einem Metamodell (vgl. Abschnitt 2.3.3) kann eine domänenspezifische Sprache für Zugriffskontrollinformationen beschrieben werden. Das Metamodell für Zugriffskontrollinformationen basiert auf dem in (Emig et al., 2007) vorgestelltem Metamodell zur Zugriffskontrolle in *webserviceorientierten Architekturen (WSOA)*. Der Schwerpunkt des

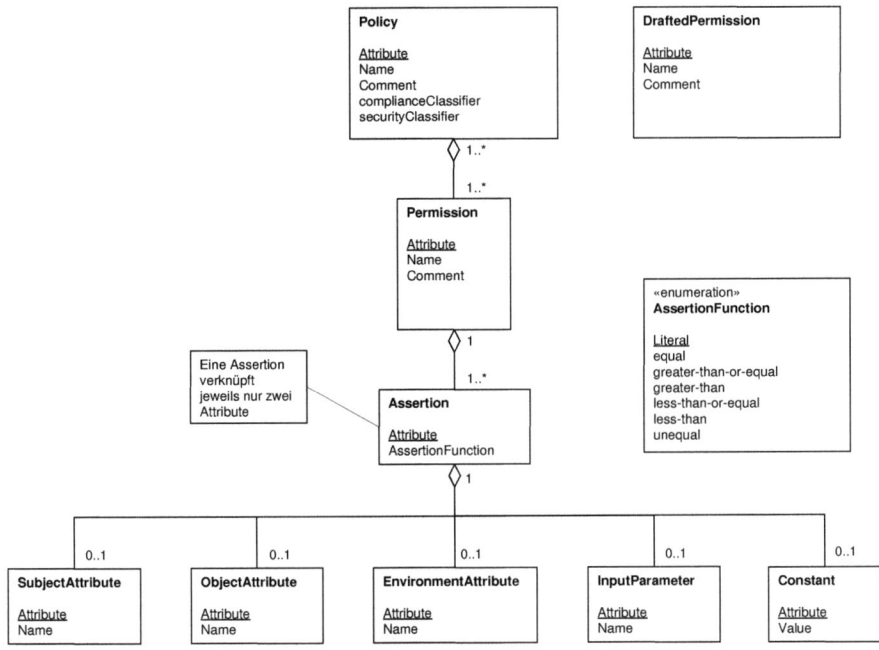

Abbildung 5.1: Metamodell der Zugriffskontrollinformationen

WSOA-Metamodells ist die Modellierung von Zugriffskontrollpolicies für einzelne Webservices und die daraus modellgetriebene Erzeugung plattformspezifischer Zugriffskontrollpolicies. Im Rahmen dieser Arbeit werden WSOA-spezifische Elemente nicht übernommen, dafür jedoch neue Elemente eingeführt, die die Abbildung formalisierter und teilformalisierter Zugriffskontrollinformationen der Fachabteilung ermöglichen. Das Metamodell enthält ausschließlich Elemente zur Formulierung von Zugriffskontrollanforderungen und Zugriffskontrollpolicies und ist daher unabhängig von bestimmten Notationen der Geschäftsprozessmodellierung. Abbildung 5.1 zeigt das Metamodell, dessen Bestandteile nachfolgend erörtert werden.

Das Element *Policy* entspricht einer vollständig formalisierten Zugriffskontrollpolicy. Um größte Flexibilität im Hinblick auf die Wiederverwendung zu besitzen, setzt sich eine *Policy* disjunkt aus *Permission*-Elementen zusammen. Die Attribute *complianceClassifier* und *securityClassifier* ermöglichen eine Einordnung der *Policy* in die *Compliance*- und Sicherheitsvorgaben der jeweiligen Organisation, um beispielsweise Auditierungsmaßnahmen oder das Erzeugen von Berichten zu erleichtern. Eine *Permission* gewährt den Zugriff für genau einen Kontext, zum Beispiel den Zugriff des Subjekts „Chris" auf das Vertragsobjekt des Kontos „011235813", wenn der Zugriff innerhalb des Intranets erfolgt. Muss der Zugriff für mehrere Kontexte erlaubt werden, so wird dies durch die disjunkte Verwendung mehrerer *Permission*-Elemente in einer *Policy* möglich. Eine *Permission* besteht selbst aus der UND-Verknüpfung einer oder mehrerer *Assertion*-Elemente. Diese verknüpfen *SubjectAttribute*, *ObjectAttribute*, *EnvironmentAttribute*, *Input-Parameter* und *Constant* mit Hilfe der *AssertionFunction* zu paarweisen Gleichungen oder Ungleichungen. Eine *Assertion* gewährt als positive Aussage ausschließlich Zugriff. Dadurch muss jede Zugriffserlaubnis dediziert formuliert werden. Eine grundsätzliche Zugriffsfreigabe mit Negation einzelner unerwünschter Zugriffe ist in diesem Modell nicht vorgesehen und aus Gründen der Sicherheit nicht sinnvoll, da die vollständige Erfassung der Menge aller unerwünschten Zugriffe nur schwer durchführbar ist. In Erweiterung zum Modell für die Zugriffskontrolle in webserviceorientierten Architekturen (vgl. Emig et al., 2007) wird das Objekt, auf das der Zugriff erlaubt werden soll, mittels seiner Attribute beschrieben und ist daher nicht nur auf Dienste der webserviceorientierten Architektur eingeschränkt. Im Geschäftsobjektverzeichnis definierte Geschäftsobjekte erleichtern dabei die Auswahl der relevanten Objektattribute erheblich (vgl. Abschnitt 5.2.3). Das zugreifende Subjekt wird mittels des *SubjectAttribute*-Elements beschrieben, dazu können die Attribute der digitalen Identität (vgl. Abschnitt 2.1.1) verwendet werden. Informationen zum aktuellen Systemzustand – wie zum Beispiel Datum und Uhrzeit – werden mit dem *EnvironmentAttribute* beschrieben, während *InputParameter* Eingabedaten, zum Beispiel die innerhalb einer Aktivität bearbeiteten Geschäftsobjekte, genauer spezifiziert. Für Vergleiche mit einem festen Wert steht *Constant* zur Verfügung.

Das Element *DraftedPermission* beinhaltet Zugriffskontrollanforderungen, die nicht formalisiert, beziehungsweise noch nicht vollständig ausgearbeitet sind. Innerhalb der *DraftedPermission* kann auf *Policy*-Elemente verwiesen werden, die beispielsweise ähnliche Anforderungen abdecken, jedoch in bestimmten Punkten angepasst werden müssen. Mit der *DraftedPermission* erhält die Fachabteilung die Möglichkeit, vorhandenes Wissen abzubilden, das im Anschluss durch einen Sicherheitsarchitekten überarbeitet und in eine *Policy*, beziehungsweise deren Bestandteile, den *Permission*-Elementen überführt werden kann.

Die Tabelle 5.1 fasst die einzelnen Elemente des Metamodells zusammen.

| Name | *DraftedPermission* |
|---|---|
| Beschreibung | Die Zugriffskontrollanforderung einer *DraftedPermission* ist nicht formalisiert und bedarf immer einer Überarbeitung mit dem Ziel der Überführung in eine *Policy*, beziehungsweise deren Bestandteile, den *Permission*-Elementen. |
| Name | *Policy* |
| Beschreibung | Eine vollständig formalisierte Zugriffskontrollpolicy wird durch eine *Policy* repräsentiert. Eine *Policy* beinhaltet ein oder mehrere disjunkt verknüpfte *Permission*-Elemente. Sie dient somit als Container für diese Elemente und erlaubt auf einfache Art und Weise deren Wiederverwendung in anderen *Policy*-Elementen. |
| Name | *Permission* |
| Beschreibung | Eine *Permission* gewährt Zugriff für einen bestimmten Kontext und enthält eine oder mehrere *Assertion*-Elemente. Sollen verschiedene Zugriffskontexte beschrieben werden, sind mehrere *Permission*-Elemente nötig. |
| Name | *Assertion* |
| Beschreibung | Eine *Assertion* verknüpft *SubjectAttribute*, *ObjectAttribute*, *EnvironmentAttribute*, *InputParameter* und *Constant* mit Hilfe der *AssertionFunction*. Eine *Assertion* gewährt als positive Aussage ausschließlich Zugriff. |
| Name | *SubjectAttribute* |
| Beschreibung | Das *SubjectAttribute* beschreibt das zugreifende Subjekt mit Hilfe seiner Attribute. Im Falle eines Anwenders kann das ein Attribut der digitalen Identität sein. |
| Name | *ObjectAttribute* |
| Beschreibung | Das zugegriffene Objekt wird mit Hilfe seiner Attribute beschrieben. Für typische Geschäftsobjekte sind diese unternehmensweit im Geschäftsobjektverzeichnis festgelegt. |

Tabelle 5.1: Elemente des Metamodells für Zugriffskontrollinformationen

| Name | *EnvironmentAttribute* |
|---|---|
| Beschreibung | *EnvironmentAttribute*-Elemente beschreiben die Umgebung oder den Kontext des Zugriffs. Typische *EnvironmentAttribute*-Elemente sind Datum und Uhrzeit oder die Unterscheidung, ob der Zugriff aus dem Intranet oder Internet erfolgt. |
| Name | *InputParameter* |
| Beschreibung | Das Element *InputParameter* spezifiziert ein Eingabedatum, zum Beispiel die innerhalb einer Aktivität bearbeiteten Geschäftsobjekte. |
| Name | *Constant* |
| Beschreibung | *Constant* ist ein konstanter Wert, der innerhalb von *Assertion*-Elementen in Gleichungen oder Ungleichungen eingesetzt wird. |

Tabelle 5.1: Elemente des Metamodells für Zugriffskontrollinformationen

## 5.1.2 IdM-BPMN – Erweiterung der BPMN

Im vorangegangenen Abschnitt wurde das Metamodell der Zugriffskontrollinformationen eingeführt. In diesem Abschnitt wird das Metamodell[1] der BPMN erweitert, um im Geschäftsprozessmodell die Modellierung von Zugriffskontrollpolicies zu ermöglichen. Die um die Abbildung von Zugriffskontrollinformationen erweiterte Notation wird als IdM-BPMN bezeichnet. Dabei ist die beschriebene Erweiterung kompatibel zum Erweiterungsmechanismus der zukünftigen Version BPMN 2.0 (vgl. OMG, 2009a, S. 46 ff.). Eine so geartete Erweiterung wurde durch den Autor bereits für die UML Aktivitätsdiagramme in (Klarl et al., 2008, 2009c) vorgestellt.

Abbildung 5.2 stellt IdM-BPMN, das erweiterte Metamodell der BPMN dar. Es umfasst vier zusätzliche, auf Basis von bestehenden Elementen erweiterte Elemente, sowie die Elemente *Policy* und *DraftedPermission*, die die Schnittstelle zum Metamodell der Zugriffskontrollinformationen (vgl. Abschnitt 5.1.1) bilden. Zur optischen Verdeutlichung sind die neu hinzugekommenen Elemente eingefärbt. Das Element *Task* der BPMN wird zur *IdMTask* erweitert. Mit den Attributen

---

[1]In der aktuellen Spezifikation der BPMN 1.2 (vgl. OMG, 2009b) ist kein Metamodell definiert. Im Anhang der Spezifikation ist allerdings der Zusammenhang der einzelnen Elemente in Klassendiagrammen dargestellt. Diese Klassendiagramme werden im Rahmen dieser Arbeit als Basis verwendet, den Aufbau der BPMN darzustellen und die erweiterten Elemente hinzuzufügen.

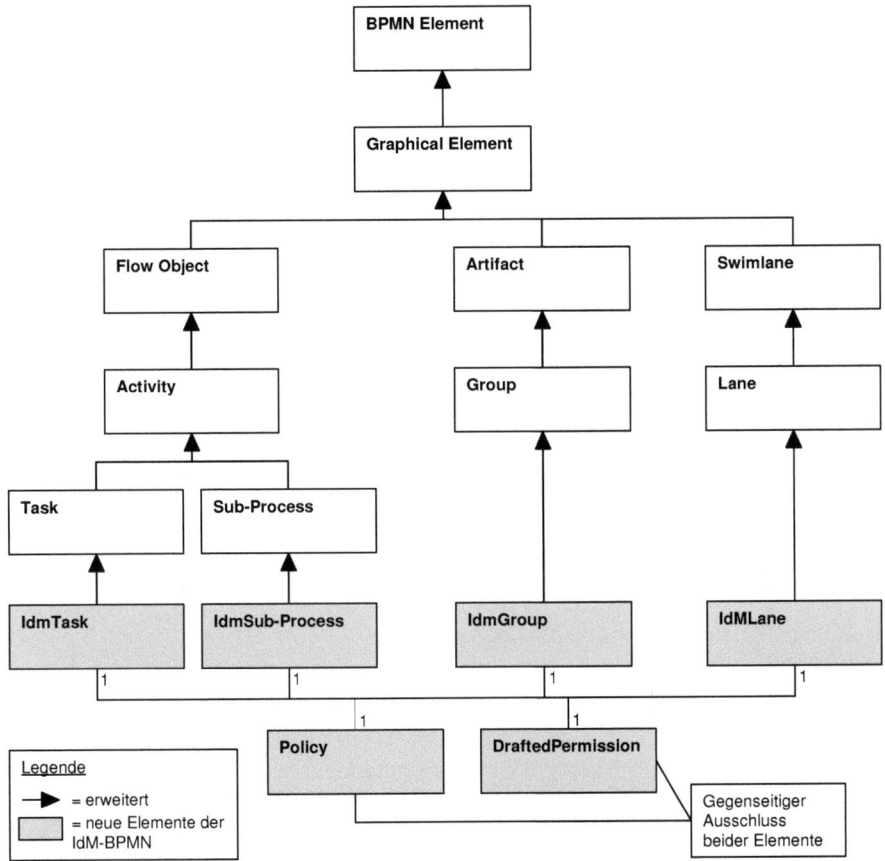

Abbildung 5.2: IdM-BPMN - Erweitertes Metamodell der BPMN

*complianceClassifier* und *securityClassifier* kann ein direkter Bezug zu den *Compliance-* und Sicherheitsvorgaben des Unternehmens geschaffen werden. Das gleiche gilt für die Erweiterung des BPMN-Elements *Sub-Process*, das zum *IdMSub-Process* erweitert wird. Es wird dabei allerdings nicht die Zugriffskontrolle innerhalb der Unterprozesse definiert, sondern nur festgelegt, wer den Unterprozess aufrufen darf. Mit den beiden Elementen können innerhalb des Geschäftsprozessmodells Zugriffskontrollinformationen verknüpft werden. Mit dem Element *IdM-Lane*, welches das bestehende *Lane*-Element der BPMN erweitert, lassen sich Zu-

griffskontrollanforderungen und Zugriffskontrollpolicies gleich für einen ganzen
Bereich zuweisen. Zusätzlich wird über die Auswertung des *Lane*-Namens die zur
Ausführung benötigte Geschäftsrolle (vgl. Abschnitt 4.1.1) als *SubjectAttribute*
für alle in der *IdMLane* liegenden *IdMTask*- oder *IdMSub-Process*-Elemente verwendet. Für *Pool*-Elemente wurde keine Erweiterung vorgenommen, da diese in
der Regel andere Unternehmen oder eigene Prozesse beschreiben (vgl. Abschnitt
2.2.2.1) und daher die Zugriffskontrolle selbst innerhalb der Geschäftsprozessmodelle definieren. Das Element *Group* wird zur *IdMGroup* erweitert. Die Gruppie-
rungsfunktion des Elements bleibt davon unberührt, allerdings lassen sich mit Hilfe der *IdMGroup* allen innen liegenden *IdMTask*- oder *IdMSub-Process*-Elementen
die der *IdMGroup* zugeordneten Zugriffskontrollinformationen zuweisen. Formlose Zugriffskontrollanforderungen können allen erweiterten Elemente als *Drafted-
Permission* angehängt werden. Die Fachabteilung ist daher tatsächlich in der Lage,
eine Zugriffskontrollanforderung, die sie nicht formal, sondern nur in natürlicher
Sprache ausdrücken kann, mit einer Aktivität innerhalb des Geschäftsprozesses zu
verknüpfen. Falls die Fachabteilung einzelne Zugriffskontrollpolicies ausdrücken
kann oder bestehende Zugriffskontrollpolicies wiederverwendet, so kann sie mittels des *Policy*-Elements diese den erweiterten Elementen des Geschäftsprozessmodells zuweisen. Die Elemente des Metamodells der IdM-BPMN werden zur
besseren Übersicht in Tabelle 5.2 dargestellt.

| Name | **IdMTask** |
|---|---|
| Beschreibung | Für diese Aktivität ist eine Zugriffskontrolle nötig. Die Sicherheitsklassifizierung kann in den Attributen *complianceClassifier* und *securityClassifier* beschrieben werden. |
| Einschränkung | Eine *IdMTask* darf maximal eine *Policy* oder null oder mehrere *DraftedPermission*-Elemente zugeordnet sein. |
| Name | **IdMSub-Process** |
| Beschreibung | Für diese Aktivität ist eine Zugriffskontrolle nötig. Die Sicherheitsklassifizierung kann in den Attributen *complianceClassifier* und *securityClassifier* beschrieben werden. |
| Einschränkung | Ein *IdMSub-Process* darf maximal eine *Policy* oder null oder mehrere *DraftedPermission*-Elemente besitzen. |

Tabelle 5.2: Elemente des erweiterten Metamodells der BPMN

| Name | *IdMLane* |
|---|---|
| Beschreibung | Dient zur Abbildung des organisatorischen Rollenmodells (vgl. Abschnitt 4.1.1). Für den Zugriff auf Aktivitäten innerhalb der *IdMLane* muss das zugreifende Subjekt Inhaber der Geschäftsrolle sein, die durch die *IdMLane* spezifiziert wird. Allen in der *IdMLane* befindlichen *IdMGroup-*, *IdMTask-* oder *IdMSub-Process*-Elementen kann über die *IdMLane* eine *Policy* oder null oder mehrere *DraftedPermission*-Elemente zugewiesen werden. |
| Einschränkung | Befinden sich mit *Policy* versehene *IdMGroup-*, *IdMTask-* oder *IdMSub-Process*-Elemente in der *IdMLane*-Partition, so muss die in der *IdMLane* definierte Geschäftsrolle mit der jeweiligen Rolle in den Subjektattributen der entsprechenden *Policy* der einzelnen Elemente übereinstimmen. Ist eine *IdMGroup*, *IdMTask* oder ein *IdMSub-Process* in einer *IdMLane*, so darf nur entweder dem *IdMTask*, beziehungsweise dem *IdMSub-Process* oder der *IdMLane* eine *Policy* zugewiesen sein. |
| Name | *IdMGroup* |
| Beschreibung | Dient zur Gruppierung mehrerer *IdMGroup-*, *IdMTask-* oder *IdMSub-Process*-Elemente. Wird der *IdMGroup* maximal eine *Policy* oder null oder mehrere *DraftedPermission*-Elemente zugewiesen, gelten diese auch für die darin liegenden *IdMGroup-*, *IdMTask-* und *IdMSub-Process*-Elemente. |
| Einschränkung | Eine *IdMGroup* darf maximal eine *Policy* oder null oder mehrere *DraftedPermission*-Elemente besitzen. Enthält eine *IdMGroup IdMGroup-*, *IdMTask-* oder *IdMSub-Process*-Elemente, so darf entweder der *IdMGroup* oder innen liegenden Elementen, also der *IdMGroup*, *IdMTask*, beziehungsweise dem *IdMSub-Process*, eine *Policy* zugewiesen sein. |

Tabelle 5.2: Elemente des erweiterten Metamodells der BPMN

Dem jeweiligen Unternehmen obliegt, in welchem Ausmaß IdM-BPMN eingesetzt wird. Ist das Ziel, einen modellgetriebenen Softwareentwicklungsprozess zu ermöglichen, ist es ratsam, die erweiterten Elemente umfassend einzusetzen. Es kann aber durchaus nur ein Teil der zur Verfügung stehenden Elemente verwendet werden, zum Beispiel wenn der Einsatzzweck nicht über die initiale Erfassung von Zugriffskontrollinformationen in Spezifikationsdokumenten hinausgeht und sich keine modellgetriebene Erzeugung von Zugriffskontrollinformationen anschließt. Fertl nutzte beispielsweise IdM-BPMN zur Spezifikation von Supportprozessen im Umfeld der Benutzerbetreuung eines Rechenzentrums (vgl. Fertl, 2009). Dabei annotiert er die einzelnen Aktivitäten des Prozesses mit Zugriffskontrollinformationen, um auf Basis dieser Spezifikation die Zugriffskontrollpolicies für den *Novell Access Manager* manuell zu erzeugen.

Damit eine werkzeuggestützte Verwendung von IdM-BPMN möglich ist, wurde diese in einem Editor, dem IdM-BPMN-Modellierungswerkzeug integriert, das in Abschnitt 5.2.3 beschrieben wird.

### 5.1.3 Visuelle Modellierung von Zugriffskontrollpolicies

Mit der Erweiterung IdM-BPMN wird die Modellierung von Geschäftsprozessen mit Zugriffskontrollinformationen ermöglicht. Diese können entweder nicht-formalisierte Zugriffskontrollanforderungen – also *DraftedPermission*-Elemente im Metamodell der Zugriffskontrollinformationen – oder formalisierte Zugriffskontrollpolicies, das heißt *Policy*-Elemente sein. Bei der Formulierung von Zugriffskontrollanforderungen ist keine besondere Hilfestellung für die Fachabteilung nötig, da diese in formloser, natürlicher Sprache erfasst werden können. Die korrekte Gestaltung von Zugriffskontrollpolicies erfordert allerdings Kenntnis der Syntax von IdM-BPMN und der erlaubten Attributwerte, was bei Mitarbeitern der Fachabteilung nicht pauschal vorausgesetzt werden kann. Zu deren Unterstützung können daher Zugriffskontrollpolicies auch visuell mit einem geeigneten Editor formuliert werden. Dabei wird die Verschachtelung der einzelnen Elemente innerhalb eines *Policy*-Elements visuell dargestellt. Abbildung 5.3 zeigt eine beispielhafte Policy, anhand derer die Werkzeugunterstützung erklärt wird. Das *Policy*-Element enthält verschiedene *Permission*-Elemente, die via *Drag and Drop* aus der linken Werkzeugleiste in das *Policy*-Element gezogen werden können. Da *Permission*-Elemente selbst aus verschiedenen *Assertion*-Elementen bestehen, können diese ebenfalls in die Arbeitsfläche gezogen werden. Der Editor stellt dabei die syntaktisch korrekte Anordnung der Elemente sicher. Innerhalb der *Assertion* können zwei Attribute mit Gleichungs- oder Ungleichungsoperationen in Relation gesetzt werden. Es kann sowohl das links-, als auch das rechtsseitige Attribut, sowie die Relation zwischen beiden bestimmt werden. Die Eingabe des Attributwerts obliegt dem Anwender. Dieser kann gültige Werte in verschiedenen Verzeichnissen (vgl. Abschnitt 5.2.3) nachschlagen. Die modellierten Zugriffskontrollpolicies

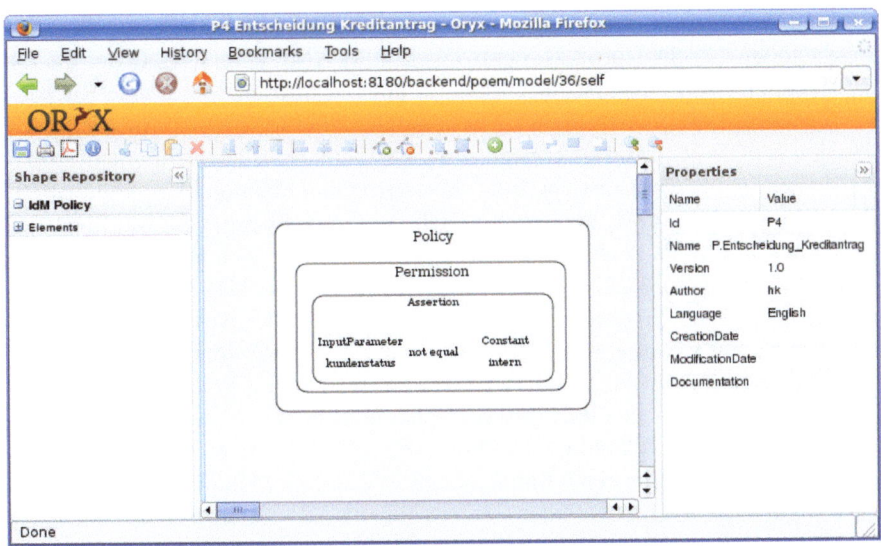

Abbildung 5.3: Visuelle Darstellung eines Policy-Elements

können innerhalb des Editors abgespeichert und anschließend im abgesicherten Geschäftsprozess referenziert werden.

Die visuelle Modellierung von Zugriffskontrollinformationen findet im gleichen Werkzeug wie die Modellierung des Geschäftsprozesses statt (vgl. hierzu das IdM-BPMN-Modellierungswerkzeug im Abschnitt 5.2.3). Die im Rahmen dieser Arbeit verwendete Implementierung (vgl. Marmé, 2009) basiert auf dem browserbasierten Editor *Oryx* (vgl. HPI, 2009), der als *Open Source*-Software für eigene Zwecke angepasst werden kann.

## 5.1.4  XML-Repräsentation des abgesicherten Geschäftsprozesses

Die Modellierung von Zugriffskontrollinformationen in Geschäftsprozessmodellen hat einen modellgetriebenen Softwareentwicklungsprozess zur Erzeugung produktspezifischer Zugriffskontrollinformationen zum Ziel. Das Metamodell für Zugriffskontrollpolicies in Abschnitt 5.1.1 ist unabhängig von bestimmten Modellierungsnotationen und wird exemplarisch in Abschnitt 5.1.2 auf die BPMN angewandt. Damit der modellgetriebene Ansatz flexibel in Bezug auf das zur Modellierung eingesetzte Werkzeug ist, wurde IdM-XML als Repräsentation eines abgesicherten Geschäftsprozesses entwickelt. IdM-XML enthält dabei nur die für die Erzeugung von Zugriffskontrollpolicies nötigen Informationen, eine Rückabbildung auf den Geschäftsprozess ist nicht möglich. Für IdM-XML wird die XML-Notation (vgl. W3C, 2006a) verwendet, da XML einerseits leicht automatisiert zu verarbeiten und andererseits der volle Wortschatz des Metamodells abbildbar ist. Mit Hilfe von IdM-XML können abgesicherte Geschäftsprozesse verschiedener Notationen in diesem Austauschformat abgelegt werden. Am Beispiel der UML wurde dies in (Klarl et al., 2009c) nachgewiesen und für IdM-BPMN wird dies in der vorliegenden Arbeit dargestellt. Die Verwendung des Austauschformats ermöglicht die Entwicklung von Transformatoren für die Transformation in plattformunabhängige Zugriffskontrollpolicies wie beispielsweise WSACML, ohne die Transformatoren für jede Geschäftsprozessnotation anpassen zu müssen. Mit Hilfe einer XML-Schema-Definition (XSD) (vgl. W3C, 2004) wird IdM-XML formal spezifiziert. Die einzelnen Elemente des erweiterten Metamodells der BPMN müssen auf IdM-XML abgebildet werden. Tabelle 5.3 gibt einen Überblick über die verwendeten Abbildungsregeln und Quellcode 5.1 zeigt einen Ausschnitt aus der XML-Schema-Definition von IdM-XML.

```
<?xml version="1.0" encoding="UTF-8"?>
<schema xmlns="http://www.w3.org/2001/XMLSchema"
    targetNamespace="http://www.klarl.eu/IdM-XML-Schema"
    elementFormDefault="qualified">
<!-- ... -->
  <complexType name="SecureBusinessProcessType">
    <sequence>
      <element name="policy" type="PolicyType"
          maxOccurs="unbounded" minOccurs="0"/>
      <element name="draftedPermission" type="string"
          maxOccurs="unbounded" minOccurs="0"/>
      <!-- ... -->
      <element name="idmAction" type="IdmActionType"
          maxOccurs="unbounded" minOccurs="0"/>
      <!-- ... -->
    </sequence>
  </complexType>
  <element name="SecureBusinessProcess"
      type="SecureBusinessProcessType"/>
<!-- ... -->
</schema>
```

Quellcode 5.1: Ausschnitt aus der XML-Schema-Definition von IdM-XML

| BPMN-Element/-Attribut | IdM-XML-Element/-Attribut |
|---|---|
| BusinessProcessDiagram | SecureBusinessProcess |
| IdMTask | IdMAction |
| IdMTask.name | IdMAction.name |
| IdMTask.securityClassifier | IdMAction.securityClassifier |
| IdMTask.complianceClassifier | IdMAction.complianceClassifier |
| IdMTask.policyReference | IdMAction.policyLink |
| IdMSub-Process.name | IdMSub-Process.name |
| IdMSub-Process.securityClassifier | IdMSub-Process.securityClassifier |
| IdMSub-Process.complianceClassifier | IdMSub-Process.complianceClassifier |
| IdMSub-Process.policyReference | IdMSub-Process.policyLink |
| IdMLane | IdMRole |
| IdMLane.name | IdMRole.name |
| IdMLane.policyReference | IdMRole.policyReference |
| IdMGroup | IdMActivityGroup |
| IdMGroup.name | IdMActivityGroup.name |
| IdMGroup.policyReference | IdMActivityGroup.policyReference |

Tabelle 5.3: Abbildung von BPMN-Elementen auf IdM-XML-Elemente

## 5.2 Umfeld zur modellgetriebenen Absicherung eines Geschäftsprozesses

In den vorangegangenen Abschnitten wurden die Grundlagen zur Absicherung eines Geschäftsprozesses geschaffen. Mit dem Metamodell der Zugriffskontrollinformationen ist die Formulierung von gültigen Zugriffskontrollanforderungen und Zugriffskontrollpolicies möglich und durch die Erweiterung der BPMN zur IdM-BPMN steht eine etablierte Geschäftsprozessnotation zur Verfügung, um abgesicherte Geschäftsprozesse in Modellen zu beschreiben. Dieser Abschnitt beschreibt das für die modellgetriebene Absicherung eines Geschäftsprozesses nötige Umfeld, das übersichtsartig in (Klarl et al., 2009a) publiziert wurde. Ausgehend von den beteiligten Akteuren und ihren Rollen werden die benötigten und erzeugten Artefakte beschrieben, um mit einer Darstellung der verwendeten Werkzeuge und Verzeichnisse zu enden. In Kapitel 6 werden anschließend die Rollen, Artefakte und Werkzeuge in Relation zu den Phasen des Softwareentwicklungsprozesses gesetzt.

## 5.2.1 Beteiligte Rollen und ihre Aufgaben

Bei der Absicherung eines Geschäftsprozesses sind wie in jedem Softwareentwicklungsprojekt verschiedene Akteure beteiligt. Analog zum klassischen Softwareentwicklungsprozess (vgl. Frick, 1995) gliedert sich das Vorgehen auch in diesem Fall in die vier Phasen Analyse, Design, Implementierung und Deployment. Jede dieser Phasen hat ihre eigenen Akteure, die sich von den Aufgaben, aber auch in Bezug auf die benötigten Fähigkeiten unterscheiden. Insgesamt betrachtet, lassen sich alle Tätigkeiten den folgenden fünf Rollen zuordnen:

- Prozessverantwortlicher

- Businessanalyst

- Sicherheitsarchitekt

- Sicherheitsentwickler

- Sicherheitsadministrator

Während in der allgemeinen Softwareentwicklung eine Begriffsbildung stattgefunden hat (vgl. Firesmith und Henderson-Sellers, 2002, S. 85 ff.), ist in der Domäne des Identitätsmanagements keine feste, das heißt wissenschaftlich geprägte Terminologie der Rollen vorhanden. Allerdings lassen sich die Rollen in ihren grundsätzlichen Eigenschaften von den in der Softwareentwicklung bekannten Rollen ableiten, was auch den Erfahrungen des Autors aus verschiedenen Praxisprojekten entspricht. Die Einteilung der Rollen stellt dabei keine Abgrenzung dar, sondern dient nur der Klassifikation abgrenzbarer Tätigkeiten. Im Projektalltag kann eine Person Inhaber mehrerer Rollen sein oder einzelne Aufgaben der Rollen auch anders verteilt sein. Nachfolgend werden die beteiligten Rollen beschrieben. Dabei wird bereits eine Verknüpfung zu den Artefakten oder Werkzeugen, die erst in den nachfolgenden Abschnitten erwähnt werden, hergestellt.

### 5.2.1.1 Prozessverantwortlicher

Der Prozessverantwortliche trägt die fachliche Verantwortung für den Geschäftsprozess und wird meist durch eine Organisationseinheit und nicht notwendigerweise durch eine einzige Person repräsentiert. Sein Hauptinteresse liegt darin, das ihm übertragene Geschäftsfeld durch die Verwendung des Geschäftsprozesses zu unterstützen, um dadurch fachliche Ziele erreichen zu können. In der Regel kommen daher Verbesserungsvorschläge oder neue Anforderungen an den Geschäftsprozess von seiner Seite. Der Prozessverantwortliche hat ein tiefes Verständnis der fachlichen Aspekte des Geschäftsprozesses und kennt die gesetzlichen und unternehmenseigenen Vorschriften, die bei der Ausführung des Geschäftsprozesses einzuhalten sind. Er ist in der Lage zu definieren, wer unter welchen Umständen einzelne Aktivitäten innerhalb des Geschäftsprozesses ausführen darf. Dieses Wissen ist für die Formulierung von Anforderungen an die Zugriffskontrolle unerlässlich.

### 5.2.1.2 Businessanalyst

Das Bindeglied zwischen der Fach- und der IT-Seite stellt der Businessanalyst dar. Diese Funktion wird auch als Domänenexperte oder Domänenanalytiker bezeichnet, da er aufgrund seines Domänenwissens in der Lage ist, Anforderungen an das zu entwickelnde System zu erkennen und zu beschreiben (vgl. Stahl et al., 2007, S. 343 ff.). Er hat Erfahrung und Methodenkenntnisse auf dem Gebiet der Modellierung von Geschäftsprozessen und kann bewerten, welche fachlichen Anforderungen mit Hilfe der Anwendungssysteme umgesetzt werden können. Ein tiefes Verständnis der Fachdomäne mit ihren Anforderungen und Eigenarten versetzt ihn in die Lage zur Problemlösung, wobei er fähig ist, sowohl den fachlichen als auch den IT-Blickwinkel einzunehmen. Seine Aufgabe ist die Modellierung der Geschäftsprozesse mit Zugriffskontrollinformationen, die er in enger Abstimmung mit dem Prozessverantwortlichen durchführt (vgl. OMG, 2009b, S. 284). Ergänzend dazu hat er Kenntnisse über den fachlichen Bereich der Zugriffskontrolle und wirkt deshalb als Sicherheitsanalyst (vgl. Firesmith und Henderson-Sellers, 2002, S. 89) für die fachlichen Belange.

### 5.2.1.3 Sicherheitsarchitekt

Der Sicherheitsarchitekt ist auf IT-Sicherheits-Architekturen spezialisiert. Wie der Softwarearchitekt (vgl. Ludewig und Lichter, 2007, S. 72 f.; Posch et al., 2007, S. 27 ff.) ist er für die Struktur und Umsetzung der Zugriffskontrollinfrastruktur verantwortlich (vgl. Firesmith und Henderson-Sellers, 2002, S. 87). Er beherrscht die Domäne des Identitätsmanagements und die Modellierung und Prüfung von Zugriffskontrollpolicies und nimmt in Bezug auf die Architektur der Zugriffskontrollinfrastruktur die Aufgabe des Sicherheitanalysten (vgl. Firesmith und Henderson-Sellers, 2002, S. 89) wahr. Sein Aufgabenfeld entspricht dem des Domänenexperten mit dedizierter Erfahrung auf dem Gebiet der Domänenanalyse, der die Anforderungen an die Domäne aufgreift und ausdrücken kann, sowie des Domänenarchitekten, der für die Definition und Realisierung der Architektur verantwortlich ist (vgl. Stahl et al., 2007, S. 343 ff.). Zu seinen Tätigkeiten zählt, die nicht-formalisierten *DraftedPermission*-Elemente zu verstehen, um sie anschließend in vollständig formalisierte *Policy*-Elemente, beziehungsweise *Permission*-Elemente, zu überführen. Bestehenden *Policy*-Elemente überprüft er zuvor auf Korrektheit. Er prüft, ob die Zuordnung von Zugriffskontrollpolicies zu den Aktivitäten innerhalb des Geschäftsprozesses vollständig und korrekt ist und führt bei fehlerhafter Konzeption Korrekturmaßnahmen durch. Bei Unklarheiten hält er dazu Rücksprache mit dem Businessanalysten oder dem Prozessverantwortlichen.

### 5.2.1.4 Sicherheitsentwickler

Der Sicherheitsentwickler ist ein Experte in der Implementierung von plattformspezifischen Zugriffskontrollpolicies (vgl. Firesmith und Henderson-Sellers, 2002, S. 89) und wirkt daher analog zur Rolle des Softwareentwicklers im Softwareentwicklungsprozess (vgl. Ludewig und Lichter, 2007, S. 72 f.). Er verantwortet die modellgetriebene Erzeugung von WSACML-Policies auf Basis der *Policy*-Elemente des abgesicherten Geschäftsprozesses und verwendet dafür den PE2-WSACML-Transformator. Das Auflösen von Warn- und Fehlermeldungen während des Transformationsprozesses liegt in seinem Aufgabenbereich. Damit die Anwendungssysteme letztlich mit einem Standardprodukt geschützt werden können, erzeugt er aus den WSACML-Policies plattformspezifische Zugriffskontrollpolicies mit Hilfe des WSACML2PSSP-Transformators. Er ist für die Abbildung des Plattformmodells sowie die Erzeugung des plattformspezifischen Codes verantwortlich und entwickelt die benötigten Transformationsregeln und Transformatoren für den modellgetriebenen Softwareentwicklungsprozess. Nach der Rollendefinition von Stahl et al. vereint er daher die Rollen Plattformentwickler und Transformationsentwickler (vgl. Stahl et al., 2007, S. 343 ff.).

### 5.2.1.5 Sicherheitsadministrator

Der Sicherheitsadministrator ist für den Betrieb der Zugriffskontrollinfrastruktur des Unternehmens verantwortlich. Er kümmert sich um die Überwachung der Systeme, um die Installation und Wartung der eingesetzten Produkte und um das Deployment und die Aktualisierung von Zugriffskontrollpolicies. Treten Probleme innerhalb der Sicherheitsinfrastruktur auf, obliegt es ihm, diese zu lösen. Daher muss er das fehlerfreie Deployment von Zugriffskontrollpolicies sowie deren Verteilung durch geeignete Maßnahmen zur Qualitätssicherung sicherstellen.

## 5.2.2 Benötigte und erzeugte Artefakte

Die verschiedenen Phasen des Softwareentwicklungsprozesses benötigen jeweils Eingabeartefakte, damit diese verarbeitet beziehungsweise bearbeitet werden können, um schließlich Ausgabeartefakte zu erzeugen. In diesem Abschnitt werden die nötigen Artefakte, die im Umfeld der modellgetriebenen Absicherung eines Geschäftsprozesses anfallen, beschrieben und nachfolgend angeführt:

- *DraftedPermission*

- *Policy*

- WSACML-Policy

- plattformspezifische Zugriffskontrollpolicy

- Geschäftsprozess mit Zugriffskontrollinformationen

- Abgesicherter Geschäftsprozess

Die angeführten Artefakte werden durch die im Abschnitt 5.2.1 angeführten Akteure und der Verwendung der im Abschnitt 5.2.3 vorgestellten Werkzeuge erzeugt, beziehungsweise bearbeitet.

### 5.2.2.1 DraftedPermission

Die Zugriffskontrollanforderung wurde als Element *DraftedPermission* im Metamodell der Zugriffskontrollinformationen in Abschnitt 5.1 eingeführt und steht als Element zur Modellierung in der IdM-BPMN zur Verfügung. Die *DraftedPermission* beinhaltet Anforderungen an die Zugriffskontrolle, die nicht formalisiert oder sogar unvollständig sind. Es ermöglicht der Fachabteilung, das heißt dem Prozessverantwortlichen oder dem Businessanalysten, ihre Anforderungen an die Zugriffskontrolle in Prosa auszudrücken, die anschließend durch den Sicherheitsarchitekten ausgewertet, wenn nötig ergänzt und in vollständig formale *Policy*- und *Permission*-Elemente überführt werden. Abbildung 5.4 zeigt eine exemplarische Zugriffskontrollanforderung im IdM-BPMN-Modellierungswerkzeug.

### 5.2.2.2 Policy

Im Gegensatz zur *DraftedPermission* enthält die Zugriffskontrollpolicy, die durch das *Policy*-Element repräsentiert wird, vollständig formalisierte Aussagen zur Zugriffskontrolle und wurde in Abschnitt 5.1 eingeführt. Für jede *Policy* kann mittels eines Klassifikators ihre *Compliance*- und Sicherheitseigenschaften beschrieben

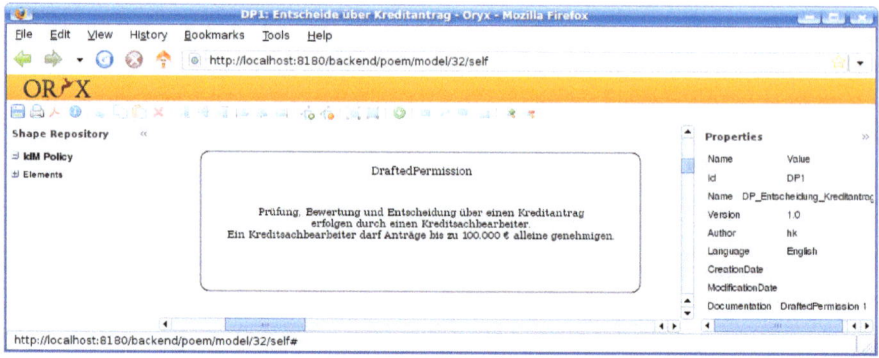

Abbildung 5.4: DraftedPermission innerhalb des IdM-BPMN-Modellierungswerkzeugs

werden, was ihre Handhabung vereinfacht, da dadurch zum Beispiel eine Verbindung zu Sicherheitsvorschriften oder gesetzlichen Bestimmungen hergestellt werden kann. *Policy*-Elemente sind wiederverwendbar; es ist möglich, sie erneut anzuwenden, wenn sie in einem wiederkehrenden Kontext in einem anderen Geschäftsprozess passen. Quellcode 5.2 zeigt eine exemplarische Zugriffskontrollpolicy im
IdM-XML-Format.

```xml
<!-- ... -->
  <permission name="Kreditbearbeitung Leiter">
    <assertion assertionFunction="not equal">
      <subjectAttribute value="akteur.id" />
      <inputParameter value="kreditantrag.kunde.kundennummer" />
    </assertion>
    <!-- ... -->
  </permission>
  <!-- ... -->
  <policy name="/model/35">
    <permissionLink permissionName="Kreditbearbeitung Leiter" />
  </policy>
<!-- ... -->
```

Quellcode 5.2: Ausschnitt aus einer Policy in IdM-XML

### 5.2.2.3 WSACML-Policy

Eine WSACML-Policy basiert auf dem Metamodell für die Zugriffskontrolle in webserviceorientierten Architekturen (vgl. Emig et al., 2007) und wurde in Abschnitt 3.3.6 eingeführt. WSACML beschreibt Zugriffskontrollpolicies für webserviceorientierte Architekturen auf der plattformunabhängigen Ebene; das heißt, sie enthalten bereits technisch detaillierte Informationen, sind aber noch immer losgelöst von der eigentlichen Plattform, – sowohl vom verwendeten Applikationsserver, als auch vom eingesetzten Zugriffskontrollprodukt – auf der sie eingesetzt werden. Während *Policy*-Elemente die Absicherung des Geschäftsprozesses auf der Ebene des Domänenmodells beschreiben, sind WSACML-Policies eine Ebene detaillierter. Sie enthalten bereits Informationen zu den Serviceoperationen, die die einzelnen Aktivitäten des Geschäftsprozesses umsetzen.

### 5.2.2.4 Plattformspezifische Zugriffskontrollpolicy

Plattformspezifische Zugriffskontrollpolicies können direkt in einem Produkt für die Zugriffskontrolle eingesetzt werden. Dabei ist es unerheblich, ob eine Eigenentwicklung die plattformspezifischen Zugriffskontrollpolicies verwendet oder ob diese in Kaufprodukten, sogenannten *Commercial off-the-shelf*-Produkten eingesetzt werden. Die plattformspezifischen Zugriffskontrollpolicies sind im Vokabular des Produktes formuliert, das proprietär auf das Produkt zugeschnitten, aber auch standardisiert wie beispielsweise XACML (vgl. OASIS, 2005) sein kann.

### 5.2.2.5 Geschäftsprozess mit Zugriffskontrollinformationen

Der Geschäftsprozess mit Zugriffskontrollinformationen wird mit der IdM-BPMN-Notation modelliert. Er steht zu Beginn des Entwicklungsprozesses, ist aber noch nicht vollständig abgesichert. Der Geschäftsprozess mit Zugriffskontrollinformationen kann bereits formalisierte *Policy*-Elemente beinhalten, ist aber jedoch auch noch mit *DraftedPermission*-Elementen versehen, die Zugriffskontrollanforderungen in Prosa enthalten. Diese werden in einer späteren Phase manuell in *Policy*- und *Permission*-Elemente und somit in formalisierte Zugriffskontrollpolicies überführt.

### 5.2.2.6 Abgesicherter Geschäftsprozess

Der abgesicherte Geschäftsprozess ist mit der IdM-BPMN-Notation modelliert, repräsentiert den fachlichen Geschäftsprozess und enthält ausschließlich formalisierte *Policy*-Elemente. Er wird auf Basis des Geschäftsprozesses mit Zugriffskontrollinformationen erzeugt, nachdem alle *DraftedPermission*-Elemente in *Policy*-Elemente überführt worden sind. Der abgesicherte Geschäftsprozess ist somit nur noch mit vollständig formalisierten Zugriffskontrollpolicies in Form von *Policy*-Elementen angereichert. Das fachliche Prozessmodell ist der Ausgangspunkt für den modellgetriebenen Entwicklungsprozess für plattformspezifische Zugriffskontrollpolicies. Quellcode 5.3 zeigt einen Ausschnitt aus einem abgesicherten Geschäftsprozess im IdM-XML-Format.

```
<!-- ... -->
<permission name="Kreditbearbeitung Leiter">
  <assertion assertionFunction="unequal">
    <subjectAttribute value="akteur.id" />
    <inputParameter value="kreditantrag.kunde.kundennummer" />
  </assertion>
<!-- ... -->
<policy name="/model/35">
  <permissionLink permissionName="Kreditbearbeitung Leiter" />
<!-- ... -->
<idmRole name="Leiter Kreditbearbeitung">
  <idmAction name="entscheideKreditantrag">
    <policyLink policyName="/model/35" />
  </idmAction>
  <!-- ... -->
</idmRole>
<!-- ... -->
```

Quellcode 5.3: Ausschnitt aus einem abgesicherten Geschäftsprozesses in IdM-XML

## 5.2.3 Verwendete Werkzeuge und Verzeichnisse

Damit die im Abschnitt 5.2.2 beschriebenen Artefakte erzeugt, beziehungsweise verarbeitet werden können, sind verschiedene Werkzeuge und Verzeichnisse nötig. Im Zuge des Softwareentwicklungsprozesses kommen folgende Werkzeuge und Verzeichnisse zum Einsatz, die im weiteren Verlauf beschrieben werden:

- IdM-BPMN-Modellierungswerkzeug

- Geschäftsobjektverzeichnis

- Policyverzeichnis

- Vokabularverzeichnis

- WSACML-Policyverzeichnis

• PE2WSACML-Transformator

• WSACML2PSSP-Transformator

• Policy-Importwerkzeug

### 5.2.3.1 IdM-BPMN-Modellierungswerkzeug

Das IdM-BPMN-Modellierungswerkzeug ermöglicht das Erzeugen und Bearbeiten von Geschäftsprozessmodellen in IdM-BPMN. Wie auch andere Modellierungswerkzeuge stellt es eine syntaktisch korrekte Verbindung der einzelnen Elemente der BPMN sicher und unterstützt den Anwender bei deren grafischen Anordnung. Das Werkzeug bietet einen Mechanismus, um Elemente der erweiterten IdM-BPMN integrieren zu können. Damit können neue, beziehungsweise erweiterte Elemente wie *IdMTask-* oder *DraftedPermission*-Elemente in den Modellen verwendet werden. Die Geschäftsprozessmodelle können im spezifizierten Exportformat IdM-XML abgelegt werden, um deren modellgetriebene Weiterverarbeitung durch Transformatoren zu ermöglichen. Neben der Modellierung von Geschäftsprozessen unterstützt das Werkzeug den Anwender auch bei der visuellen Modellierung von Zugriffskontrollpolicies. Bei beiden Tätigkeiten – der Modellierung von Geschäftsprozessen und der von Zugriffskontrollpolicies – wird vom IdM-BPMN-Modellierungswerkzeug aus auf die verschiedenen Verzeichnisse zugegriffen, um Informationen zu Geschäftsobjekten oder zum innerhalb der Zugriffskontrollpolicies zur Verfügung stehenden Vokabular nachzuschlagen.

Im Rahmen dieser Arbeit wurde das Modellierungswerkzeug *Oryx* verwendet (vgl. HPI, 2009), das in (Marmé, 2009) zur Abbildung der Konzepte dieser Arbeit erweitert wurde. Dieser browserbasierte Editor ist ein *Open Source*-Projekt, und kann aufgrund der offenen Quellen um eigene Erweiterungen angepasst werden und wird in Forschung und Lehre in einer Vielzahl von Institutionen eingesetzt. Zur Erzeugung der IdM-XML-Repräsentation der Geschäftsprozesse wurde ein Transformator in Java entwickelt (vgl. Marmé, 2009). Abbildung 5.5 zeigt exemplarisch einen Geschäftsprozess mit Zugriffskontrollinformationen innerhalb des IdM-BPMN-Modellierungswerkzeugs. Ein schwarzes Schlosssymbol steht darin für für ein *Policy*-Element, ein weißes Schlosssymbol entspricht einem *DraftedPermission*-Element. Eine zur besseren Lesbarkeit vergrößerte Darstellung findet sich in Abbildung B.2 im Anhang B dieser Arbeit.

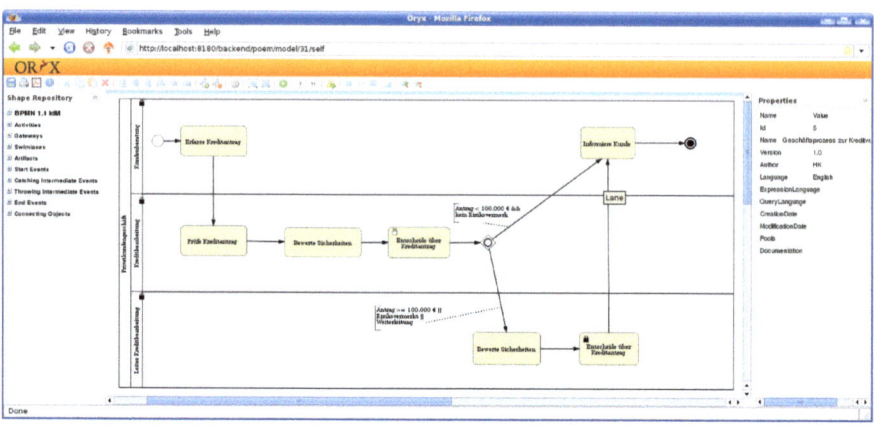

Abbildung 5.5: Geschäftsprozess mit Zugriffskontrollinformationen innerhalb des IdM-BPMN-Modellierungswerkzeugs

## 5.2.3.2 Geschäftsobjektverzeichnis

Zum Teil hat jeder Bereich des Unternehmens eine eigene Betrachtungsweise auf die typischen Geschäftsobjekte – wie beispielsweise „Konto", „Kunde" oder „Vertrag"– der eigenen Domäne. Ohne konkrete Definition und Verwaltung der Geschäftsobjekte wird zum Beispiel das Geschäftsobjekt „Kunde" in der Kundenberatung des Privatkundengeschäfts einer Bank als der Inhaber eines Kontos definiert, wohingegen die Werbeabteilung der Bank den Kunden als eine Person definiert, die überzeugt werden soll, einen Vertrag für ein neues Finanzprodukt abzuschließen. Damit Schwierigkeiten durch diese potentiell gegensätzlichen Sichtweisen auf das selbe Geschäftsobjekt ausgeschlossen werden können, werden die unternehmensweit vereinheitlichten und definierten Geschäftsobjekte (vgl. Engels et al., 2008, S. 125 ff.) im Geschäftsobjektverzeichnis abgelegt. Mit Hilfe des Geschäftsobjektverzeichnises können die erlaubten Werte für das *ObjectAttribute* innerhalb einer *Assertion*, aber auch Eingabedaten (*InputParameter*) für Aktivitäten nachgeschlagen und so die Formulierung von Zugriffskontrollpolicies erleichtert werden. Das Geschäftsobjektverzeichnis muss daher die Suche nach Geschäftsobjekten und deren Attributen ermöglichen, damit diese im Anschluss beispielsweise bei der Modellierung von Geschäftsprozessen verwendet werden können. Geschäftsobjekte können mittels primitiver Typen, aber auch als komplexe Typen dargestellt werden, wenn sie selbst wieder aus Geschäftsobjekten bestehen. Das

Geschäftsobjekt „Adresse" wird beispielsweise als komplexer Typ abgelegt, da es verschiedene Geschäftsobjekte wie Straße, Postleitzahl und Ort aggregiert. Das Geschäftsobjektverzeichnis wurde prototypisch in Java mit einer XML-basierten Datenhaltung implementiert (vgl. Marmé, 2009).

### 5.2.3.3 Vokabularverzeichnis

Die formale Definition des Metamodells für Zugriffskontrollinformationen ermöglicht die Überprüfung der syntaktischen Korrektheit von Zugriffskontrollpolicies, allerdings führt eine falsche Verwendung von Attributen, zum Beispiel die Verwendung von nichtexistierenden Attributen in *Assertion*-Elementen, zu ungültigen, beziehungsweise nicht auswertbaren Zugriffskontrollpolicies. Das Vokabularverzeichnis unterstützt den Anwender bei der Formulierung von Zugriffskontrollpolicies, indem es den zur Verfügung stehenden Wortschatz anbietet, aus dem die benötigten Attribute ausgewählt werden können. Die im Vokabularverzeichnis gespeicherten Attribute können zum Beispiel die im Kapitel 4 thematisierten Geschäfts- und Systemrollen, Umgebungsattribute, Konstanten oder Servicenamen beinhalten. Dabei kann das Vokabularverzeichnis als eigenständiges Verzeichnis sämtliche Daten selbst halten oder als sogenanntes virtuelles Verzeichnis verschiedene Verzeichnisse und Datenquellen des Unternehmens zu einem gemeinsamen Vokabular aggregieren. Zum Zeitpunkt der Erzeugung einer Zugriffskontrollpolicy und während der Transformationsprozesse werden alle verwendeten Attribute im Vokabularverzeichnis nachgeschlagen und somit deren Existenz und korrekte Verwendung sichergestellt. Die prototypische Implementierung des Vokabularverzeichnisses wurde in Java durchgeführt (vgl. Marmé, 2009). Dabei kombiniert das Vokabularverzeichnis XML-basierte Datenhaltung mit der Architektur eines virtuellen Verzeichnisses, da Geschäftsobjekte zur Laufzeit aus dem Geschäftsobjektverzeichnis gelesen werden.

### 5.2.3.4 Policyverzeichnis

Das Policyverzeichnis beinhaltet die formalen *Policy*-Elemente, die in den abgesicherten Geschäftsprozessen verwendet werden. Die Zugriffskontrollpolicies im Domänenmodell des Geschäftsprozesses werden in ihrer XML-Repräsentation in IdM-XML (vgl. Abschnitt 5.1.4) gespeichert. Das Policyverzeichnis hat zum Ziel, die Wiederverwendung von existierenden Zugriffskontrollpolicies zu ermöglichen, wenn identische Zugriffskontrollanforderungen innerhalb eines Geschäftsprozesses oder verschiedener Geschäftsprozesse auftreten. Da manche Anforderungen an die Zugriffskontrolle regelmäßig in verschiedenen Geschäftsprozess-

en auftreten, spart die Wiederverwendung von Zugriffskontrollpolicies nicht nur
Arbeit, sondern trägt auch zu einer qualitativ höheren Sicherheit bei, da die im
Policyverzeichnis abgelegten *Policy*-Elemente vorab durch Sicherheitsspezialis-
ten wie dem Sicherheitsarchitekten geprüft worden sind. Mit Hilfe von Metadaten wird der Inhalt und das Szenario der Zugriffskontrollpolicies beschrieben, so-
wie die Einordnung in die *Compliance*- und Sicherheitsvorgaben der Organisation
vorgenommen. Auf Basis dieser Information können die zu den Zugriffskontrollanforderungen passenden *Policy*-Elemente im Policyverzeichnis gesucht werden.
Für das Policyverzeichnis wird die bestehende Funktionalität des IdM-BPMN-
Modellierungswerkzeugs genutzt. Dies setzt daher neben der Modellierung von
Geschäftsprozessen auch die Modellierung von Zugriffskontrollpolicies um. Ein
Teil des IdM-BPMN-Modellierungswerkzeugs ist eine Datenbank, die die erstell-
ten Modelle speichert. Zur Verwaltung stellt das Werkzeug die nötige Funktionalität zum Erstellen, Bearbeiten und Löschen zur Verfügung. Einzig für den Export
der Zugriffskontrollpolicies zu IdM-XML wurde zusätzliche Funktionalität benötigt. Diese wurde in Java implementiert (vgl. Marmé, 2009) und liest die entsprechenden Zugriffskontrollpolicies in der Datenbank aus und transformiert sie im
Anschluss in das IdM-XML-Format.

### 5.2.3.5 WSACML-Policyverzeichnis

Das WSACML-Policyverzeichnis beinhaltet die plattformunabhängigen WSACML-
Policies. Für jede WSACML-Policy, die im WSACML-Policyverzeichnis abgelegt wird, prüft das Verzeichnis während des Speicherns, ob eine existierende
WSACML-Policy aktualisiert oder ob eine neue Policy angelegt werden muss.
Die WSACML-Policies sind plattformunabhängig, aber bereits mit Serviceoperationen verknüpft. Daher ermöglicht das WSACML-Policyverzeichnis eine Ge-
samtübersicht über alle Zugriffskontrollpolicies, die für eine bestimmte Serviceoperation gelten. WSACML-Policies sind das Zwischenformat im modellgetriebenen Softwareentwicklungsprozess auf der plattformunabhängigen Ebene. Sie
werden aus Zugriffskontrollpolicies in IdM-XML erzeugt und anschließend zu
plattformspezifischen Zugriffskontrollpolicies transformiert. Die separate Datenhaltung der WSACML-Policies motiviert sich durch das Erfordernis, die Transformation plattformunabhängiger in plattformspezifische Zugriffskontrollpolicies
auch direkt durchführen zu können. Dieses Szenario ist zum Beispiel beim Wechsel des für die Zugriffskontrolle eingesetzten Produktes erforderlich. Die prototypische Implementierung wurde mit dateisystembasierter XML-Datenhaltung in
Java realisiert (vgl. Marmé, 2009). Die einzelnen WSACML-Policies sind nach
deren zugeordneten Services und Serviceoperationen hierarchisch in Verzeichnissen strukturiert.

### 5.2.3.6  PE2WSACML-Transformator

Der PE2WSACML-Transformator extrahiert *Policy*-Elemente aus den Modellen der abgesicherten Geschäftsprozesse und transformiert sie zu WSACML-Policies. Die Modelle liegen dafür im Austauschformat IdM-XML vor. Während des Transformationsprozesses greift er auf das Vokabularverzeichnis zu und prüft, ob alle in den *Policy*-Elementen benutzten Attribute existieren und somit verwendet werden dürfen. Warnungen und Fehler, die während dieser Prüfung auftreten, werden ausgegeben und müssen im Modell des abgesicherten Geschäftsprozesses bereinigt werden, bevor der Transformationsprozess erneut durchgeführt werden kann. Für jede *IdMTask*, beziehungsweise für jeden *IdMSub-Process* wird bei der Transformation eine WSACML-Policy generiert. Der Transformator erhält die Verknüpfung zu den *Policy*-Elementen, die *IdMTask*- oder *IdMSub-Process*-Elemente absichern, durch das Attribut *policyLink*. Für jede WSACML-Policy sind der Name und das sogenannte *ServiceOperationBinding* einzutragen, also die Webserviceoperation, welche abgesichert wird. Die Webserviceoperation ist durch die Architekten beziehungsweise Entwickler der Fachfunktionalität im Geschäftsprozessmodell für jedes *IdMTask*- beziehungsweise *IdMSub-Process*-Elements vorbelegt. Sind *IdMLane*- oder *IdMGroup*-Elemente vorhanden, denen eine *Policy* zugewiesen ist, so erzeugt der Transformator für sämtliche innen liegenden Elemente (*IdMTask*, *IdMSub-Process* und *IdMGroup*) die erforderlichen WSACML-Policies. Die prototypische Implementierung des PE2WSACML-Transformators wurde in Java vorgenommen (vgl. Marmé, 2009). Der Transformator beinhaltet sowohl Informationen zum Metamodell von IdM-XML, als auch von WSACML. Es wird keine direkte Modell-zu-Modell-Transformation durchgeführt, sondern die Eingabedaten zuerst in die interne Objektstruktur des Transformators geladen, um im Anschluss daran – anhand vorgegebener Transformationsregeln – WSACML-Policies zu erzeugen. Durch den Aufbau des Transformators ist neben einer Modifikation der Elemente zur Laufzeit auch eine erweiterte Prüfung der Daten möglich.

### 5.2.3.7  WSACML2PSSP-Transformator

Plattformspezifische Zugriffskontrollpolicies werden mit dem WSACML2PSSP-Transformator erzeugt. Der Transformator bildet das WSACML-Metamodell auf das oder die Metamodelle möglicher Zielplattformen ab, zum Beispiel auf verschiedene Produkte für die Zugriffskontrolle. Transformationsregeln bestimmen, wie die einzelnen Elemente der beiden Metamodelle aufeinander abgebildet werden können. Dieser Ansatz ermöglicht die Erzeugung von plattformspezifischen Policies für unterschiedliche Produkte, da dafür nur eine Anpassung dieser letzten

Transformation nötig ist. Der WSACML2PSSP-Transformator steht nicht mehr im Fokus der vorliegenden Arbeit, deshalb sei für weiterführende Informationen diesbezüglich auf (Emig, 2008), für die Erzeugung von Zugriffskontrollpolicies für das Produkt *CA SiteMinder* auf (Emig et al., 2008) und für die Erzeugung von Zugriffskontrollpolicies für *IBM Tivoli Access Manager* auf (Dikanski et al., 2009) verwiesen.

### 5.2.3.8 Policy-Importwerkzeug

Das Policy-Importwerkzeug steht stellvertretend für die unterschiedlichen Import-mechanismen der verschiedenen Produkte für die Zugriffskontrolle. Abhängig vom Produkt geht der Import von neuen Zugriffskontrollpolicies unterschiedlich von-statten: In manchen Produkten steht eine Importschnittstelle zum Einlesen von Zugriffskontrollpolicies zur Verfügung. Bei anderen Produkten ist die Entwick-lung eines zusätzlichen Importwerkzeugs nötig, das die Programmierschnittstelle des Produktes zum Einlesen neuer Zugriffskontrollpolicies verwendet.

## 5.3 Zusammenfassung

In diesem Kapitel wurde das Konzept zur Modellierung sicherer Geschäftspro-zesse sowie das für die modellgetriebene Erzeugung von Zugriffskontrollpolicies benötigte Umfeld dargestellt. Um die Anreicherung von Geschäftsprozessen mit Zugriffskontrollinformationen zu ermöglichen, wurde der Aufbau von Zugriffs-kontrollinformationen mit Hilfe eines Metamodells beschrieben. Der Fachabtei-lung stehen die formal aufgebauten Zugriffskontrollpolicies und die in natürli-cher Sprache beschriebenen Zugriffskontrollanforderungen zur Verfügung, um ih-re Anforderungen an die Zugriffskontrolle auszudrücken. Damit die Erstellung der Zugriffskontrollpolicies erleichtert wird, können diese mit Hilfe eines Modellie-rungswerkzeugs visuell modelliert und dadurch die Fachabteilung bei der Defini-tion neuer und bereits bestehender Zugriffskontrollpolicies unterstützt werden. Um Elemente zur Abbildung von Zugriffskontrollinformationen in den Geschäftspro-zessmodellen anwenden zu können, wurde die BPMN zur IdM-BPMN erweitert und mit dem IdM-BPMN-Modellierungswerkzeug ein an die Erweiterung ange-passter Editor geschaffen (A 3.1). Dabei ist die Erweiterung kompatibel zum Er-weiterungsmechanismus der zukünftigen BPMN 2.0 und kann somit in standard-kompatiblen Modellierungswerkzeugen genutzt werden (A 3.3). Es können daher bestehende Modelle weiterhin bearbeitet und das Methodenwissen der Mitarbeiter genutzt werden. Die Mitarbeiter benötigen lediglich eine Schulung, um die Be-

deutung und die Verwendung der neuen Modellierungselemente zu lernen. Mit
IdM-XML wird ein von der Geschäftsprozessnotation unabhängiges Austauschformat definiert, mit dem die für die Zugriffskontrolle wesentlichen Informationen des abgesicherten Geschäftsprozesses dargestellt werden können. IdM-XML
dient als Ausgangspunkt für einen modellgetriebenen Softwareentwicklungsprozess (A 3.2), der aus den abgesicherten Geschäftsprozessen, konkrete, plattformspezifische Policies für Zugriffskontrollprodukte erzeugen kann. Die modellgetriebene Erzeugung der Zugriffskontrollpolicies muss das organisatorische und technische Umfeld unterstützen. Während der einzelnen Phasen des Softwareentwicklungsprozesses sind verschiedene Personen in unterschiedlichen Aufgaben involviert, deren Rollen und Tätigkeiten beschrieben wurden. Darüber hinaus wurden
die verschiedenen Artefakte vorgestellt, die im Laufe des Softwareentwicklungsprozesses erzeugt oder bearbeitet werden. Eine Darstellung der Werkzeuge und
Verzeichnisse und ihrer prototypischen Implementierung schließt die Übersicht
ab.

# 6 Vorgehen bei der modellgetriebenen Absicherung eines Geschäftsprozesses

Im vorangegangenen Kapitel wurde die Modellierung von sicheren Geschäftsprozessen thematisiert und die dafür benötigten Konzepte sowie das organisatorische und technische Umfeld beschrieben. Diese Phasen können sowohl vom Blickwinkel der modellgetriebenen Softwareentwicklung als auch von Seiten des Softwareentwicklungsprozesses betrachtet werden. In den folgenden Abschnitten wird zunächst der modellgetriebene Softwareentwicklungsprozess aufgegriffen, wobei dessen Ablauf vom ersten fachlichen Modell des Geschäftsprozesses bis zu den erzeugten plattformspezifischen Zugriffskontrollpolicies dargestellt wird. Im Anschluss daran werden die einzelnen Phasen des Softwareentwicklungsprozesses vorgestellt und für jede Phase die darin anfallenden Arbeitsschritte und Verantwortlichkeiten herausgearbeitet.

## 6.1 Modellgetriebener Softwareentwicklungsprozess

Mit dem Einsatz von Modellen und Transformationen ermöglicht die modellgetriebene Softwareentwicklung (vgl. Abschnitt 2.3.2) die Automatisierung in der Softwareentwicklung. Durch die Reduzierung manueller Arbeiten wird sowohl die Qualität der erzeugten Artefakte erhöht als auch der Entwicklungsprozess beschleunigt (vgl. Hitz et al., 2005, S. 345). Die modellgetriebene Erzeugung von Zugriffskontrollpolicies stellt lediglich eine Spezialisierung hinsichtlich der Anwendungsdomäne dar; die bekannten Vorteile der modellgetriebenen Softwareentwicklung lassen sich daher übertragen.

Abbildung 6.1 stellt die einzelnen Schritte des modellgetriebenen Entwicklungsprozesses dar und zeigt die Verbindung zu den verwendeten Artefakten, Verzeichnissen und Werkzeugen. Zu Beginn steht das Domänenmodell, das im konkreten Fall dem abgesicherten Geschäftsprozess entspricht. Der abgesicherte Geschäftsprozess enthält neben der Beschreibung des fachlichen Ablaufs bereits formalisierte *Policy*-Elemente, die automatisiert verarbeitet werden können. Dabei ist er jedoch frei von jeglicher technischer Ausprägung. Der abgesicherte Geschäftsprozess wird mit dem PE2WSACML-Transformator in das plattformunabhängi-

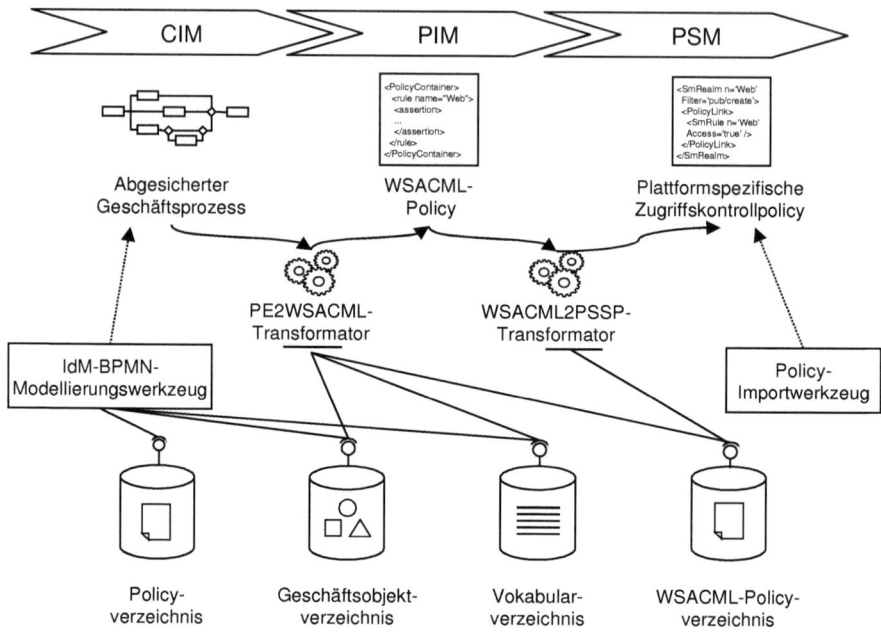

Abbildung 6.1: Modellgetriebene Entwicklung von Zugriffskontrollpolicies

ge Modell überführt, das heißt, die hinterlegten Zugriffskontrollpolicies werden zu WSACML-Policies transformiert. Diese plattformunabhängigen Zugriffskontrollpolicies werden durch das Metamodell für die Zugriffskontrolle in webserviceorientierten Architekturen (vgl. Abschnitt 3.3.6) definiert. Im Gegensatz zu den *Policy*-Elementen des abgesicherten Geschäftsprozesses enthalten WSACML-Policies bereits technische Informationen, wie beispielsweise die Webserviceoperationen, die durch sie geschützt werden. Nach einer zweiten Transformation mit dem WSACML2PSSP-Transformator werden WSACML-Policies in plattformspezifische Zugriffskontrollpolicies überführt und somit für ein konkretes Zugriffskontrollprodukt erstellt.

## 6.2 Phasen des Softwareentwicklungsprozesses

Der klassische Softwareentwicklungsprozess besteht aus den vier Phasen Analyse, Entwurf, Implementierung und Deployment (vgl. Frick, 1995). Diese vier Schritte werden selbst bei agilen Ansätzen (vgl. Bleek, 2008) der Softwareentwicklung durchlaufen, auch wenn der Ablauf nicht mehr streng sequentiell auf das gesamte Entwicklungsprojekt bezogen ist, wie beispielsweise bei Anwendung des Wasserfallmodells (vgl. Hindel et al., 2009, S. 17), sondern sich iterativ auf kürzere Inkremente wie zum Beispiel bei Scrum (vgl. Bleek, 2008, S.149 ff.) oder die Zyklen des Spiralmodells (vgl. Ludewig und Lichter, 2007, S. 168 ff.) bezieht. In jedem Durchgang werden die im vorhergehenden Durchgang gewonnenen Erkenntnisse aufgenommen und die einzelnen Phasen, das heißt Analyse, Entwurf und Implementierung durchgeführt (vgl. Ludewig und Lichter, 2007, S. 163). Die Einteilung des Softwareentwicklungsprozesses für Zugriffskontrollpolicies in Phasen ist daher unabhängig vom eingesetzten Vorgehensmodell valide, da die grundlegenden Tätigkeiten dieser Phasen in jedem Fall durchlaufen werden. Die Erfahrung des Autors aus der industriellen Praxis zeigt für eine Vielzahl von Projekten das gleiche schrittweise Vorgehen. Der Unterschied zwischen der Entwicklung eines Anwendungssystems und der Entwicklung von Zugriffskontrollpolicies liegt neben der eigentlichen Projektgröße hauptsächlich in der unterschiedlichen Domäne. Für jede Zugriffskontrollpolicy ist die Erfassung der Anforderungen in der Analysephase, die Erstellung des Entwurfs, die Implementierung und die Verteilung in der Zugriffskontrollinfrastruktur nötig. Die Einteilung in die genannten vier Phasen wurde vom Autor bereits in (Klarl et al., 2009a) publiziert. Für jede dieser Phasen wird in diesem Abschnitt das Zusammenwirken der Rollen, Artefakte und Werkzeuge beschrieben. Eine Übersicht zeigt Tabelle 6.1.

## 6.2.1 Analysephase

Der Prozessverantwortliche und der Businessanalyst arbeiten in der Analysephase eng zusammen und erfassen die fachlichen Anforderungen für die Umsetzung des Geschäftsprozesses in den Anwendungssystemen des Unternehmens (vgl. Staud, 2006, S. 143 ff.). Dazu gehören auch Unternehmensvorgaben oder gesetzliche Vorschriften, die Auswirkungen auf die Zugriffskontrolle innerhalb der Systeme haben. Sind die Anforderungen hinreichend erfasst, wird der Geschäftsprozess in IdM-BPMN modelliert, wozu der gesamte Wortschatz der BPMN zur Verfügung steht und das IdM-BPMN-Modellierungswerkzeug verwendet wird. Die Auswahl der relevanten Geschäftsobjekte, die als Ein- oder Ausgabeobjekte einzelnen Aktivitäten zugewiesen werden, wird durch das Geschäftsobjektverzeichnis unterstützt, in dem der Prozessverantwortliche und der Businessanalyst die Geschäftsobjekte anhand ihrer Bezeichnung oder ihrer Beschreibung suchen können. Dieses erste Modell des Geschäftsprozesses ist frei von technischen Ausprägungen, enthält jedoch bereits Zugriffskontrollinformationen und entspricht dem Domä-

| | | Phasen | | | |
|---|---|---|---|---|---|
| | | Ana. | Ent. | Impl. | Depl. |
| **Rollen** | Prozessverantwortlicher | x | | | |
| | Businessanalyst | x | | | |
| | Sicherheitsarchitekt | | x | | |
| | Sicherheitsentwickler | | x | x | |
| | Sicherheitsadministrator | | | | x |
| **Artefakte** | DraftedPermission | x | x | | |
| | Policy | x | x | | |
| | WSACML-Policy | | x | x | |
| | plattformspezifische Zugriffskontrollpolicy | | | x | x |
| | Geschäftsprozess mit Zugriffskontrollinformationen | x | x | | |
| | Abgesicherter Geschäftsprozess | | x | | |
| **Werkzeuge** | IdM-BPMN-Modellierungswerkzeug | x | x | | |
| | Geschäftsobjektverzeichnis | x | x | | |
| | Policyverzeichnis | x | x | | |
| | Vokabularverzeichnis | x | x | | |
| | WSACML-Policyverzeichnis | | x | | |
| | PE2WSACML-Transformator | | x | | |
| | WSACML2PSSP-Transformator | | | x | |
| | Policy-Importwerkzeug | | | | x |

Tabelle 6.1: Rollen, Werkzeuge und Artefakte im Softwareentwicklungsprozess

nenmodell. Das Modell wird zur Diskussion innerhalb der Fachabteilung verwendet, um fehlende Anforderungen zu erfassen oder Fehler zu korrigieren. Dieser Diskussions- und Abstimmungsprozess durchläuft in der Regel mehrere Iterationen, bei denen das Geschäftsprozessmodell und die darin abgebildeten Zugriffskontrollinformationen beständig ergänzt, geändert oder optimiert werden. Da Zugriffskontrollanforderungen hauptsächlich von der Fachseite kommen, müssen der Prozessverantwortliche und der Businessanalyst bereits zu diesem frühen Zeitpunkt im Softwareentwicklungsprozess versuchen, diese vollständig zu erfassen. Anforderungen, die erst in späteren Phasen oder im Betrieb des Anwendungssystems aufkommen, benötigen für ihre Umsetzung deutlich mehr Arbeitsaufwand, da bereits implementierte Artefakte geändert werden müssen und dies zu höheren

Kosten führt (vgl. Schienmann, 2002, S. 19 ff.). Während in der frühen Analysephase Zugriffskontrollanforderungen in Werkzeugen für das Anforderungsmanagement oder lose als Notizen innerhalb des Geschäftsprozessmodells gesammelt
werden, wird mit fortschreitender Verfeinerung des Geschäftsprozessmodells dieser mit den in IdM-BPMN zur Verfügung stehenden Elementen zur Beschreibung
von Zugriffskontrollinformationen annotiert. Unter Zuhilfenahme des Policyverzeichnisses versuchen die beteiligten Akteure, der Prozessverantwortliche und der
Businessanalyst, existierende *Policy*-Elemente, die bekannte Zugriffskontrollanforderungen beschreiben, zu finden und diese im Geschäftsprozessmodell wieder
zu verwenden. Da im Policyverzeichnis nur geprüfte und qualitätsgesicherte *Policy*-Elemente gespeichert sind, trägt die Wiederverwendung zu einer gesteigerten
Qualität bei. Eine Qualitätssteigerung durch die Wiederverwendung bereits bekannter Lösungen ist auch für andere Bereiche der Softwareentwicklung beschrieben. Ein bekanntes Beispiel sind die Entwurfsmuster in der objektorientierten Programmierung (vgl. Gamma et al., 2004), die für häufig wiederkehrende Problem-
stellungen bewährte Lösungen vorschlagen. Liegen im Policyverzeichnis keine *Policy*-Elemente vor, die wiederverwendet werden können, so können mit dem IdM-
BPMN-Modellierungswerkzeugs eigenständig neue *Policy*-Elemente beschrieben
werden. Das IdM-BPMN-Modellierungswerkzeug unterstützt dabei besonders die
Möglichkeit der visuellen Modellierung. Durch die Vorgaben innerhalb des Werkzeugs ist eine formal korrekte Modellierung gewährleistet. Alternativ können die
Akteure ihre Zugriffskontrollanforderung in natürlicher Sprache beschreiben und
dazu *DraftedPermission*-Elemente zur Darstellung im Modell des Geschäftsprozesses verwenden. Dies ist unter anderem dann der Fall, wenn sich komplexe Zugriffskontrollanforderungen nicht ohne zusätzliche Unterstützung durch Experten
auf dem Gebiet des Identitätsmanagements abbilden lassen.

Zugriffskontrollanforderungen der Fachabteilung machen den Zugriff auf bestimmte Aktivitäten oft von der Mitgliedschaft in bestimmten Geschäftsrollen abhängig. Mit der Verwendung von *IdM-Lane*-Elementen bei der Modellierung des
Geschäftsprozesses können einzelne Aktivitäten mit den zur Ausführung benötigten Geschäftsrollen verknüpft werden. Für die Auswahl der Geschäftsrollen wird
das Vokabularverzeichnis herangezogen, das die vorhandenen Geschäftsrollen enthält und von den Akteuren nach passenden Rollen durchsucht werden kann.

Am Ende der Analysephase steht der Geschäftsprozess mit Zugriffskontrollinformationen, der sowohl formale Zugriffskontrollpolicies als auch formlose Zugriffskontrollanforderungen beinhaltet und in der nächsten Phase weiter verfeinert
wird. Abbildung 6.2 zeigt zusammenfassend, wie der Geschäftsprozess mit Zugriffskontrollinformationen erstellt wird. Ein wesentlicher Aspekt für den erfolg-
reichen Verlauf der Analysephase ist die starke Einbeziehung des Prozessverant-

wortlichen, um das Wissen der Fachabteilung und die Erfordernisse der jeweiligen Anwendungsdomäne an die Zugriffskontrolle bereits zu diesem frühen Zeitpunkt des Softwareentwicklungsprozesses zu erfassen. Dadurch wird frühzeitig ein hoher Abdeckungsgrad der Zugriffskontrollinformationen sicher gestellt, was eine solide Ausgangslage für die nachfolgenden Phasen schafft und spätere Korrekturen reduziert.

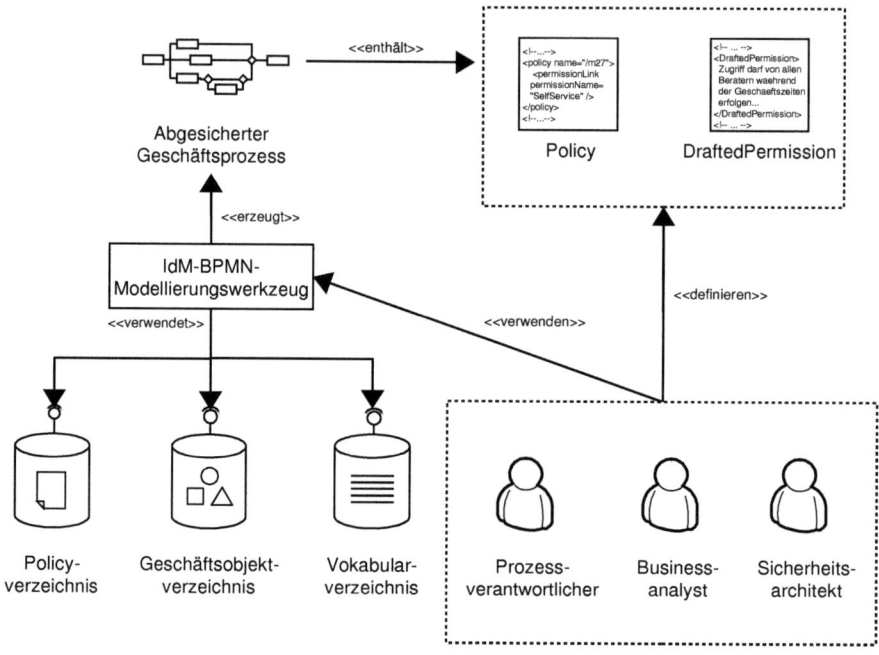

Abbildung 6.2: Erstellung des Geschäftsprozesses mit Zugriffskontrollinformationen

## 6.2.2 Entwurfsphase

In der Entwurfsphase wird der Geschäftsprozess mit Zugriffskontrollinformationen bearbeitet, mit dem Ziel einen vollständig abgesicherten Geschäftsprozesses zu definieren. Im Rahmen dieser Arbeit wird dabei auf die Belange des Entwurfs der fachlichen Architektur – wie beispielsweise dem Entwurf von Serviceoperationen – nicht näher eingegangen. Für eine Beschreibung des Vorgehens sei auf

(Emig et al., 2006; Papazoglou und van den Heuvel, 2007; Winkler, 2007) verwiesen. In der Entwurfsphase werden die Zugriffskontrollinformationen der Geschäftsprozesse vom Sicherheitsarchitekten bearbeitet. Er greift den Geschäftsprozess mit Zugriffskontrollinformationen aus der Analysephase auf und überprüft als Domänenexperte im Bereich des Identitätsmanagements, ob die Elemente der IdM-BPMN korrekt angewandt wurden. Im einzelnen bedeutet dies die Überprüfung von *DraftedPermission*- und *Policy*-Elementen sowie die Verknüpfung von Zugriffskontrollinformationen mit den einzelnen Aktivitäten des Geschäftsprozesses. Bei Fehlern führt er Korrekturmaßnahmen durch und bezieht bei unklarer Verwendung der IdM-BPMN-Elemente die Akteure der Analysephase mit ein. War die Prüfung erfolgreich, wandelt er bestehende Zugriffskontrollanforderungen in Form von *DraftedPermission*-Elementen in formalisierte Zugriffskontrollpolicies um. Für jedes *DraftedPermission*-Element prüft er die natürlichsprachlichen Anforderungen und sucht im Policyverzeichnis, ob existierende *Policy*-Elemente die Anforderungen bereits umsetzen. Kann er keine bestehenden *Policy*-Elemente verwenden, so nutzt er das IdM-BPMN-Modellierungswerkzeug zur Modellierung der neuen *Policy*-Elemente auf Basis der in den *DraftedPermission*-Elementen beschriebenen Zugriffskontrollanforderungen. Die neu erzeugten *Policy*-Elemente werden im Anschluss ebenfalls im Policyverzeichnis gespeichert. Im Zuge der Überführung von *DraftedPermission*-Elementen zu *Policy*-Elementen prüft er, ob Wechselwirkungen zu bereits vorhanden IdM-BPMN-Elementen des Geschäftsprozesses bestehen. Ein Konflikt kann zum Beispiel bei der gleichzeitigen Zuweisung einer Geschäftsrolle für Aktivitäten durch Verwendung der *IdMLane* und durch mit der Aktivität verknüpften *Policy*-Elementen auftreten. Wenn ein in der *IdMLane* liegender *IdMTask* durch ein verknüpftes *Policy*-Element bereits eine andere Geschäftsrolle für den Zugriff definiert als durch die in der *IdM-Lane* angegebene Geschäftsrolle ausgedrückt ist, muss dies geklärt werden. Der Sicherheitsarchitekt löst solche Konflikte; gegebenenfalls muss er dafür Rücksprache mit den Beteiligten der Analysephase halten, um im Anschluss einzelne Zugriffskontrollanforderungen nochmals genauer zu spezifizieren, beziehungsweise zu korrigieren. Nach Überführung aller *DraftedPermission*-Elemente in *Policy*-Elemente liegt der abgesicherte Geschäftsprozess vor, der ausschließlich mit formalisierten Zugriffskontrollanforderungen versehen ist und das Ausgangsartefakt für die automatisierte Weiterverarbeitung im modellgetriebenen Softwareentwicklungsprozess bildet. Die nächsten Arbeitsschritte werden vom Sicherheitsentwickler durchgeführt. Zuvor müssen allerdings die Serviceoperationen für die einzelnen Aktivitäten des Geschäftsprozesses, das heißt für die *IdMTask*-Elemente, beziehungsweise *IdMSub-Process*-Elemente von den Architekten oder Entwicklern der Fachfunktionalität entworfen und hinterlegt werden, damit später ein eindeutiger Bezug der WSACML-Policies zu den Serviceoperationen möglich ist. Ist dieser Arbeitsschritt abgeschlossen, exportiert der Sicherheitsentwickler den Geschäftsprozess aus dem IdM-BPMN-Modellierungswerkzeug in das IdM-XML-Format und erzeugt unter Verwendung des PE2WSACML-Transformators WSACML-Policies. Der Transformator durchsucht den abgesicherten Geschäftsprozess auf *Policy*-Elemente und überführt diese anschließend nach festen Abbildungsregeln in WSACML-Policies. Dabei berücksichtigt der PE2WSACML-Transformator die Verschachtelung der verschiedenen IdM-BPMN-Elemente. Liegen beispielsweise *IdMTask*-Elemente innerhalb einer *IdMLane*, muss die über die *IdMLane* definierte Geschäftsrolle auch für die darin liegenden Elemente berücksichtigt werden. Zur Reduzierung von Fehlern und zur Erhöhung der Qualität werden während der Transformation die in den *Policy*-Elementen verwendeten Attribute und Werte mit dem Vokabularverzeichnis und Geschäftsobjektverzeichnis geprüft. Dies gewährleistet die ausschließliche Verwendung von gültigen Attributen und Werten und erhöht damit die Korrektheit der WSACML-Policies. Warnungen oder Fehler, die der PE2WSACML-Transformator ausgibt, erfordern Korrekturen im abgesicherten Geschäftsprozess, bevor der Transformationsprozess erneut gestartet werden kann. Nach erfolgreichem Abschluss der Transformation werden die WSACML-Policies im WSACML-Policyverzeichnis gespeichert. Dabei werden im WSACML-Policyverzeichnis alle WSACML-Policies, die sich auf die gleiche Serviceoperation beziehen, aus Gründen der Übersichtlichkeit zu einer einzigen zusammengefasst.

### 6.2.3 Implementierungsphase

Im Unternehmen können verschiedene Produkte in der Zugriffskontrollinfrastruktur eingesetzt werden. Damit diese zur Absicherung der Geschäftsprozesse eingesetzt werden können, müssen für sie plattformspezifische Zugriffskontrollpolicies generiert werden. Dazu benutzt der Sicherheitsentwickler den WSACML2PSSP-Transformator, der die als Eingabedaten verwendeten WSACML-Policies der Entwurfsphase zu plattformspezifischen Zugriffskontrollpolicies, also zu Zugriffskontrollpolicies für ein bestimmtes Produkt, transformiert. Damit WSACML-Policies auf Zugriffskontrollpolicies verschiedener Produkte abgebildet werden können, muss sowohl das Metamodell der plattformspezifischen Zugriffskontrollpolicies als auch die Abbildungsregeln vom Metamodell der WSACML-Policies zu deren Metamodell definiert sein. Aufgrund einer vollständigen Abbildung des Quellmetamodells auf das Zielmetamodell läuft die Transformation vollständig automatisiert ab und bedarf keiner weiteren manuellen Schritte oder Ergänzungen. Die Umsetzung der Transformation wurde für *CA SiteMinder* in (Emig et al., 2008) und für

*IBM Tivoli Access Manager* in (Dikanski et al., 2009) durchgeführt. Plausibilitäts-
prüfungen der Attribute und Werte sind an dieser Stelle nicht mehr nötig, da diese
bereits in der Entwurfsphase vorgenommen wurden. Ändert sich das Metamodell
der plattformspezifischen Zugriffskontrollpolicies, müssen nur die Abbildungsregeln erweitert oder angepasst werden, um wieder plattformspezifische Zugriffskontrollpolicies erzeugen zu können. Gleiches gilt für die Einführung von neu-
en Produkten für die Zugriffskontrolle. Nach Definition des plattformspezifischen
Metamodells müssen die Abbildungsregeln vom Quellmetamodell der WSACML-
Policies hin zum Zielmetamodell erstellt werden, um eine Transformation zu ermöglichen. Die Korrektheit und Qualität der erzeugten plattformspezifischen Zugriffskontrollpolicies wird durch im Zuge der Implementierungsphase durchge-
führte Tests (vgl. Ludewig und Lichter, 2007, S. 445 ff.) gewährleistet. Parallel
zur Arbeit des Sicherheitsentwicklers werden die fachlichen Komponenten des
Geschäftsprozesses wie die verwendeten Services, die Oberfläche in einem Web-
portal oder die Datenhaltungsschicht durch die Fachentwickler umgesetzt.

## 6.2.4 Deploymentphase

Mit Abschluss der Implementierung und den damit verbundenen Tests werden die
erzeugten plattformspezifischen Zugriffskontrollpolicies dem Sicherheitsadministrator übergeben. Alle Artefakte, die keinen direkten Bezug zur Zugriffskontrolle
haben, wie beispielsweise die implementierten Webservices oder Inhalte des Por-
tals, werden separat durch Administratoren der Anwendungssysteme verarbeitet.
Um plattformspezifische Zugriffskontrollpolicies in die Zugriffskontrollinfrastruktur zu importieren, verwendet der Sicherheitsadministrator ein für das verwendete Zugriffskontrollprodukt passendes Policy-Importwerkzeug. Neue Zugriffskontrollpolicies werden direkt im Zugriffskontrollprodukt angelegt, während existierende Zugriffskontrollpolicies, die sich geändert haben, nur aktualisiert werden.
Damit die Nachvollziehbarkeit gewährleistet bleibt, werden vorgenommene Änderungen an den Zugriffskontrollpolicies durch die Zugriffskontrollinfrastruktur
auditiert.

# 6.3 Zusammenfassung

In diesem Kapitel stand das Vorgehen bei der modellgetriebenen Absicherung eines Geschäftsprozesses im Vordergrund. Der in dieser Arbeit beschriebene Ablauf kann von zwei Perspektiven betrachtet werden: Aus dem Blickwinkel der
modellgetriebenen Softwareentwicklung oder aus dem Blickwinkel des Software-

entwicklungsprozesses. Die Betrachtung des modellgetriebenen Vorgehens zeigte die schrittweise Erzeugung der Zugriffskontrollpolicies. Sie beginnt beim Domänenmodell des Geschäftsprozesses, der mit Zugriffskontrollinformationen angereichert ist und geht über die Zwischenstufe der plattformunabhängigen WSACML-Policies, um bei plattformspezifischen Zugriffskontrollpolicies für ein bestimmtes Produkt zu enden. Im Anschluss daran wurde das Vorgehen im Rahmen des Softwareentwicklungsprozesses betrachtet, bei dem das Zusammenwirken von Akteuren, Werkzeugen und Artefakten erörtert wurde. Insbesondere wurde durch die Beschreibung der einzelnen Arbeitsschritte dediziert die praktische Anwendung betrachtet, um neben den theoretischen Grundlagen des Ansatzes auch die tatsächliche Umsetzung zu beschreiben. Das Vorgehen orientiert sich an den vier Phasen des Softwareentwicklungsprozesses, da sich diese Einteilung mit der Erfahrung des Autors aus vielen unterschiedlichen Projekten in der beruflichen Praxis deckt. Dieses Kapitel verknüpft somit die beschriebenen Konzepte mit der tatsächlichen Anwendung im Softwareentwicklungsprozess und unterstützt insbesondere mit der Einordnung in dessen vier Phasen die praktische Umsetzung im Projektumfeld.

# 7 Absicherung eines Geschäftsprozesses: Eine Fallstudie

Im Hauptteil dieser Arbeit wurde das Rollenkonzept für den Einsatz im Unternehmen sowie die Modellierung von sicheren Geschäftsprozessen und das dazu nötige Vorgehen dargestellt. In diesem Kapitel werden die theoretisch erarbeiteten Konzepte in ein Beispiel aus der Praxis gebettet und erbringen so den Nachweis der Tragfähigkeit. Die Grundlage bildet dafür ein Geschäftsprozess zur Kreditvergabe. Die Wahl fiel auf diesen Geschäftsprozess, da einerseits selbst domänenunkundigen Lesern die grundsätzlichen Abläufe bei einer Kreditvergabe hinreichend bekannt sind – was das Nachvollziehen erleichtert – und andererseits der Prozess einer realen Anwendungsdomäne entstammt und somit ausreichend Komplexität bietet, um als Beispiel herangezogen zu werden. In den folgenden beiden Abschnitten wird zunächst der Geschäftsprozess beschrieben, um im Anschluss auf dessen Absicherung mit den in dieser Arbeit vorgestellten Konzepten einzugehen.

## 7.1 Geschäftsprozess zur Kreditvergabe aus der Bankendomäne

Dieser Abschnitt beginnt mit einer Beschreibung des fachlichen Ablaufs des Geschäftsprozesses zur Kreditvergabe, um darauf aufbauend die verwendeten Geschäftsobjekte und die Rollenhierarchie der Akteure darzustellen. Auf Basis dieser Informationen werden in Abschnitt 7.2 die Zugriffskontrollanforderungen der Fachabteilung vorgestellt.

Der nachfolgend als Beispiel dienende Geschäftsprozess zur Kreditvergabe basiert auf einer Arbeit Allweyers (vgl. Allweyer, 2008), in der das Vorgehen zur Umsetzung eines fachlichen Geschäftsprozessmodells zu einem ausführbaren *Workflow* dargestellt wird. In der vorliegenden Arbeit wurde bewusst dieses literaturbasierte Beispiel gewählt, da aus der in allen Belangen der IT-Sicherheit sehr sensiblen Bankendomäne nur schwerlich eine Publikationserlaubnis für real existierende Geschäftsprozesse erteilt wird. Der Geschäftsprozess zur Kreditvergabe ist dabei ein einschlägiges Beispiel für einen Geschäftsprozess aus der Bankendomäne und hinsichtlich seiner Relevanz in Bezug zur Zugriffskontrolle ein Idealbeispiel,

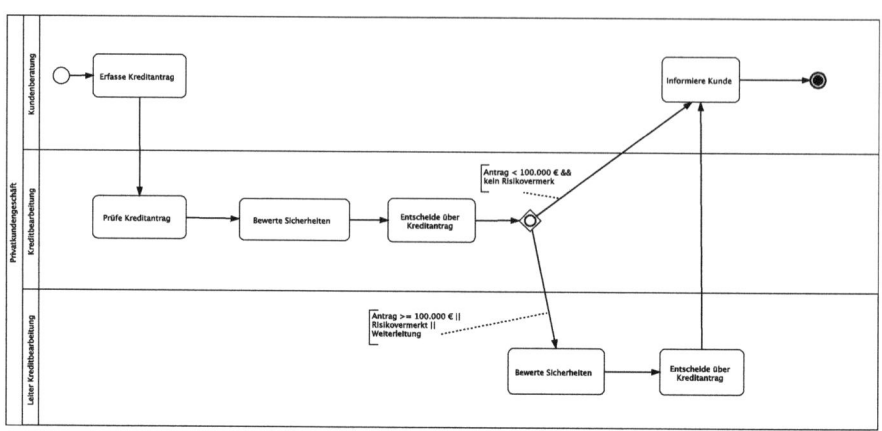

Abbildung 7.1: Geschäftsprozess zur Kreditvergabe

da gerade die Vergabe eines Kredites hohe Anforderungen an die Prüfung und Genehmigung und somit auch an die Zugriffskontrolle stellt. Durch den reduzierten Geschäftsprozess kann die Darstellung der eigenen Konzepte besser fokussiert werden, da die Komplexität der Anwendungssysteme nicht im realen Umfang wiedergegeben werden muss. Dabei treten keine Einbußen hinsichtlich der Tragfähigkeit dieses Nachweises auf, da ein realer, das heißt nicht reduzierter Geschäftsprozess zwar durchaus mehr Aktivitäten, Verzweigungen und Partitionen beinhaltet, aber die in dieser Arbeit vorgestellten Konzepte unabhängig von der quantitativen Dimension gleichartig auf die einzelnen Elemente angewandt werden. Der Nachweis der Tragfähigkeit kann daher ohne Einbußen erbracht werden.

## 7.1.1 Beschreibung des Geschäftsprozesses

Der Geschäftsprozess zur Kreditvergabe (vgl. Allweyer, 2008) enthält die grundsätzlichen Abläufe zur Beantragung eines Kredites. Abbildung 7.1 zeigt den fachlich modellierten Geschäftsprozess in BPMN. Eine zur besseren Lesbarkeit vergrößerte Darstellung findet sich in Abbildung B.1 im Anhang B dieser Arbeit.

### 7.1.1.1 Ablauf des Geschäftsprozesses

Der Geschäftsprozess beginnt mit der Erfassung des Kreditantrags durch einen Kundenberater. Dabei werden die Daten des Antragstellers, also des Kundens erfasst, beziehungsweise aktualisiert und der Kreditantrag erstellt. Ist die Erfassung abgeschlossen, wird der Kreditantrag zur Prüfung an den Kreditsachbearbeiter gegeben. Zuerst prüft dieser die grundlegenden Angaben im Antrag und anschließend die Einkommens- und Vermögensverhältnisse des Kunden. Im nächsten Prozessschritt erfolgt die Bewertung der Sicherheiten des Antragstellers durch den Kreditsachbearbeiter. Dazu kann er verschiedene Auskunftsdienste nutzen, die über ein *Scoring*-System abgerufen werden können. Ist die Bewertung abgeschlossen, kann der Kreditsachbearbeiter über den Antrag entscheiden. Anträge bis 100.000 € darf der Kreditsachbearbeiter selbstständig genehmigen, Anträge über 100.000 € bedürfen zur Genehmigung grundsätzlich der Zustimmung des Leiters der Kreditbearbeitung und müssen gemäß des Vier-Augen-Prinzips (vgl. Vogt, 2003) bereits durch den Kreditsachbearbeiter genehmigt sein. Darüber hinaus kann der Kreditsachbearbeiter auch Anträge unter 100.000 € direkt zur Entscheidung an den Leiter der Kreditbearbeitung weiterleiten. Wurde bei der Erfassung des Antrags ein Risikovermerk durch den Kundenberater angefügt, gilt wie bei Anträgen von mehr als 100.000 € das Vier-Augen-Prinzip. Der Kreditantrag kann auch direkt abgelehnt werden, wenn dieser die Bewertungsmaßstäbe nicht erfüllt. Ist über den Kreditantrag entschieden, kann der Kundenberater den Kunden über das Ergebnis informieren.

### 7.1.1.2 Geschäftsobjekte des Geschäftsprozesses

Im Geschäftsprozess zur Kreditvergabe sind die beiden wesentlichen Geschäftsobjekte die Geschäftsobjekte „Kunde" und „Kreditantrag". Beide Geschäftsobjekte beziehen sich auf die in Allweyers Arbeit als Informationsobjekte bezeichneten Artefakte (vgl. Allweyer, 2008) und sind gegenüber einem realen Szenario vereinfacht dargestellt, jedoch ohne dieses Anwendungsbeispiel zu beeinträchtigen. Für den Ablauf des Prozesses sind im Geschäftsobjekt „Kreditantrag" vor allem die Antragssumme, der Berater, sowie die durch den Kunden zur Verfügung gestellten Sicherheiten und dessen Verdienstbescheinigung wichtige Attribute. Die in (Allweyer, 2008) angeführten Geschäftsobjekte werden im Rahmen dieser Arbeit noch um ein Geschäftsobjekt „Akteur" ergänzt, das die im Geschäftsprozess handelnden Akteure beschreibt. Abbildung 7.2 zeigt den Zusammenhang zwischen „Kreditantrag", „Kunde" und „Akteur".

### 7.1.1.3 Rollenhierarchie

Im Geschäftsprozess zur Kreditvergabe sind Akteure in verschiedenen Geschäftsrollen involviert. Für die Erfassung des Kreditantrags ist ein Akteur mit der Ge-

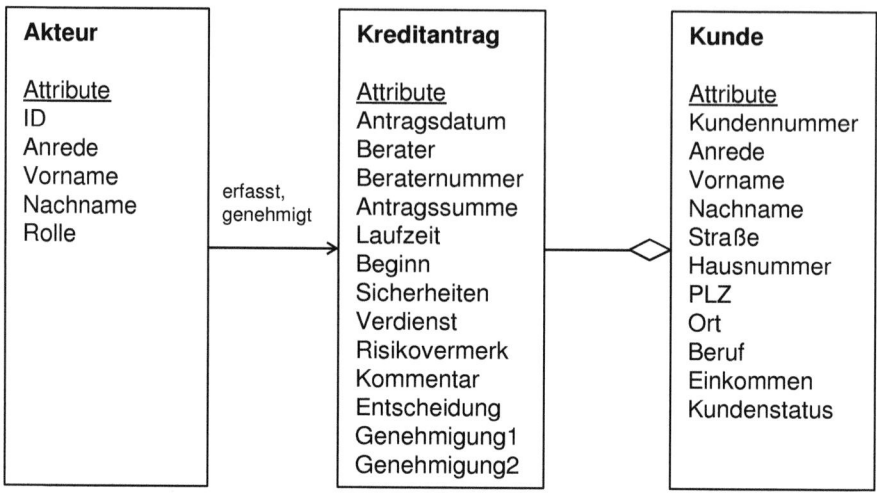

Abbildung 7.2: Verwendete Geschäftsobjekte

schäftsrolle „Kundenberatung" zuständig, für die spätere Prüfung und Entscheidung ein Akteur mit der Geschäftsrolle „Kreditbearbeitung". Bei Kreditanträgen
mit einer Antragssumme von mehr als 100.000 € oder mit einem Risikovermerk
gilt das Vier-Augen-Prinzip. Von den beiden Genehmigern muss in diesem Fall
mindestens einer in der Geschäftsrolle „Leiter Kreditbearbeitung" sein. Für den
Inhaber dieser Geschäftsrolle gelten keine Grenzen hinsichtlich des Volumens des
Kreditantrags. Der Kunde ist im Geschäftsprozess kein aktiv Handelnder und ist
deshalb im Rollenmodell nicht vertreten. Abbildung 7.3 zeigt den hierarchischen
Zusammenhang der einzelnen Geschäftsrollen. Die Geschäftsrolle „Mitarbeiter"
enthält grundlegende Berechtigungen. Davon leiten sich die gegenseitig ausschlie-
ßenden Rollen „Kundenberatung" und „Kreditbearbeitung" ab. Die Geschäftsrolle
„Leiter Kreditbearbeitung" erbt die Berechtigungen der Geschäftsrolle „Kreditbearbeitung" und ergänzt diese um größere Entscheidungsbefugnisse. Die Geschäftsrollen stehen in unmittelbarer Verbindung mit den Systemrollen in den den Geschäftsprozess unterstützenden Anwendungssystemen. In diesem Fall sind das ein
Kreditsystem zur Abwicklung des Kreditantrags, das Banksystem, in dem Kunden, Konten und Sicherheiten verwaltet werden, sowie das *Scoring*-System, das
die Schnittstelle zu verschiedenen Auskunftsdiensten bildet.

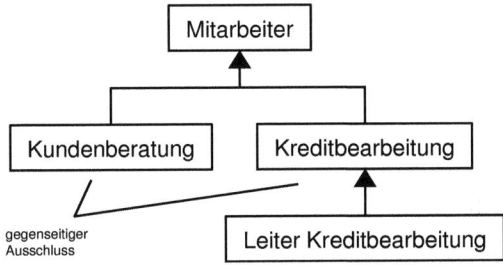

Abbildung 7.3: Rollenhierarchie der Geschäftsrollen

Der Zusammenhang zwischen Geschäftsrollen und Systemrollen der Anwendungssysteme wird in Abbildung 7.4 dargestellt.

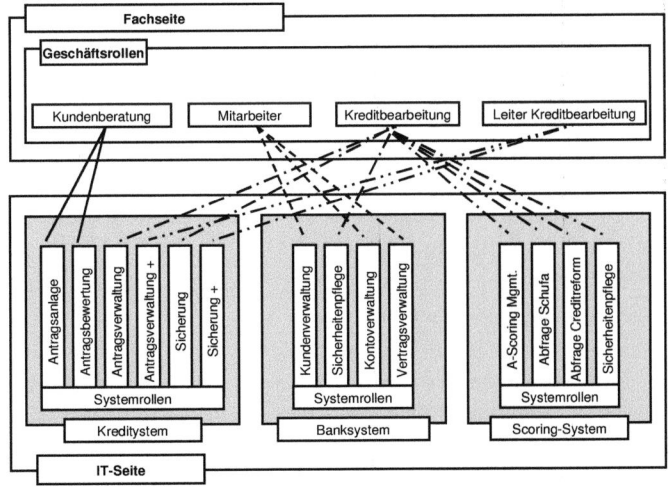

Abbildung 7.4: Zusammenhang zwischen Geschäftsrollen und Systemrollen

## 7.1.2  Zugriffskontrollanforderungen an den Geschäftsprozess

Die Fachabteilung hat verschiedene Zugriffskontrollanforderungen an den Geschäftsprozess. Diese basieren zum Teil auf gesetzlichen Anforderungen, können aber auch aus unternehmensinternen Vorschriften entstanden sein. Tabelle 7.1 beschreibt die nummerierten Anforderungen aus dem Blickwinkel der Fachabteilung. Dabei tritt in der Regel eine Vermischung der Anforderungen hinsichtlich der Ebenen der Umsetzung auf, das heißt, nicht alle Zugriffskontrollanforderungen betreffen tatsächlich die Zugriffskontrolle. Manche Anforderungen werden vielmehr im fachlichen Ablauf des Geschäftsprozesses beschrieben oder bereits im Rollenmodell als Einschränkung hinterlegt.

| Nr. | Beschreibung |
|-----|--------------|
| 1 | Der Kreditantrag darf nur durch einen Kundenberater erfasst werden. |
| 2 | Der Kundenberater darf keinen Kreditantrag für sich selbst erfassen. |
| 3 | Prüfung, Bewertung und Entscheidung über einen Kreditantrag dürfen nur während der Bürozeiten zwischen 7 und 20 Uhr erfolgen. Ein Kreditsachbearbeiter in Leitungsfunktion darf auch außerhalb dieser Zeiten zustimmen. |
| 4 | Der Akteur, der prüft, bewertet und entscheidet, darf weder mit dem Kundenberater noch mit dem Antragsteller übereinstimmen. |
| 5 | Prüfung, Bewertung und Entscheidung über einen Kreditantrag erfolgen durch einen Kreditsachbearbeiter. |
| 6 | Ein Kreditsachbearbeiter darf Anträge bis zu 100.000 € alleine genehmigen. |
| 7 | Ein Kreditsachbearbeiter darf keine Anträge mit Risikovermerk alleine genehmigen, auch wenn sie unter 100.000 € liegen. |
| 8 | Die Geschäftsrollen „Kundenberatung" und „Kreditbearbeitung" müssen sich gegenseitig ausschließen. |
| 9 | Bei Anträgen über 100.000 € oder mit Risikovermerk gilt zur Genehmigung das Vier-Augen-Prinzip. Zwei unterschiedliche Genehmiger müssen dem Antrag zustimmen. Dabei muss mindestens ein Kreditsachbearbeiter in Leitungsfunktion zustimmen. |
| 10 | Stammt ein Kreditantrag von einem Kollegen, darf nur ein Kreditsachbearbeiter in Leitungsfunktion zustimmen. |

Tabelle 7.1: Zugriffskontrollanforderungen der Fachabteilung

Im nachfolgenden Abschnitt zur Absicherung des Geschäftsprozesses dienen die erfassten Anforderungen als Ausgangsdaten, um Zugriffskontrollanforderungen und Zugriffskontrollpolicies im fachlichen Geschäftsprozessmodell in der IdM-BPMN-Notation zu hinterlegen.

# 7.2 Absicherung des Geschäftsprozesses

Im vorhergehenden Abschnitt wurde der Geschäftsprozess zur Kreditvergabe vorgestellt und die dazugehörigen Zugriffskontrollanforderungen der Fachabteilung angeführt. In diesem Abschnitt wird der Geschäftsprozess gemäß des in Kapitel 6 beschriebenen Vorgehens abgesichert. Im Vordergrund steht dabei die Modellierung des abgesicherten Geschäftsprozesses und die darauf folgende Erzeugung von WSACML-Policies.

## 7.2.1 Modellierung des abgesicherten Geschäftsprozesses

Die Modellierung des abgesicherten Geschäftsprozesses erstreckt sich über die Analyse- und Entwurfsphase. In der Analysephase entsteht durch Zusammenarbeit des Prozessverantwortlichen und des Businessanalysten der Geschäftsprozess mit Zugriffskontrollinformationen. Im Abschnitt 7.1 wurde bereits der Geschäftsprozess zur Kreditvergabe sowie die durch die Fachabteilung definierten Zugriffskontrollanforderungen erläutert. Aufgabe des Prozessverantwortlichen und des Businessanalysten ist es nun, mit Hilfe des IdM-BPMN-Modellierungswerkzeugs die aufgestellten Zugriffskontrollanforderungen der Fachseite als Zugriffskontrollinformationen in das Modell des Geschäftsprozesses zu integrieren. Dabei können sie einzelne Zugriffskontrollanforderungen bereits als formale Zugriffskontrollpolicies ausdrücken, wohingegen andere mittels *DraftedPermission*-Elementen als Freitextanforderungen im Geschäftsprozessmodell abgebildet werden. Diese müssen im Anschluss in der Entwurfsphase zu *Policy*-Elementen aufgelöst werden. Abbildung 7.5 zeigt den Geschäftsprozess mit Zugriffskontrollinformationen. In Abbildung B.2 im Anhang dieser Arbeit wird der Geschäftsprozess mit Zugriffskontrollinformationen innerhalb des IdM-BPMN-Modellierungswerkzeugs dargestellt. Die hinterlegten *DraftedPermission*- und *Policy*-Elemente sind an den weißen und schwarzen Schlosssymbolen an den Elementen im Geschäftsprozessmodell zu erkennen.

Die Anforderung 5 und 6 aus Tabelle 7.1 konnten durch die Akteure nicht als *Policy*-Element ausgedrückt werden, sie wurde deshalb als Freitext in einem *DraftedPermission*-Element hinterlegt. Abbildung 7.6 zeigt die erstellte *DraftedPermission* im IdM-BPMN-Modellierungswerkzeug. Die Akteure der Analysephase konnten Anforderung 10 hingegen bereits als *Policy*-Element abbilden. Sie beschränkt die Entscheidung über den Kreditantrag eines Kollegens auf einen Kreditsachbearbeiter in Leitungsfunktion. Das im IdM-BPMN-Modellierungswerkzeug modellierte *Policy*-Element wird in Abbildung 7.7 gezeigt. Ein weißes Schlosssymbol steht für ein *DraftedPermission*-Element, während ein schwarzes Schlosssymbol einem *Policy*-Element entspricht.

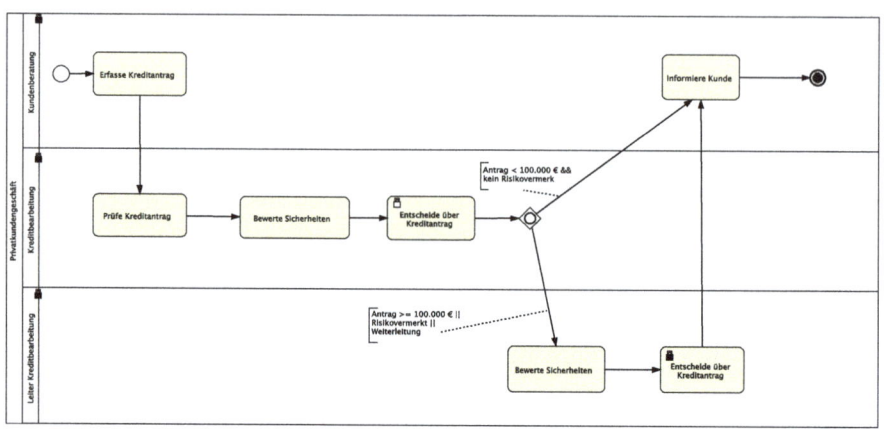

Abbildung 7.5: Geschäftsprozess zur Kreditvergabe mit Zugriffskontrollinformationen

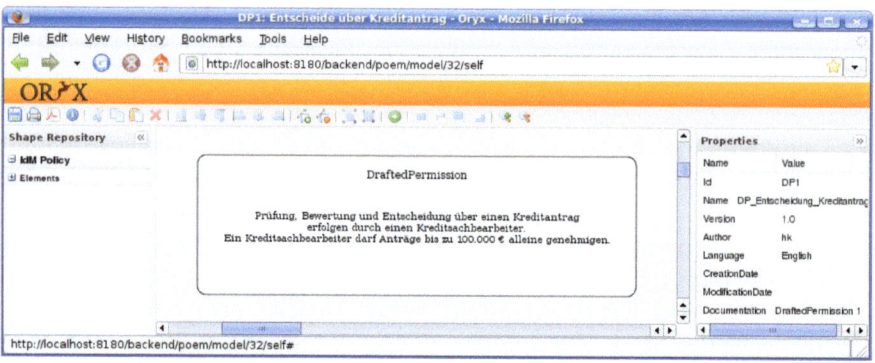

Abbildung 7.6: DraftedPermission innerhalb des IdM-BPMN-Modellierungswerkzeugs

Das IdM-BPMN-Modellierungswerkzeug dient zugleich als Oberfläche für das Policyverzeichnis, das heißt, es können Zugriffskontrollpolicies direkt im IdM-BPMN-Modellierungswerkzeug erfasst und diese von dort unmittelbar im Policyverzeichnis gespeichert werden. Nachdem alle Zugriffskontrollanforderungen der Fachabteilung in den Geschäftsprozess aufgenommen sind, liegt dieser als so-

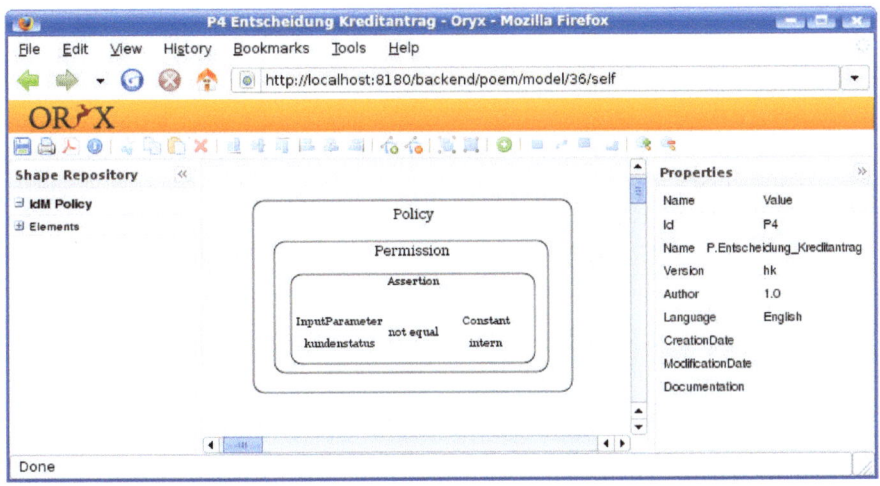

Abbildung 7.7: Policy-Element innerhalb des IdM-BPMN-Modellierungswerkzeugs

genannter Geschäftsprozess mit Zugriffskontrollinformationen vor, das heißt er enthält *DraftedPermission*- und *Policy*-Elemente, und kann in der nachfolgenden Entwurfsphase bearbeitet werden. Der Sicherheitsarchitekt wandelt die im Geschäftsprozessmodell hinterlegten *DraftedPermission*-Elemente in *Policy*-Elemente um und greift dazu auf die verschiedenen Verzeichnisse wie das Vokabular- oder das Geschäftsobjektverzeichnis zu. Mit dem Policyverzeichnis kann er prüfen, ob bereits Zugriffskontrollpolicies für die hinterlegten Zugriffskontrollanforderungen vorhanden sind. Das Policyverzeichnis kann dabei direkt mit Hilfe des IdM-BPMN-Modellierungswerkzeugs durchsucht werden. Sind alle *DraftedPermission*-Elemente in *Policy*-Elemente gewandelt, liegt der abgesicherte Geschäftsprozess vor, der als Ausgangselement für den modellgetriebenen Softwareentwicklungsprozess dient. Bei der Verarbeitung von Zugriffskontrollanforderungen der Fachabteilung fand der Sicherheitsarchitekt einige Anforderungen, die nicht als Zugriffskontrollpolicy abgebildet werden, sondern sich auf andere Ebenen beziehen. Die Anforderungen 6 und 7 entsprechen Anforderungen an die Geschäftslogik und wurden bereits direkt im Geschäftsprozessmodell abgebildet. Die Verzweigung nach der Aktivität „Entscheide über Kreditantrag" in der Partition „Kreditbearbeitung" bildet die Anforderung ab. Die Unterscheidung zwischen Anforderungen an die Zugriffskontrolle und Anforderungen an die fachliche Realisierung muss gegebenenfalls vom Sicherheitsarchitekten durchgeführt werden. Der gegenseitige Ausschluss der Rollen „Kreditbearbeitung" und „Leiter Kreditbearbeitung" wird ebenfalls nicht als Zugriffskontrollpolicy abgebildet, sondern ist bereits im Rollenmodell implementiert (vgl. Abbildung 7.3). Das Geschäftsprozessmodell muss vom Sicherheitsentwickler zur Weiterverarbeitung in das IdM-XML-Format exportiert werden. Quellcode 7.1 zeigt einen Ausschnitt aus einem abgesicherten Geschäftsprozesses in IdM-XML; der vollständige Export befindet sich in Quellcode B.1 im Anhang B.3 dieser Arbeit. Dort sind sämtliche Zugriffskontrollpolicies abgebildet, die die Anforderungen der Fachabteilung umsetzen.

```
<!-- ... -->
<permission name="Kreditbearbeitung Leiter">
  <assertion assertionFunction="unequal">
    <subjectAttribute value="akteur.id" />
    <inputParameter value="kreditantrag.kunde.kundennummer" />
  </assertion>
<!-- ... -->
<policy name="/model/35">
  <permissionLink permissionName="Kreditbearbeitung Leiter" />
<!-- ... -->
<idmRole name="Leiter Kreditbearbeitung">
  <idmAction name="entscheideKreditantrag">
    <policyLink policyName="/model/35" />
  </idmAction>
  <!-- ... -->
</idmRole>
<!-- ... -->
```

Quellcode 7.1: Ausschnitt aus dem Geschäftsprozesses in IdM-XML

## 7.2.2 Erzeugung von WSACML-Policies

Die Erzeugung von WSACML-Policies ist Aufgabe des Sicherheitsentwicklers. Er verwendet dazu den PE2WSACML-Transformator, der den abgesicherten Geschäftsprozess im IdM-XML-Format als Eingabeartefakt erwartet. Der Transformator prüft während der Transformation die in den *Policy*-Elementen verwendeten Attribute und Werte und zieht dazu das Vokabular- und Geschäftsobjektverzeichnis heran. Wenn die Prüfung fehlerfrei abläuft, werden die einzelnen *Policy*-Elemente in WSACML-Policies umgewandelt. Bei gruppierenden Elementen mit angehängten *Policy*-Elementen, wie es bei den *IdMLane*- oder *IdMGroup*-Elementen der Fall ist, werden WSACML-Policies für alle innen liegenden Elemente erzeugt. Zugleich werden über ein *IdMLane*-Element definierte Geschäftsrollen den in der Partition befindlichen Aktivitäten oder Gruppierungselementen zugewiesen und in den entsprechenden WSACML-Policies aufgenommen. Sind die WSACML-Policies fertig erzeugt, so werden sie im WSACML-Policyverzeichnis gespeichert. Quellcode 7.2 zeigt einen Ausschnitt aus den erzeugten WSACML-Policies. Die vollständigen WSACML-Policies sind im Quellcode B.2 in Anhang B.4 zu finden.

```xml
<?xml version="1.0" encoding="UTF-8"?>
<PolicyContainer>
  <Policy Name="entscheideKreditantrag"
      ServiceOperationBinding="entscheideKreditantrag"
      RuleSelectionAlgorithm="first-applicable">
    <RuleRef>Kreditbearbeitung</RuleRef>
    <RuleRef>Kreditbearbeitung alternativ</RuleRef>
  </Policy>
  <Rule Name="Kreditbearbeitung" Effect="permit">
    <Assertion AssertionFunction="unequal">
      <SubjectAttribute Name="akteur.id" />
      <InputParameter Name="kreditantrag.kunde.kundennummer" />
    </Assertion>
    <!-- ... -->
  </Rule>
</PolicyContainer>
```

Quellcode 7.2: Ausschnitt aus den generierten WSACML-Policies

Aus den WSACML-Policies können im Anschluss plattformspezifische Zugriffs-kontrollpolicies erzeugt werden (vgl. Abschnitt 6.2.3). Dazu wird der WSACML2-PSSP-Transformator verwendet, der ohne manuelle Interaktionen die entsprechen-den plattformspezifischen Zugriffskontrollpolicies aus den WSACML-Policies er-zeugt. Dieser letzte Transformationsschritt ist nicht mehr Bestandteil der vorlie-genden Arbeit, sondern wurde bereits in verschiedenen Vorarbeiten geschildert. So wurde in (Emig et al., 2008) die Erzeugung von plattformspezifischen Zugriffs-kontrollpolicies für *CA SiteMinder* und in (Dikanski et al., 2009) die Erzeugung von plattformspezifischen Zugriffskontrollpolicies für *IBM Tivoli Access Mana-ger* gezeigt.

# 7.3 Zusammenfassung

In diesem Kapitel wurden die in dieser Arbeit erarbeiteten Konzepte in ein der Pra-xis entnommenem Beispiel integriert. Dazu wurde ein Geschäftsprozess zur Kre-ditvergabe aus der Bankendomäne verwendet. Zuerst wurde der Geschäftsprozess von fachlicher Seite aus beschrieben und die dazugehörigen Zugriffskontrollan-forderungen im Jargon der Fachabteilung formuliert. Während der Analysephase wurde der Geschäftsprozess mit Zugriffskontrollinformationen modelliert und dabei die Zugriffskontrollanforderungen der Fachabteilung als *DraftedPermission*- oder *Policy*-Elemente in den Geschäftsprozess integriert. In der anschließenden Entwurfsphase wurde durch die vollständige Spezifikation formaler Zugriffskontrollpolicies in Form von *Policy*-Elementen der abgesicherte Geschäftsprozess entworfen und dabei die Verwendung des IdM-BPMN-Modellierungswerkzeugs und des Policyverzeichnisses dargestellt. Auf Basis des abgesicherten Geschäftsprozesses konnten mit dem PE2WSACML-Transformator WSACML-Policies erzeugt werden, die als plattformunabhängige Zugriffskontrollpolicies als Eingabeartefakte zur Transformation produktspezifischer Zugriffskontrollpolicies dienen. Sämtliche erzeugte Quellcodeartefakte wurden angeführt, um dem Leser einen konkreten Eindruck der einzelnen Entwicklungsschritte zu ermöglichen.

Die erfolgreiche Anwendung und die Tragfähigkeit der Konzepte dieser Arbeit konnte im Rahmen dieser Fallstudie gezeigt werden. Die Fallstudie belegt die Überführung der fachlichen Zugriffskontrollanforderungen in Zugriffskontrollinformationen, die im Geschäftsprozess hinterlegt werden und die Machbarkeit des modellgetriebenen Ansatzes zur Erzeugung von Zugriffskontrollpolicies, da aus dem annotierten Geschäftsprozessmodell plattformspezifische WSACML-Policies erzeugt wurden.

# 8 Zusammenfassung und Ausblick

In diesem Kapitel werden die erzielten Ergebnisse der vorliegenden Arbeit zusammengefasst und mit den in der Einleitung definierten Zielen abgeglichen. Im Anschluss daran wird ein Ausblick auf weiterführende und offene Forschungsfragen gegeben, die im Rahmen der Bearbeitung entstanden sind und in zukünftigen Forschungsarbeiten aufgegriffen werden können.

## 8.1 Erzielte Ergebnisse

Geschäftsprozesse repräsentieren die fachlichen Abläufe im Unternehmen. Sie gliedern Aufgaben in mehrere Schritte, sogenannte Aktivitäten, die in einer bestimmten Abfolge durchzuführen sind. Gesetzliche und fachliche Vorgaben des Unternehmens definieren, welche Aktivitäten unter welchen Umständen von wem ausgeführt werden dürfen. Diese Reglementierung, die sogenannte Zugriffskontrolle, ist Bestandteil des Identitätsmanagements, das sich als Querschnittsaspekt über alle Anwendungssysteme des Unternehmens und somit auch alle informationstechnisch umgesetzten Geschäftsprozesse erstreckt. Bei der Umsetzung eines Geschäftsprozesses innerhalb eines Anwendungssystems kommen die fachlichen, das heißt die auf den geschäftlichen Ablauf bezogenen Anforderungen von der Fachabteilung. Die Zugriffskontrollanforderungen, die als querschnittliche Anforderungen während des Softwareentwicklungsprozesses umgesetzt werden müssen, haben ihren Ursprung ebenfalls in der Fachabteilung, werden von ihr aber oftmals nachrangig behandelt und erst zum Ende des Softwareentwicklungsprozesses spezifiziert und umgesetzt. Die Fachabteilung erfasst die Zugriffskontrollanforderungen aufgrund fehlender Möglichkeiten kaum formalisiert und losgelöst vom Modell des fachlichen Geschäftsprozesses und vergrößert dadurch die Kommunikationslücke zwischen Fach- und IT-Seite. Bei der Umsetzung der Zugriffskontrollanforderungen in den Anwendungssystemen und der Zugriffskontrollinfrastruktur kommt es daraufhin zu einem fehleranfälligen und komplizierten Kommunikationsprozess zwischen Fach- und IT-Abteilung, bei dem offene Fragen geklärt und ungenau spezifizierte Anforderungen an die Zugriffskontrolle ergänzt werden müssen. Treten bei dieser Umsetzung Fehler auf, entstehen unmittelbar Inkonsistenzen zwischen den Zugriffskontrollanforderungen der Fachabteilung und den tatsächlich implementierten Zugriffskontrollpolicies in der Zugriffskontrollinfrastruktur.

Diese Problemstellung wurde in Abschnitt 1.2 detaillierter ausgeführt und bildet die Grundlage für die Definition der Ziele dieser Arbeit, die im selben Abschnitt erfolgte und die nachfolgend zusammengefasst wiedergegeben werden:

- Ziel Z 1: Entwurf eines unternehmensweiten Rollenkonzepts

- Ziel Z 2: Verknüpfung von Zugriffskontrollanforderungen und Geschäftsprozessmodellen

- Zielerweiterung ZE 2.1: Modellierungswerkzeuge für Zugriffskontrollanforderungen und Zugriffskontrollpolicies und deren Verknüpfung mit Geschäftsprozessmodellen

- Zielerweiterung ZE 2.2: Modellgetriebener Softwareentwicklungsprozess von Zugriffskontrollpolicies

Diese Ziele wurden in den vorhergehenden Kapiteln umgesetzt; die erzielten Ergebnisse werden nachfolgend zusammengefasst beschrieben.

Mit der Darstellung der Themenbereiche des Identitätsmanagements, der Geschäftsprozesse sowie der Modellierung und des Anforderungsmanagements wurde ein einheitliches Begriffsverständnis etabliert und eine inhaltliche Ausgangsbasis für die gesamte Arbeit geschaffen (vgl. Kapitel 2).

Ausgehend von den Zielen dieser Arbeit wurde daraufhin ein Anforderungskatalog entwickelt (vgl. Kapitel 3). Dieser ermöglicht die objektive Analyse und Bewertung der Literatur und zeigt strukturiert sowohl die Errungenschaften als auch die Defizite der analysierten Literatur auf. Zugleich dienen die aus den Zielen abgeleiteten Anforderungen als Wegweiser während der Lösungsfindung und anschließend zur Überprüfung der erarbeiteten Ergebnisse.

Mit dem Rollenkonzept für den Einsatz im Unternehmen (vgl. Kapitel 4) wurden die Schwächen bisheriger Rollenkonzepte umgangen und ein einheitliches Modell für das gesamte Unternehmen geschaffen. Der Begriff „Rolle" wurde aufgegriffen und präzisiert: Geschäftsrollen spiegeln die Bedürfnisse und Anforderungen der Fachseite an ein Rollenkonzept wieder. Sie repräsentieren die fachlichen Aufgaben oder Stellenprofile im Unternehmen und sind den Anwendern zugewiesen. Dabei ist eine Geschäftsrolle nicht auf ein Anwendungssystem bezogen, sondern sie erstreckt sich als unternehmensweites Konzept über die verschiedenen Anwendungssysteme des Unternehmens. Systemrollen hingegen werden den Anforderungen der IT-Seite gerecht. Sie kapseln Berechtigungen für verwandte Aufgaben innerhalb eines Anwendungssystems und sind Geschäftsrollen zugewiesen.

Systemrollen haben keinen direkten Bezug zu den Anwendern und können gemäß bekannter RBAC-Konzepten organisiert sein. Im entwickelten Metamodell für B&S-RBAC (*Business and System Role-Based Access Control*) werden beide Rollenbegriffe in Beziehung gesetzt und deren Bezug zu den Geschäftsprozessen des Unternehmens und der Anwender auf der einen Seite und zu den Geschäftsrollenpolicies und Systemrollenpolicies auf der anderen Seite dargestellt. Insbesondere die definierte Relation zu den Geschäftsprozessen ermöglicht es Geschäftsrollen definiert in den *Swimlane*-Elementen der Geschäftsprozessmodelle abzubilden. Das Metamodell von B&S-RBAC schafft die Ausgangslage für einen modellgetriebenen Softwareentwicklungsprozess, da die Beziehungen der Rollenbegriffe untereinander sowie die Beziehung zu Geschäftsprozessen definiert sind und deren Modelle damit im Hinblick auf die verwendeten Geschäftsrollen automatisiert verarbeitet werden können. Das Rollenkonzept für den Einsatz im Unternehmen wurde mit Hilfe des Anforderungskatalogs auf die vollständige Erfüllung der Anforderungen geprüft und konnte diese erfüllen. Ziel Z 1 „Entwurf eines unternehmensweiten Rollenkonzepts" dieser Arbeit wurde somit erreicht.

Damit bei der Erfassung von Zugriffskontrollanforderungen die Kommunikationslücke zwischen Fach- und IT-Abteilung geschlossen wird, müssen die Zugriffskontrollanforderungen an den Geschäftsprozess formalisiert erfasst werden (vgl. Kapitel 5). Mit dem Metamodell für die Zugriffskontrolle wird sowohl die formale Definition von Zugriffskontrollpolicies mittels des *Policy*-Elements, als auch die nicht-formale Angabe von textuellen Zugriffskontrollanforderungen mit Hilfe des *DraftedPermission*-Elements ermöglicht. Mit dieser grundlegenden formalen Definition können Zugriffskontrollinformationen eindeutig beschrieben und somit vereinfacht zwischen Fach- und IT-Seite ausgetauscht werden. Bei der Gestaltung des Metamodells für Zugriffskontrollinformationen wurde die Rolle der Fachabteilung bei der Formulierung von Zugriffskontrollpolicies und deren technischer Hintergrund berücksichtigt. Der Aufbau des Metamodells erlaubt die visuelle Modellierung von Zugriffskontrollanforderungen und Zugriffskontrollpolicies in einem Editor; Kenntnisse von formalen Sprachen oder der Syntax einer technischorientierten Auszeichnungssprache sind daher für die Fachabteilung nicht nötig. Die Abbildung von Zugriffskontrollinformationen in Geschäftsprozessmodellen wurde mit der Erweiterung der BPMN zur IdM-BPMN umgesetzt. Die erweiterten Elemente der IdM-BPMN wurden prototypisch in einem Editor, dem IdM-BPMN-Modellierungswerkzeug implementiert. Darin ist auch die visuelle Modellierung von Zugriffskontrollinformationen möglich, um einen Medienbruch bei der Verwendung der Werkzeuge zur Geschäftsprozessmodellierung und zur Modellierung von Zugriffskontrollinformationen zu vermeiden. Dies versetzt die Fachabteilung in die Lage, bereits in den frühen fachlichen Modellen des Geschäftsprozesses

Zugriffskontrollinformationen zu hinterlegen. Darüber hinaus wird durch die Integration in das Geschäftsprozessmodell der Zusammenhang zwischen der Zugriffskontrollinformation und der abzusichernden Aktivität hergestellt; dieser Zusammenhang muss letztendlich bei der Absicherung der Anwendungssysteme durch plattformspezifische Zugriffskontrollpolicies bekannt sein. Damit ein modellgetriebener Softwareentwicklungsprozess unterstützt wird, ist ein automatisiert verarbeitbares Ausgangsmodell nötig. Mit IdM-XML wurde eine XML-basierte Notation geschaffen, die den Geschäftsprozess und die darin eingebundenen Zugriffskontrollinformationen repräsentiert. Die einzelnen Bestandteile wurden hinsichtlich des Anforderungskatalogs dieser Arbeit überprüft. Ziel Z 2 „Verknüpfung von Zugriffskontrollanforderungen und Geschäftsprozessmodellen" wurde damit erreicht. Mit dem IdM-BPMN-Modellierungswerkzeug, das die Modellierung von Zugriffskontrollinformationen und deren Integration in die Modelle der Geschäftsprozesse ermöglicht, wurde auch Zielerweiterung ZE 2.1 „Modellierungswerkzeuge für Zugriffskontrollanforderungen und Zugriffskontrollpolicies und deren Verknüpfung mit Geschäftsprozessmodellen" erfüllt. Damit die erarbeiteten Konzepte auch in der Praxis zum Einsatz kommen können, wurde zusätzlich das benötigte Umfeld für die modellgetriebene Absicherung eines Geschäftsprozesses beschrieben. Eine Übersicht der beteiligten Akteure und deren Aufgaben zeigt auf, welche Fähigkeiten und Kenntnisse die am Softwareentwicklungsprozess beteiligten Akteure benötigen und wie sich die anfallenden Arbeiten verteilen. Die Darstellung der benötigten und erzeugten Artefakte gibt einen Überblick über die einzelnen Ergebnisse, die im Softwareentwicklungsprozess anfallen. Die Verarbeitung dieser Artefakte wird durch die Verwendung verschiedener Werkzeuge und Verzeichnisse ermöglicht. Insbesondere wurden die Eigenschaften des IdM-BPMN-Modellierungswerkzeugs sowie die der verschiedenen Verzeichnisse dargestellt. Die Verzeichnisse bieten den Benutzern den Zugriff auf ein einheitliches Vokabular zur Formulierung von Zugriffskontrollinformationen. Durch die Nutzung der in den Verzeichnissen erfassten Daten, wird die Qualität der Zugriffskontrollpolicies erhöht, da bereits bei deren Definition nur existierende Attribute und Werte verwendet werden oder die Wiederverwendung existierender Zugriffskontrollpolicies begünstigt wird. Mit der Beschreibung der Transformationen des modellgetriebenen Softwareentwicklungsprozesses und der Java-basierten Umsetzung des PE2WSACML-Transformators wurde schließlich auch Zielerweiterung ZE 2.2 „Modellgetriebener Softwareentwicklungsprozess von Zugriffskontrollpolicies" erfüllt.

Neben der theoretischen Fundierung des Konzeptes des Rollenmodells für den Einsatz im Unternehmen sowie der Methode zur modellgetriebenen Absicherung von Geschäftsprozessen war auch die praktische Anwendung dieser Ansätze im

Fokus dieser Arbeit. Das Vorgehen bei der modellgetriebenen Absicherung eines Geschäftsprozesses (vgl. Kapitel 6) beschreibt den Softwareentwicklungsprozess zur Erzeugung von plattformspezifischen Zugriffskontrollpolicies aus zwei Blickwinkeln: Zuerst wurden die Aspekte des modellgetriebenen Softwareentwicklungsprozesses betrachtet und die Abbildung von Zugriffskontrollpolicies im fachlichen Modell des Geschäftsprozesses über die Zwischenstufen der plattformunabhängigen Zugriffskontrollpolicies bis zu den plattformspezifischen Zugriffskontrollpolicies für die Produkte der Zugriffskontrollinfrastruktur dargestellt. Ergänzend dazu wurden die wesentlichen Phasen des Softwareentwicklungsprozesses bei der Entwicklung von Zugriffskontrollpolicies untersucht und durch die Beschreibung des Zusammenwirkens von Rollen, Artefakten und Werkzeugen herausgearbeitet.

Zum Nachweis der Tragfähigkeit der in dieser Arbeit vorgestellten Konzepte wurde eine Fallstudie zur Absicherung eines Geschäftsprozesses zur Kreditvergabe aus der Bankendomäne durchgeführt (vgl. Kapitel 7). Ausgehend von einer Beschreibung des Geschäftsprozesses und den damit verbundenen Geschäftsobjekten und Geschäftsrollen wurden die Zugriffskontrollanforderungen der Fachabteilung angeführt. Auf Basis dieser Informationen wurde der abgesicherte Geschäftsprozess modelliert, die rein textuell beschriebenen Zugriffskontrollanforderungen der Fachabteilung also in formalisierte Zugriffskontrollpolicies überführt und im Modell des Geschäftsprozesses annotiert. Aus diesem Modell wurden mit dem PE2WSACML-Transformator plattformunabhängige WSACML-Policies erzeugt, aus denen wiederum plattformspezifische Zugriffskontrollpolicies erzeugt werden können.

## 8.2 Ausblick und offene Fragestellungen

Die vorgestellten Konzepte ermöglichen es, Anforderungen an die Zugriffskontrolle in der Geschäftsprozessmodellierung zu berücksichtigen und leisten einen Beitrag, um die Fachabteilung früher und besser in den Softwareentwicklungsprozess zu integrieren. Zukünftige Forschungsarbeiten können auf dieser Basis die folgenden weiteren Fragestellungen aufgreifen und bearbeiten.

Die Identifizierung von Geschäfts- und Systemrollen – insbesondere in bestehenden Anwendungslandschaften – sowie der Lebenszyklus der Rollen bedarf hinsichtlich des methodischen Vorgehens und der praktischen Umsetzung in einem Unternehmen weiterer Forschung. Obwohl einige Forschungsarbeiten zum Thema *Role-Mining* (vgl. Kern et al., 2002; Kuhlmann et al., 2003; Wortmann und Winter, 2007) existieren, sind diese auf die bestehenden und somit limitierten Ansätze ausgerichtet und müssen hinsichtlich der anwendungssystemübergreifenden

Geschäftsrollen neu betrachtet werden.

Im Bereich der modellgetriebenen Absicherung von Geschäftsprozessen können die vorgestellten Werkzeuge weiter ausgebaut und sowohl hinsichtlich ihrer Integration, als auch unter Aspekten der *Usability* optimiert werden. Eine Evaluierung der Benutzerfreundlichkeit der Werkzeuge für die Fachabteilung ist insbesondere eine interessante Forschungsfrage auf dem Gebiet der Mensch-Maschine-Interaktion, da nur durch vertiefte Studien die Probleme und Bedürfnisse der Fachseite hinsichtlich der visuellen Modellierung von Zugriffskontrollinformationen genauer untersuchen werden können.

Ergänzend dazu ist es wünschenswert, die abgesicherten Geschäftsprozesse werkzeuggestützt gegen definierte Vorgaben und Regularien, sogenannte Meta-Zugriffskontrollpolicies zu prüfen (vgl. Klarl, 2007), um somit *Compliance*-Verstöße bereits zum Zeitpunkt der Modellierung erkennen und beheben zu können. Vorbedingung dafür ist die Definition dieser organisatorischen Meta-Zugriffskontrollpolicies. Dies wird idealerweise durch die Sammlung von Sicherheitsmustern für Geschäftsprozessmodelle in einem Musterkatalog ergänzt, der wiederkehrende Zugriffskontrollanforderungen an Geschäftsprozesse enthält und passende Lösungsvorschläge beschreibt. Ein erster Schritt dafür ist mit dem Policyverzeichnis (vgl. Abschnitt 5.2.3) bereits realisiert. An diese Fragestellung schließt sich unmittelbar die Adaption und Verwendung von Reifegradmodellen wie beispielsweise des *Systems Security Engineering Capability Maturity Model* (vgl. ISO/IEC, 2002).

Abschließend würde eine breiter angelegte Fallstudie in einem Unternehmen, bei der der gesamte Softwareentwicklungsprozess mehrfach und der Lebenszyklus mehrerer Geschäftsprozesse durchlaufen wird, die Möglichkeit bieten, die vorgestellten Konzepte zu verfeinern und Weiterentwicklungen für den Einsatz in der Praxis vorzunehmen.

# Anhang

# A  XSD der IdM-XML-Notation

Quellcode A.1 zeigt die *XML-Schema-Definition (XSD)* der IdM-XML-Notation, in der die Typen und die Struktur von IdM-XML definiert sind.

Eine detaillierte Beschreibung zu IdM-XML findet sich in Abschnitt 5.1.4.

```
1  <?xml version="1.0" encoding="UTF-8"?>
   <schema xmlns="http://www.w3.org/2001/XMLSchema"
       targetNamespace="http://www.klarl.eu/IdM-XML-Schema"
       elementFormDefault="qualified">
     <complexType name="ConstantType">
       <attribute name="value" type="string" use="required"/>
5    </complexType>
     <complexType name="SubjectAttributeType">
       <attribute name="value" type="string" use="required"/>
     </complexType>
     <complexType name="ObjectAttributeType">
10     <attribute name="value" type="string" use="required"/>
     </complexType>
     <complexType name="EnvironmentAttributeType">
       <attribute name="value" type="string" use="required"/>
     </complexType>
15   <complexType name="InputParameterType">
       <attribute name="value" type="string" use="required"/>
     </complexType>
     <complexType name="AssertionType">
       <choice maxOccurs="2" minOccurs="2">
20       <element name="constant" type="ConstantType"/>
         <element name="subjectAttribute"
             type="SubjectAttributeType"/>
         <element name="objectAttribute"
             type="ObjectAttributeType"/>
         <element name="environmentAttribute"
             type="EnvironmentAttributeType"/>
         <element name="inputParameter" type="InputParameterType"/>
25     </choice>
       <attribute name="assertionFunction" type="string"
           use="required"/>
     </complexType>
     <complexType name="PermissionType">
       <sequence>
```

```
30      <element name="assertion" type="AssertionType"
            maxOccurs="unbounded" minOccurs="1"/>
      </sequence>
      <attribute name="name" type="string" use="required"/>
    </complexType>
    <complexType name="PolicyType">
35      <sequence maxOccurs="unbounded" minOccurs="1">
        <element name="permissionLink" type="PermissionLinkType"/>
      </sequence>
      <attribute name="name" type="string" use="required"/>
      <attribute name="complianceClassifier" type="string"/>
40      <attribute name="securityClassifier" type="string"/>
    </complexType>
    <complexType name="SecureBusinessProcessType">
      <sequence>
        <element name="policy" type="PolicyType"
            maxOccurs="unbounded" minOccurs="0"/>
45        <element name="draftedPermission" type="string"
            maxOccurs="unbounded" minOccurs="0"/>
        <element name="idmRole" type="IdmRoleType"
            maxOccurs="unbounded" minOccurs="0"/>
        <element name="idmActitivyGroup"
            type="IdmActivityGroupType" maxOccurs="unbounded"
            minOccurs="0"/>
        <element name="idmAction" type="IdmActionType"
            maxOccurs="unbounded" minOccurs="0"/>
        <element name="idmSubProcess" type="IdmSubProcessType"
            maxOccurs="unbounded" minOccurs="0"/>
50        <element name="permission" type="PermissionType"
            maxOccurs="unbounded" minOccurs="0"/>
      </sequence>
    </complexType>
    <element name="SecureBusinessProcess"
        type="SecureBusinessProcessType"/>
    <complexType name="PermissionLinkType">
55      <attribute name="permissionName" type="string"/>
    </complexType>
    <complexType name="DraftedPermissionType">
      <attribute name="name" type="string"/>
    </complexType>
60    <complexType name="DraftedPermissionLinkType">
      <attribute name="draftedPermissionName" type="string"/>
    </complexType>
    <complexType name="IdmActionType">
      <choice>
65        <element name="policyLink" type="PolicyLinkType"/>
        <sequence>
          <element name="draftedPermissionLink"
```

```
                type="DraftedPermissionLinkType"/>
        </sequence>
      </choice>
70    <attribute name="complianceClassifier" type="string"/>
      <attribute name="securityClassifier" type="string"/>
      <attribute name="name" type="string"/>
    </complexType>
    <complexType name="IdmSubProcessType">
75    <choice>
        <element name="policyLink" type="PolicyLinkType"/>
        <sequence>
          <element name="draftedPermissionLink"
              type="DraftedPermissionLinkType"/>
        </sequence>
80    </choice>
      <attribute name="complianceClassifier" type="string"/>
      <attribute name="securityClassifier" type="string"/>
      <attribute name="name" type="string"/>
    </complexType>
85  <complexType name="PolicyLinkType">
      <attribute name="policyName" type="string"/>
    </complexType>
    <complexType name="IdmRoleType">
      <choice minOccurs="0" maxOccurs="2">
90      <choice minOccurs="0" maxOccurs="1">
          <element name="policyLink" type="PolicyLinkType"/>
          <sequence minOccurs="1" maxOccurs="unbounded">
            <element name="draftedPermissionLink"
                type="DraftedPermissionLinkType"/>
          </sequence>
95      </choice>
        <sequence maxOccurs="unbounded">
          <element name="idmAction" type="IdmActionType"/>
          <element name="idmSubProcess" type="IdmSubProcessType"/>
        </sequence>
100     <sequence maxOccurs="unbounded" minOccurs="0">
          <element name="idmActivityGroup"
              type="IdmActivityGroupType"/>
        </sequence>
      </choice>
      <attribute name="name" type="string"/>
105 </complexType>
    <complexType name="IdmActivityGroupType">
      <choice minOccurs="0" maxOccurs="2">
        <choice minOccurs="0" maxOccurs="1">
          <element name="policyLink" type="PolicyLinkType"/>
110       <sequence minOccurs="1" maxOccurs="unbounded">
            <element name="draftedPermissionLink"
```

```
                 type="DraftedPermissionLinkType"/>
             </sequence>
           </choice>
           <sequence maxOccurs="unbounded">
115          <element name="idmAction" type="IdmActionType"/>
             <element name="idmSubProcess" type="IdmSubProcessType"/>
           </sequence>
         </choice>
         <attribute name="name" type="string"/>
120    </complexType>
     </schema>
```

Quellcode A.1: XSD der IdM-XML-Notation

# B  Artefakte der Fallstudie

Auf den nachfolgenden Seiten finden sich verschiedene Artefakte, die im Rahmen der Fallstudie zur Absicherung des Geschäftsprozesses zur Kreditvergabe erzeugt wurden und die im Kapitel 7 nicht in diesem Umfang gezeigt werden konnten.

Die Fallstudie beschreibt den Geschäftsprozess zur Kreditvergabe und dessen Absicherung durch die in dieser Arbeit vorgestellten Konzepte.

# B.1 Geschäftsprozess zur Kreditvergabe

Abbildung B.1 zeigt den Geschäftsprozess zur Kreditvergabe. Der Geschäftsprozess wird in Abschnitt 7.1.1 beschrieben.

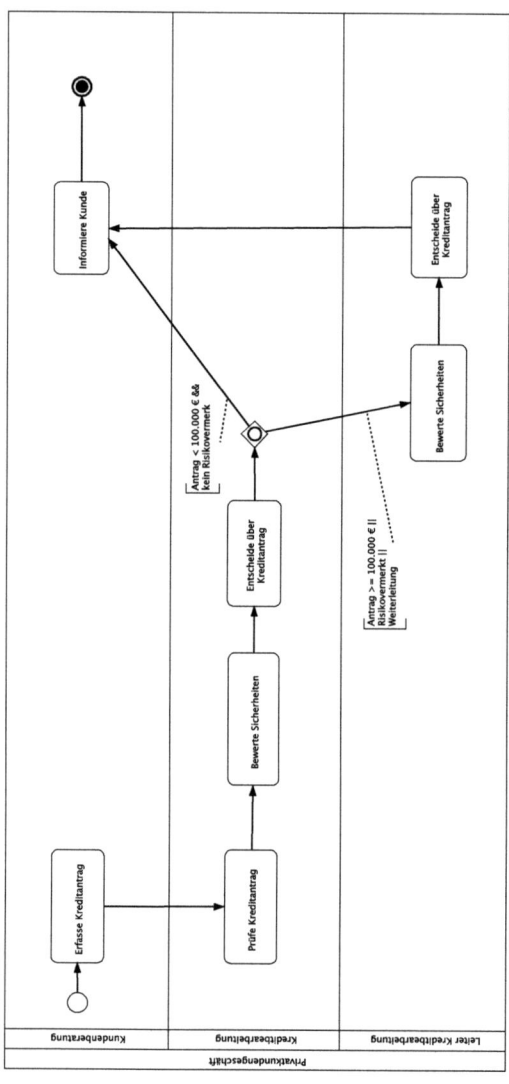

Abbildung B.1: Geschäftsprozess zur Kreditvergabe

# B.2 Geschäftsprozess mit Zugriffskontrollinformationen

Abbildung B.2 zeigt den Geschäftsprozess zur Kreditvergabe im IdM-BPMN-Modellie-rungswerkzeug. Der Geschäftsprozess mit Zugriffskontrollinformationen wird in Abschnitt 7.2.1 beschrieben.

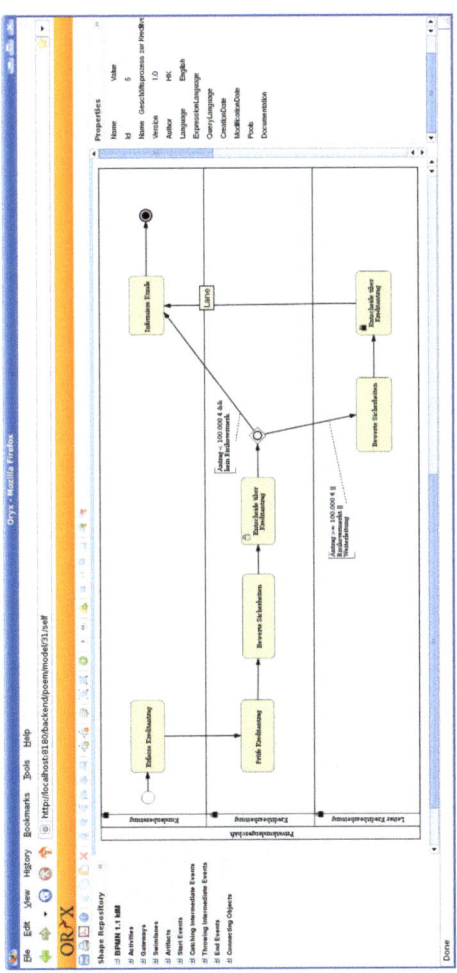

Abbildung B.2: Geschäftsprozess zur Kreditvergabe mit Zugriffskontrollinforma-tionen

# B.3  Geschäftsprozess im IdM-XML-Format

Quellcode B.1 zeigt den Geschäftsprozess zur Kreditvergabe im IdM-XML-Format nach dem Export aus dem IdM-BPMN-Modellierungswerkzeug. Die Zugriffskontrollanforderungen der Fachabteilung, die in Tabelle 7.1 beschrieben wurden, sind als Kommentare bei den sie beschreibenden *Assertion*-Elementen vermerkt.

Eine Beschreibung wie die nachfolgenden Zugriffskontrollinformationen in IdM-XML erzeugt wurden, findet sich in Abschnitt 7.2.

```
1  <?xml version="1.0" encoding="UTF-8"?>
   <SecureBusinessProcess
       xmlns="http://www.klarl.eu/IdM-XML-Schema">
     <permission name="Kreditbearbeitung">
     <!-- Anforderung 3 (vgl. Tabelle 7.1) -->
5      <assertion assertionFunction="less-than-equal">
         <environmentAttribute value="uhrzeit" />
         <constant value="20" />
       </assertion>
       <!-- Anforderung 3 (vgl. Tabelle 7.1) -->
10     <assertion assertionFunction="greater-than-or-equal">
         <environmentAttribute value="uhrzeit" />
         <constant value="7" />
       </assertion>
       <!-- Anforderung 4 (vgl. Tabelle 7.1) -->
15     <assertion assertionFunction="unequal">
         <subjectAttribute value="akteur.id" />
         <inputParameter value="kreditantrag.kunde.kundennummer" />
       </assertion>
       <!-- Anforderung 4 (vgl. Tabelle 7.1) -->
20     <assertion assertionFunction="equal">
         <subjectAttribute value="akteur.id" />
         <constant value="kreditantrag.beraternummer" />
       </assertion>
       <!-- Anforderung 5 (vgl. Tabelle 7.1) -->
25     <assertion assertionFunction="equal">
         <subjectAttribute value="akteur.rolle" />
         <constant value="Kreditbearbeitung" />
       </assertion>
     </permission>
30   <permission name="Kundenberatung">
     <!-- Anforderung 1 (vgl. Tabelle 7.1) -->
       <assertion assertionFunction="equal">
         <subjectAttribute value="akteur.rolle" />
         <constant value="Kundenberatung" />
35     </assertion>
       <!-- Anforderung 2 (vgl. Tabelle 7.1) -->
         <assertion assertionFunction="unequal">
```

```
             <subjectAttribute value="akteur.id" />
             <inputParameter value="kreditantrag.kunde.kundennummer" />
40       </assertion>
      </permission>
      <permission name="Kreditbearbeitung Leiter">
      <!-- Anforderung 4 (vgl. Tabelle 7.1) -->
         <assertion assertionFunction="unequal">
45           <subjectAttribute value="akteur.id" />
             <inputParameter value="kreditantrag.kunde.kundennummer" />
         </assertion>
      <!-- Anforderung 4 (vgl. Tabelle 7.1) -->
         <assertion assertionFunction="unequal">
50           <subjectAttribute value="akteur.id" />
             <inputParameter value="kreditantrag.beraternummer" />
         </assertion>
      </permission>
      <permission name="Kreditbearbeitung Weiterleitung">
55    <!-- Diese Anforderung wurde durch die Fachabteilung nicht
          explizit
          in Tabelle 7.1 erfasst, ergibt sich aber aus der
             Beschreibung
          des Geschaeftsprozesses. -->
         <assertion assertionFunction="less-than-equal">
             <inputParameter value="kreditantrag.antragssumme" />
60           <constant value="100.000" />
         </assertion>
      <!-- Diese Anforderung wurde durch die Fachabteilung nicht
          explizit
          in Tabelle 7.1 erfasst, ergibt sich aber aus der
             Beschreibung
          des Geschaeftsprozesses. -->
65       <assertion assertionFunction="equal">
             <inputParameter value="kreditantrag.risikovermerk" />
             <constant value="nein" />
         </assertion>
      </permission>
70    <permission name="Kreditbearbeitung 4-Augen Antragssumme">
      <!-- Anforderung 9 (vgl. Tabelle 7.1) -->
      <assertion assertionFunction="equal">
             <inputParameter value="kreditantrag.genehmigung1" />
             <constant value="ja" />
75       </assertion>
      <!-- Anforderung 9 (vgl. Tabelle 7.1) -->
         <assertion assertionFunction="greater-than-equal">
             <inputParameter value="kreditantrag.antragssumme" />
             <constant value="100.000" />
80       </assertion>
      </permission>
```

```
      <permission name="Kreditbearbeitung alternativ">
      <!-- Anforderung 4 (vgl. Tabelle 7.1) -->
         <assertion assertionFunction="unequal">
85          <subjectAttribute value="akteur.id" />
            <inputParameter value="kreditantrag.beraternummer" />
         </assertion>
      <!-- Anforderung 4 (vgl. Tabelle 7.1) -->
         <assertion assertionFunction="unequal">
90          <subjectAttribute value="akteur.id" />
            <inputParameter value="kreditantrag.kunde.kundennummer" />
         </assertion>
      <!-- Abbildung der Partition "Leiter Kreditbearbeitung" des
            Geschaeftsprozesses -->
      <assertion assertionFunction="equal">
95          <subjectAttribute value="akteur.rolle" />
            <constant value="Leiter Kreditbearbeitung" />
         </assertion>
      </permission>
      <permission name="Kreditbearbeitung 4-Augen Risiko">
100   <!-- Anforderung 9 (vgl. Tabelle 7.1) -->
         <assertion assertionFunction="equal">
            <inputParameter value="kreditantrag.risikovermerk" />
            <constant value="ja" />
         </assertion>
105   <!-- Anforderung 9 (vgl. Tabelle 7.1) -->
         <assertion assertionFunction="equal">
            <inputParameter value="kreditantrag.genehmigung1" />
            <constant value="ja" />
         </assertion>
110   </permission>
      <permission name="Kreditbearbeitung Entscheidung">
      <!-- Anforderung 10 (vgl. Tabelle 7.1) -->
         <assertion assertionFunction="unequal">
            <inputParameter value="kreditantrag.kunde.kundenstatus" />
115         <constant value="intern" />
         </assertion>
      </permission>
      <policy name="/model/36">
         <permissionLink permissionName="Kreditbearbeitung
            Entscheidung" />
120   </policy>
      <policy name="/model/37">
         <permissionLink permissionName="Kreditbearbeitung 4-Augen
            Risiko" />
         <permissionLink permissionName="Kreditbearbeitung 4-Augen
            Anlagesumme" />
         <permissionLink permissionName="Kreditbearbeitung
            Weiterleitung" />
```

```
125     </policy>
        <policy name="/model/34">
          <permissionLink permissionName="Kreditbearbeitung" />
          <permissionLink permissionName="Kreditbearbeitung
             alternativ" />
        </policy>
130     <policy name="/model/35">
          <permissionLink permissionName="Kreditbearbeitung Leiter" />
        </policy>
        <policy name="/model/33">
          <permissionLink permissionName="Kundenberatung" />
135     </policy>
        <idmRole name="Kundenberatung">
          <policyLink policyName="/model/33" />
          <idmAction name="erfasseKreditantrag">
            <policyLink policyName="None" />
140       </idmAction>
          <idmAction name="informiereKunde">
            <policyLink policyName="None" />
          </idmAction>
        </idmRole>
145     <idmRole name="Leiter Kreditbearbeitung">
          <policyLink policyName="/model/35" />
          <idmAction name="bewerteSicherheiten">
            <policyLink policyName="None" />
          </idmAction>
150       <idmAction name="entscheideKreditantrag">
            <policyLink policyName="/model/37" />
          </idmAction>
        </idmRole>
        <idmRole name="Kreditbearbeitung">
155       <policyLink policyName="/model/34" />
          <idmAction name="pruefeKreditantrag">
            <policyLink policyName="None" />
          </idmAction>
          <idmAction name="bewerteSicherheiten">
160         <policyLink policyName="None" />
          </idmAction>
          <idmAction name="entscheideKreditantrag">
            <policyLink policyName="/model/36" />
          </idmAction>
165     </idmRole>
      </SecureBusinessProcess>
```

Quellcode B.1: Geschäftsprozess zur Kreditvergabe in IdM-XML

# B.4  Erzeugte WSACML-Policies

Quellcode B.2 zeigt die mit dem PE2WSACML-Transformator aus IdM-XML erzeugten
WSACML-Policies für den Geschäftsprozess zur Kreditvergabe. Für jede Webserviceope-
ration, die eine Aktivität des Geschäftsprozesses umsetzt, werden die erzeugten WSACML-
Policies durch Kommentare ausgewiesen.

Eine detaillierte Beschreibung der Erzeugung der WSACML-Policies findet sich in Abschnitt 7.2.

```
1  <!-- WSACML-Policies fuer die Webserviceoperation
       "erfasseKreditantrag" -->
   <?xml version="1.0" encoding="UTF-8"?>
   <PolicyContainer>
     <Policy Name="erfasseKreditantrag"
       ServiceOperationBinding="erfasseKreditantrag"
       RuleSelectionAlgorithm="first-applicable">
5      <RuleRef>Kundenberatung</RuleRef>
     </Policy>
     <Rule Name="Kundenberatung" Effect="permit">
       <Assertion AssertionFunction="equal">
         <SubjectAttribute Name="akteur.rolle" />
10       <Constant Value="Kundenberatung" />
       </Assertion>
       <Assertion AssertionFunction="unequal">
         <SubjectAttribute Name="akteur.id" />
         <InputParameter Name="kreditantrag.kunde.kundennummer" />
15     </Assertion>
     </Rule>
   </PolicyContainer>

   <!-- WSACML-Policies fuer die Webserviceoperation
       "pruefeKreditantrag" -->
20 <?xml version="1.0" encoding="UTF-8"?>
   <PolicyContainer>
     <Policy Name="pruefeKreditantrag"
       ServiceOperationBinding="pruefeKreditantrag"
       RuleSelectionAlgorithm="first-applicable">
       <RuleRef>Kreditbearbeitung</RuleRef>
       <RuleRef>Kreditbearbeitung alternativ</RuleRef>
25   </Policy>
     <Rule Name="Kreditbearbeitung" Effect="permit">
       <Assertion AssertionFunction="unequal">
         <SubjectAttribute Name="akteur.id" />
         <InputParameter Name="kreditantrag.kunde.kundennummer" />
30     </Assertion>
       <Assertion AssertionFunction="greater-than-equal">
         <EnvironmentAttribute Name="uhrzeit" />
```

```
             <Constant Value="7" />
          </Assertion>
35        <Assertion AssertionFunction="equal">
             <SubjectAttribute Name="akteur.id" />
             <Constant Value="kreditantrag.beraternummer" />
          </Assertion>
          <Assertion AssertionFunction="unequal">
40           <SubjectAttribute Name="akteur.rolle" />
             <Constant Value="Kreditbearbeitung" />
          </Assertion>
          <Assertion AssertionFunction="less-than-equal">
             <EnvironmentAttribute Name="uhrzeit" />
45           <Constant Value="20" />
          </Assertion>
       </Rule>
       <Rule Name="Kreditbearbeitung alternativ" Effect="permit">
          <Assertion AssertionFunction="unequal">
50           <SubjectAttribute Name="akteur.id" />
             <InputParameter Name="kreditantrag.beraternummer" />
          </Assertion>
          <Assertion AssertionFunction="equal">
             <SubjectAttribute Name="akteur.rolle" />
55           <Constant Value="Leiter Kreditbearbeitung" />
          </Assertion>
          <Assertion AssertionFunction="unequal">
             <SubjectAttribute Name="akteur.id" />
             <InputParameter Name="kreditantrag.kunde.kundennummer" />
60        </Assertion>
       </Rule>
    </PolicyContainer>

    <!-- WSACML-Policies fuer die Webserviceoperation
         "bewerteSicherheiten" -->
65  <?xml version="1.0" encoding="UTF-8"?>
    <PolicyContainer>
       <Policy Name="bewerteSicherheiten"
           ServiceOperationBinding="bewerteSicherheiten"
           RuleSelectionAlgorithm="first-applicable">
          <RuleRef>Kreditbearbeitung</RuleRef>
          <RuleRef>Kreditbearbeitung alternativ</RuleRef>
70        <RuleRef>Kreditbearbeitung Leiter</RuleRef>
       </Policy>
       <Rule Name="Kreditbearbeitung" Effect="permit">
          <Assertion AssertionFunction="unequal">
             <SubjectAttribute Name="akteur.id" />
75           <InputParameter Name="kreditantrag.kunde.kundennummer" />
          </Assertion>
          <Assertion AssertionFunction="greater-than-equal">
```

```
            <EnvironmentAttribute Name="uhrzeit" />
            <Constant Value="7" />
80       </Assertion>
         <Assertion AssertionFunction="equal">
            <SubjectAttribute Name="akteur.id" />
            <Constant Value="kreditantrag.beraternummer" />
         </Assertion>
85       <Assertion AssertionFunction="equal">
            <SubjectAttribute Name="akteur.rolle" />
            <Constant Value="Kreditbearbeitung" />
         </Assertion>
         <Assertion AssertionFunction="less-than-equal">
90          <EnvironmentAttribute Name="uhrzeit" />
            <Constant Value="20" />
         </Assertion>
      </Rule>
      <Rule Name="Kreditbearbeitung alternativ" Effect="permit">
95       <Assertion AssertionFunction="unequal">
            <SubjectAttribute Name="akteur.id" />
            <InputParameter Name="kreditantrag.beraternummer" />
         </Assertion>
         <Assertion AssertionFunction="equal">
100         <SubjectAttribute Name="akteur.rolle" />
            <Constant Value="Leiter Kreditbearbeitung" />
         </Assertion>
         <Assertion AssertionFunction="unequal">
            <SubjectAttribute Name="akteur.id" />
105         <InputParameter Name="kreditantrag.kunde.kundennummer" />
         </Assertion>
      </Rule>
      <Rule Name="Kreditbearbeitung Leiter" Effect="permit">
         <Assertion AssertionFunction="unequal">
110         <SubjectAttribute Name="akteur.id" />
            <InputParameter Name="kreditantrag.kunde.kundennummer" />
         </Assertion>
         <Assertion AssertionFunction="unequal">
            <SubjectAttribute Name="akteur.id" />
115         <InputParameter Name="kreditantrag.beraternummer" />
         </Assertion>
      </Rule>
   </PolicyContainer>

120 <!-- WSACML-Policies fuer die Webserviceoperation
        "entscheideKreditantrag" -->
   <?xml version="1.0" encoding="UTF-8"?>
   <PolicyContainer>
      <Policy Name="entscheideKreditantrag"
            ServiceOperationBinding="entscheideKreditantrag"
```

```
         RuleSelectionAlgorithm="first-applicable">
         <RuleRef>Kreditbearbeitung</RuleRef>
125      <RuleRef>Kreditbearbeitung alternativ</RuleRef>
       <RuleRef>Kreditbearbeitung Weiterleitung</RuleRef>
         <RuleRef>Kreditbearbeitung 4-Augen Anlagesumme</RuleRef>
         <RuleRef>Kreditbearbeitung 4-Augen Risiko</RuleRef>
       <RuleRef>Kreditbearbeitung Entscheidung</RuleRef>
130      <RuleRef>Kreditbearbeitung Leiter</RuleRef>
       </Policy>
       <Rule Name="Kreditbearbeitung" Effect="permit">
         <Assertion AssertionFunction="unequal">
           <SubjectAttribute Name="akteur.id" />
135        <InputParameter Name="kreditantrag.kunde.kundennummer" />
         </Assertion>
         <Assertion AssertionFunction="greater-than-equal">
           <EnvironmentAttribute Name="uhrzeit" />
           <Constant Value="7" />
140      </Assertion>
         <Assertion AssertionFunction="equal">
           <SubjectAttribute Name="akteur.id" />
           <Constant Value="kreditantrag.beraternummer" />
         </Assertion>
145      <Assertion AssertionFunction="unequal">
           <SubjectAttribute Name="akteur.rolle" />
           <Constant Value="Kreditbearbeitung" />
         </Assertion>
         <Assertion AssertionFunction="less-than-equal">
150        <EnvironmentAttribute Name="uhrzeit" />
           <Constant Value="20" />
         </Assertion>
       </Rule>
       <Rule Name="Kreditbearbeitung alternativ" Effect="permit">
155      <Assertion AssertionFunction="unequal">
           <SubjectAttribute Name="akteur.id" />
           <InputParameter Name="kreditantrag.beraternummer" />
         </Assertion>
         <Assertion AssertionFunction="equal">
160        <SubjectAttribute Name="akteur.rolle" />
           <Constant Value="Leiter Kreditbearbeitung" />
         </Assertion>
         <Assertion AssertionFunction="unequal">
           <SubjectAttribute Name="akteur.id" />
165        <InputParameter Name="kreditantrag.kunde.kundennummer" />
         </Assertion>
       </Rule>
       <Rule Name="Kreditbearbeitung Weiterleitung" Effect="permit">
         <Assertion AssertionFunction="less-than-equal">
170        <InputParameter Name="antragssumme" />
```

```
           <Constant Value="100.000" />
        </Assertion>
        <Assertion AssertionFunction="equal">
           <InputParameter Name="risikovermerk" />
175        <Constant Value="nein" />
        </Assertion>
     </Rule>
     <Rule Name="Kreditbearbeitung 4-Augen Anlagesumme"
        Effect="permit">
        <Assertion AssertionFunction="equal">
180        <InputParameter Name="genehmigung1" />
           <Constant Value="ja" />
        </Assertion>
        <Assertion AssertionFunction="greater-than-equal">
           <InputParameter Name="antragssumme" />
185        <Constant Value="100.000" />
        </Assertion>
     </Rule>
     <Rule Name="Kreditbearbeitung 4-Augen Risiko" Effect="permit">
        <Assertion AssertionFunction="equal">
190        <InputParameter Name="risikovermerk" />
           <Constant Value="ja" />
        </Assertion>
        <Assertion AssertionFunction="equal">
           <InputParameter Name="genehmigung1" />
195        <Constant Value="ja" />
        </Assertion>
     </Rule>
     <Rule Name="Kreditbearbeitung Entscheidung" Effect="permit">
        <Assertion AssertionFunction="unequal">
200        <InputParameter Name="kreditantrag.kunde.kundenstatus" />
           <Constant Value="intern" />
        </Assertion>
     </Rule>
     <Rule Name="Kreditbearbeitung Leiter" Effect="permit">
205     <Assertion AssertionFunction="unequal">
           <SubjectAttribute Name="akteur.id" />
           <InputParameter Name="kreditantrag.kunde.kundennummer" />
        </Assertion>
        <Assertion AssertionFunction="unequal">
210        <SubjectAttribute Name="akteur.id" />
           <InputParameter Name="kreditantrag.beraternummer" />
        </Assertion>
     </Rule>
  </PolicyContainer>
215
  <!-- WSACML-Policies fuer die Webserviceoperation
     "informiereKunde" -->
```

```
<?xml version="1.0" encoding="UTF-8"?>
<PolicyContainer>
  <Policy Name="informiereKunde"
      ServiceOperationBinding="informiereKunde"
      RuleSelectionAlgorithm="first-applicable">
    <RuleRef>Kundenberatung</RuleRef>
  </Policy>
  <Rule Name="Kundenberatung" Effect="permit">
    <Assertion AssertionFunction="equal">
      <SubjectAttribute Name="akteur.rolle" />
      <Constant Value="Kundenberatung" />
    </Assertion>
    <Assertion AssertionFunction="unequal">
      <SubjectAttribute Name="akteur.id" />
      <InputParameter Name="kreditantrag.kunde.kundennummer" />
    </Assertion>
  </Rule>
</PolicyContainer>
```

Quellcode B.2: Generierte WSACML-Policies

# Abkürzungsverzeichnis

| | |
|---|---|
| B&S-RBAC | Business and System Role-Based Access Control |
| ABAC | Attribute-Based Access Control |
| ACL | Access Control List |
| BDSG | Bundesdatenschutzgesetz |
| BPEL4WS | jetzt: WS-BPEL – WS-Business Process Execution Language |
| BPM | Business Process Management |
| BPMI | Business Process Management Initiative |
| BPMN | Business Process Modeling Notation |
| CIM | Computation-Independent Model |
| CORBA | Common Object Request Broker Architecture |
| COTS | Commercial off-the-shelf (Bezeichnung für Standardsoftware) |
| DAC | Discretionary Access Control |
| EJB | Enterprise JavaBeans |
| EPK | Ereignisgesteuerte Prozesskette |
| ERBAC | Enterprise Role-Based Access Control |
| Euro-SOX | 8. EU-Richtlinie |
| IdM | Identitätsmanagement |
| KonTraG | Gesetz zur Kontrolle und Transparenz im Unternehmensbereich |
| LDAP | Lightweight Directory Access Protocol |
| MAC | Mandatory Access Control |
| MDA | Model-Driven Architecture |
| MOF | Meta Object Facility |
| NIST RBAC | NIST Standard for Role-Based Access Control |
| OCL | Object Constraint Language |
| OMG | Object Management Group |
| PIM | Platform-Independent Model |
| PM | Platform Model |
| PSM | Platform-Specific Model |
| QVT | Query View Transformation |
| RACF | Resource Access Control Facility |

RBAC .............. Role-Based Access Control (Rollenbasierte Zugriffskontrolle)
RMI ................ Remote Method Invocation
SOA ............... Serviceorientierte Architektur
SoD ............... Separation of Duties
SOX ............... Sarbanes-Oxley-Act
SSO ............... Single Sign-On
UML .............. Unified Modeling Language
UUID ............. Universally Unique Identifier
WS-BPEL ......... WS-Business Process Execution Language
WSACML ......... Web Services Access Control Markup Language
WSDL ............. Web Services Description Language
WSOA ............ Webserviceorientierte Architektur
XACML ........... eXtensible Access Control Markup Language
XML .............. Extensible Markup Language
XSD ............... XML-Schema-Definition
XSL ............... Extensible Stylesheet Language
XSLT ............. XSL Transformation

# Abbildungsverzeichnis

# Tabellenverzeichnis

# Quellcodeverzeichnis

# Literaturverzeichnis

[van der Aalst und van Hee 2004]   AALST, Wil van der ; HEE, Kees van: *Work-flow Management – Models, Methods, and Systems*. MIT Press, 2004

[AktG ]   BUNDESGESETZBLATT: *Aktiengesetz (AktG)*. i. d. F. vom 17. Dezember 2008, BGBl. I S. 2586. – URL http://bundesrecht.juris.de/aktg/index.html

[Allweyer 2008]   ALLWEYER, Thomas:   Vom fachlichen Modell zum ausführbaren Workflow   /   Fachhochschule   Kaiserslautern.   URL http://kurze-prozesse.de/blog/wp-content/uploads/2008/02/Vom-fachlichen-Modell-zum-Workflow.pdf, Februar 2008. – Technischer Bericht

[Barros et al. 2009]   BARROS, Alistair ; DECKER, Gero ; MENDLING, Jan ; WESKE, Mathias: Business Process Modeling Notation (BPMN 2009) Workshop Report.   In: *Proceedings of the IEEE International Conference on E-Commerce Technology*.  Los Alamitos, CA, USA : IEEE Computer Society, 2009

[Basel II 2006]   BASEL COMMITTEE ON BANKING SUPERVISION: *Basel II: International Convergence of Capital Measurement and Capital Standards: A Revised Framework - Comprehensive Version*.  Juni 2006. – URL http://www.bis.org/publ/bcbs128.pdf

[BDSG 2009]   BUNDESGESETZBLATT: *Bundesdatenschutzgesetz (BDSG)*. i. d. F. vom 5. Februar 2009, BGBl. I S. 160.  Februar 2009. – URL http://bundesrecht.juris.de/bdsg_1990/index.html

[Becker et al. 2009]   BECKER, Jörg ; MATHAS, Christoph ; WINKELMANN, Axel: *Geschäftsprozessmanagement*. Berlin, Heidelberg : Springer, 2009

[Bell und LaPadula 1973]   BELL, David E. ; LAPADULA, Leonard J.: Secure Computer Systems: Mathematical Foundations and Model / Mitre Corporation. 1973. – Forschungsbericht

[Benantar 2006]   BENANTAR, Messaoud: *Access Control Systems – Security, Identity Management and Trust Models*. Berlin, Heidelberg, New York : Springer, 2006

[Biba 1977]   BIBA, Kenneth J.: Integrity Considerations for Secure Computer Systems / Mitre Corporation. 1977. – Forschungsbericht

[Bleek 2008]   BLEEK, Wolf-Gideon: *Agile Softwareentwicklung – Werte, Konzepte und Methoden*. Heidelberg : dpunkt.verlag, 2008

[Blum  2005a]   BLUM, Dan:   Concepts  and  Definitionst      /  Burton  Group.   URL http://www.burtongroup.com/Client/Research/Document.aspx?cid=671, September 2005. – Forschungsbericht

[Blum 2005b]   BLUM, Dan: Identity Management / Burton Group. URL http://www.burtongroup.com/Client/Research/Document.aspx?cid=129, November 2005. – Forschungsbericht

[Bock 2003a]   BOCK, Conrad: UML 2 Activity and Action Models. In: *Journal of Object Technology* 2 (2003), Nr. 4, S. 43–53. – URL http://www.jot.fm/issues/issue_2003_07/column3

[Bock 2003b]   BOCK, Conrad: UML 2 Activity and Action Models Part 2: Actions. In: *Journal of Object Technology* 2 (2003), Nr. 5, S. 41–56. – URL http://www.jot.fm/issues/issue_2003_09/column4

[Bock 2003c]   BOCK, Conrad: UML 2 Activity and Action Models Part 3: Control Nodes. In: *Journal of Object Technology* 2 (2003), Nr. 6, S. 7–23. – URL http://www.jot.fm/issues/issue_2003_11/column1

[Bock 2004a]   BOCK, Conrad: UML 2 Activity and Action Models Part 4: Object Nodes. In: *Journal of Object Technology* 3 (2004), Nr. 1, S. 27–41. – URL http://www.jot.fm/issues/issue_2004_01/column3

[Bock 2004b]   BOCK, Conrad: UML 2 Activity and Action Models Part 5: Partitions. In: *Journal of Object Technology* 3 (2004), Nr. 7, S. 37–56. – URL http://www.jot.fm/issues/issue_2004_07/column4

[Bock 2005]   BOCK, Conrad: UML 2 Activity and Action Models, Part 6: Structured Activities. In: *Journal of Object Technology* 4 (2005), Nr. 4, S. 43–66. – URL http://www.jot.fm/issues/issue_2005_05/column4

[Born et al. 2004]    BORN, Marc ; HOLZ, Eckhardt ; KATH, Olaf: *Softwareentwicklung mit UML 2*. München : Addison-Wesley, 2004

[Brewer und Nash. 1989]    BREWER, David F. ; NASH., Michael J.: The Chinese Wall Security Policy. In: *Proceedings of the IEEE Symposium on Security and Privacy*. Oakland, CA, USA : IEEE Computer Society, Mai 1989, S. 206–214

[Brockhaus 2005]    *Brockhaus Enzyklopädie*. 21. Auflage. Mannheim : F. A. Brockhaus, 2005

[Burkhardt 1999]    BURKHARDT, Rainer: *UML – Unified Modeling Language – Objektorientierte Modellierung für die Praxis*. 2., aktualisierte Auflage. Bonn : Addison-Wesley, 1999

[Burling 2005]    BURLING, Michael: The Key to Compliance. In: *Database-and-Network-Journal* 35 (2005), Nr. 3, S. 17–18

[Clercq 2002]    CLERCQ, Jan D.: Single Sign-On Architectures. In: *Proceedings of the International Conference on Infrastructure Security* Bd. 2437, Springer, 2002 (Lecture Notes in Computer Science), S. 40–58

[Cormack et al. 2001]    CORMACK, Sandra ; CATER-STEEL, Aileen ; NORD, Jeretta H. ; NORD, G. D.: Resolving the Troubled IT-Business Relationship from a Cultural Perspective. In: *Proceedings of the 12th Australasian Conference on Information Systems*. Coffs Harbour, NSW, Australia, Dezember 2001

[Dierstein 2004]    DIERSTEIN, Rüdiger: Sicherheit in der Informationstechnik – der Begriff IT-Sicherheit. In: *Informatik-Spektrum* 27 (2004), August, Nr. 4, S. 343–353

[Dikanski et al. 2009]    DIKANSKI, Aleksander ; EMIG, Christian ; ABECK, Sebastian: Integration of a Security Product in Service-oriented Architecture. In: *Proceedings of the 3rd International Conference on Emerging Security Information, Systems and Technologies*. Athens, Greece : IEEE Computer Society, Juni 2009

[Dostal et al. 2005]    DOSTAL, Wolfgang ; JECKLE, Mario ; MELZER, Ingo ; ZENGLER, Barbara: *Service-orientierte Architekturen mit Web Services. Konzepte – Standards – Praxis*. München : Spektrum Akademischer Verlag, 2005

[Duden 2006]    *Duden – Die deutsche Rechtschreibung*. Bd. 1. 24. Auflage. Mannheim : Bibliographisches Institut & F. A. Brockhaus AG, 2006

[Ebert 2005]    EBERT, Christof: *Systematisches Requirements Management – Anforderungen ermitteln, spezifizieren, analysieren und verfolgen.* Heidelberg : dpunkt.verlag, 2005

[Emig 2008]    EMIG, Christian: *Zugriffskontrolle in dienstorientierten Architekturen,* Fakultät für Informatik, Institut für Telematik, Universität Karlsruhe (TH), Dissertation, 2008

[Emig et al. 2007]    EMIG, Christian ; BRANDT, Frank ; ABECK, Sebastian ; BIERMANN, Jürgen ; KLARL, Heiko: An Access Control Metamodel for Web Service-Oriented Architecture. In: *Proceedings of the International Conference on Software Engineering Advances.* Cap Esterel : IEEE Computer Society, August 2007

[Emig et al. 2008]    EMIG, Christian ; KREUZER, Sebastian ; ABECK, Sebastian ; BIERMANN, Jürgen ; KLARL, Heiko: Model-Driven Development of Access Control Policies for Web Services. In: KHOSHGOFTAAR, T. (Hrsg.): *Proceedings of the 9th IASTED International Conference Software Engineering and Applications.* Orlando, Florida, USA : IASTED, November 2008, S. 165–171

[Emig et al. 2006]    EMIG, Christian ; WEISSER, Jochen ; ABECK, Sebastian: Development of SOA-Based Software Systems - an Evolutionary Programming Approach. In: *Proceedings of the International Conference on Internet and Web Applications and Services,* IEEE Computer Society, 2006

[Engels et al. 2008]    ENGELS, Gregor ; HESS, Andreas ; HUMM, Bernhard ; JUWIG, Oliver: *Quasar Enterprise: Anwendungslandschaften serviceorientiert gestalten.* Heidelberg : dpunkt.verlag, Februar 2008

[EU-Datenschutz 1995]    AMTSBLATT DER EUROPÄISCHEN UNION: *Richtlinie 95/46/EG des Europäischen Parlaments und des Rates.* Nr. L 281. Dezember 1995. – URL http://eur-lex.europa.eu/LexUriServ/LexUriServ.do?uri=CELEX:31995L0046:DE:HTML

[Euro-SOX 2006]    AMTSBLATT DER EUROPÄISCHEN UNION: *Richtlinie 2006/43/EG des Europäischen Parlaments und des Rates.* Nr. L 157. Mai 2006. – URL http://eur-lex.europa.eu/LexUriServ/LexUriServ.do?uri=OJ:L:2006:157:0087:0107:DE:PDF

[Ferraiolo et al. 2001]    FERRAIOLO, David F. ; SANDHU, Ravi ; GAVRILA, Serban ; KUHN, D. R. ; CHANDRAMOULI, Ramaswamy: Proposed NIST Standard for Role-based Access Control. In: *ACM Transactions on Information and System Security* 4 (2001), August, Nr. 3, S. 224–274

[Fertl 2009]    FERTL, Florian: *Implementierung von Single Sign-On mit Credential Injection unter Verwendung von Novell Access Manager am Rechenzentrum der Universität Regensburg*, Universität Regensburg, Institut für Medien-, Informations- und Kulturwisssenschaft (Informationswissenschaft), Magisterarbeit, 2009

[Fieber et al. 2008]    FIEBER, Florian ; HUHN, Michaela ; RUMPE, Bernhard: Modellqualität als Indikator für Softwarequalität: eine Taxonomie. In: *Informatik-Spektrum* 31 (2008), Oktober, Nr. 5, S. 408–424

[Firesmith und Henderson-Sellers 2002]    FIRESMITH, Donald G. ; HENDERSON-SELLERS, Brian: *The OPEN Process Framework: An Introduction.* London : Addison-Wesley, 2002

[Frick 1995]    FRICK, Andreas: *Der Software-Entwicklungsprozess.* München : Carl Hanser Verlag, 1995

[Gadatsch 2008]    GADATSCH, Andreas: *Grundkurs Geschäftsprozess-Management: Methoden und Werkzeuge für die IT-Praxis: Eine Einführung für Studenten und Praktiker.* 5. Auflage. Wiesbaden : Vieweg, 2008

[Gamma et al. 2004]    GAMMA, Erich ; HELM, Richard ; JOHNSON, Ralph ; VLISSIDES, John: *Entwurfsmuster – Elemente wiederverwertbarer objektorientierter Software.* München : Addison-Wesley, 2004

[Gehring und Pankratz 2008]    GEHRING, Hermann ; PANKRATZ, Giselher: *Anwendungssysteme und Geschäftsprozessmodellierung – Kurseinheit 2: Prozeßorientierte Gestaltung von Informationssystemen.* Fakultät für Wirtschaftswissenschaft, FernUni Hagen. 2008

[GI-IB ]    GESELLSCHAFT FÜR INFORMATIK: *Informatik-Begriffsnetz.* – URL http://www.informatikbegriffsnetz.de. – Stand April 2009

[Götzfried 2007]    GÖTZFRIED, Stefanie: *Identity Management. Untersuchungen zum Einsatz von Identity Management-Systemen in Unternehmen und Organisationen*, Universität Regensburg, Institut für Medien-, Informations- und Kulturwisssenschaft (Informationswissenschaft), Magisterarbeit, 2007

[Hafner und Breu 2009]    HAFNER, Michael ; BREU, Ruth: *Security Engineering for Service-Oriented Architectures.* Berlin, Heidelberg : Springer, 2009

[Hammer 1990]    HAMMER, Michael: Reengineering Work: Don't Automate, Obliterate. In: *Harvard Business Review* 68 (1990), Nr. 4, S. 104–112

[Hammer und Champy 1996]    HAMMER, Michael ; CHAMPY, James: *Business Reengineering. Die Radikalkur für das Unternehmen.* Frankfurt am Main : Campus Fachbuch, 1996

[Hartmann et al. 2003]    HARTMANN, Bert ; FLINN, Donald J. ; BEZNOSOV, Konstantin ; KAWAMOTO, Shirley: *Mastering Web Services Security.* Indianapolis, Indiana, USA : Wiley Publishing, Inc, 2003

[Hesse und Mayr 2008]    HESSE, Wolfgang ; MAYR, Heinrich C.: Modellierung in der Softwaretechnik: eine Bestandsaufnahme. In: *Informatik-Spektrum* 31 (2008), Oktober, Nr. 5, S. 377–393

[Hindel et al. 2009]    HINDEL, Bernd ; HÖRMANN, Klaus ; MÜLLER, Markus ; SCHMIED, Jürgen: *Basiswissen Software-Projektmanagement.* Heidelberg : dpunkt.verlag, 2009

[Hitz et al. 2005]    HITZ, Martin ; KAPPEL, Gerti ; KAPSAMMER, Elisabeth ; RETSCHITZEGGER, Werner: *UML @ Work. Objektorientierte Modellierung mit UML 2.* 3., aktualisierte und überarbeitete Auflage. Heidelberg : dpunkt.verlag, 2005

[Hommel 2007]    HOMMEL, Wolfgang: *Architektur- und Werkzeugkonzepte für föderiertes Identitäts-Management*, Fakultät für Mathematik, Informatik und Statistik der Ludwig-Maximilians-Universität München, Dissertation, 2007

[HPI 2009]    BUSINESS PROCESS TECHNOLOGY – HASSO-PLATTNER-INSTITUTE: *The Oryx Editor.* 2009. – URL http://oryx-editor.org/

[Hull et al. 2002]    HULL, Elizabeth ; JACKSON, Ken ; DICK, Jeremy: *Requirements engineering.* 2. Auflage. London : Springer, 2002

[IEEE 830-1998 1998]    IEEE COMPUTER SOCIETY: *IEEE Recommended Practice for Software Requirements Specifications.* IEEE Std 830-1998. Juni 1998

[ISO/IEC 2002]    ISO/IEC: *Information technology – Systems Security Engineering — Capability Maturity Model (SSE-CMM).* 2002. – URL http://standards.iso.org/ittf/PubliclyAvailableStandards/c034731_ISO_IEC_21827_2002(E).zip

[JSR 66 2002]    SUN MICROSYSTEMS, INC.: *JSR 66: RMI Optional Package Specification Version 1.0.* Juni 2002. – URL http://www.jcp.org/en/jsr/detail?id=66

[Jürjens 2005]   JÜRJENS, Jan: *Secure Systems Development with UML*. Berlin : Springer, 2005

[Keller et al. 1992]   KELLER, G. ; NÜTTGENS, Markus ; SCHEER, August-Wilhelm ; SCHEER, August-Wilhelm (Hrsg.): *Semantische Prozessmodellierung auf der Grundlage Ereignisgesteuerter Prozessketten (EPK)*. Bd. 89. Universität des Saarlandes, Januar 1992

[Kern 2002]   KERN, Axel: Advanced Features for Enterprise-Wide Role-Based Access Control. In: *Proceedings of the 18th Annual Computer Security Applications Conference*, IEEE Computer Society, 2002

[Kern et al. 2002]   KERN, Axel ; KUHLMANN, Martin ; SCHAAD, Andreas ; MOFFETT, Jonathan: Observations on the Role Life-Cycle in the Context of Enterprise Security Management. In: *Proceedings of the 7th ACM Symposium on Access Control Models and Technologies*. Monterey, California, USA : ACM, 2002, S. 43–51

[Kern et al. 2003]   KERN, Axel ; SCHAAD, Andreas ; MOFFETT, Jonathan: An Administration Concept for the Enterprise Role-Based Access Control Model. In: *Proceedings of the 8th ACM Symposium on Access Control Models and Technologies*. New York, NY, USA : ACM, 2003, S. 3–11

[Kern und Walhorn 2005]   KERN, Axel ; WALHORN, Claudia: Rule Support for Role-Based Access Control. In: *Proceedings of the 10th ACM Symposium on Access Control Models and Technologies*. New York, NY, USA : ACM, 2005, S. 130–138

[Klarl 2007]   KLARL, Heiko: Ausblick auf die modellgetriebene, mustergestützte Sicherheit in serviceorientierten Architekturen. In: OSSWALD, Achim (Hrsg.) ; STEMPFHUBER, Maximilian (Hrsg.) ; WOLFF, Christian (Hrsg.): *Open Innovation: Neue Perspektiven im Kontext von Information und Wissen. Beiträge des 10. Symposiums für Informationswissenschaft*. Konstanz : UVK, 2007, S. 381 – 383

[Klarl et al. 2009a]   KLARL, Heiko ; MARMÉ, Florian ; WOLFF, Christian ; EMIG, Christian ; ABECK, Sebastian: An MDA-Based Environment for Generating Access Control Policies. In: *Trust, Privacy and Security in Digital Business* Bd. 5695. Berlin : Springer, 2009 (Lecture Notes in Computer Science), S. 115–126

[Klarl et al. 2009b]    KLARL, Heiko ; MOLITORISZ, Korbinian ; EMIG, Christian ; KLINGER, Karsten ; ABECK, Sebastian: Extending Role-Based Access Control for Business Usage. In: *Proceedings of the 3rd International Conference on Emerging Security Information, Systems and Technologies*. Athens, Greece : IEEE Computer Society, Juni 2009

[Klarl et al. 2008]    KLARL, Heiko ; WOLFF, Christian ; EMIG, Christian: Abbildung von Zugriffskontrollaussagen in Geschäftsprozessmodellen. In: *Modellierung 2008 – Workshop Verhaltensmodellierung: Best Practices und neue Erkenntnisse*. Berlin, März 2008

[Klarl et al. 2009c]    KLARL, Heiko ; WOLFF, Christian ; EMIG, Christian: Identity Management in Business Process Modelling: A Model-Driven Approach. In: *9. Internationale Tagung Wirtschaftsinformatik – Business Services: Konzepte, Technologien, Anwendungen, Band 1*. Vienna, Austria : Österreichische Computer Gesellschaft, Februar 2009, S. 161–170

[KonTraG 1998]    BUNDESGESETZBLATT: *Gesetz zur Kontrolle und Transparenz im Unternehmensbereich (KonTraG)*. i. d. F. vom 30. April 1998, BGBl. I S. 786. April 1998

[Kossmann et al. 2004]    KOSSMANN, Donald ; LEYMANN, Frank ; TAUBNER, Dirk: Web Services. In: *Informatik-Spektrum* 27 (2004), April, Nr. 2, S. 117–-128

[Kuhlmann et al. 2003]    KUHLMANN, Martin ; SHOHAT, Dalia ; SCHIMPF, Gerhard: Role Mining – Revealing Business Roles for Security Administration Using Data Mining Technology. In: *Proceedings of the 8th ACM Symposium on Access Control Models and Technologies*. Como, Italy : ACM, 2003, S. 179–186

[Lampson 1971]    LAMPSON, Butler W.: Protection. In: *Proceedings 5th Princeton Conference on Information Sciences and Systems*. Princeton, USA, März 1971, S. 437–443

[Laudon et al. 2006]    LAUDON, Kenneth C. ; LAUDON, Jane P. ; SCHODER, Detlef: *Wirtschaftsinformatik: Eine Einführung*. München : Pearson Studium, 2006

[Lehner et al. 2007]    LEHNER, Franz ; WILDNER, Stephan ; SCHOLZ, Michael: *Wirtschaftsinformatik – Eine Einführung*. München, Wien : Hanser, 2007

[List und Korherr 2006]   LIST, Beate ; KORHERR, Birgit:   An Evaluation of Conceptual Business Process Modelling Languages. In: *Proceedings 21st ACM Symposium on Applied Computing*. Dijon, France : ACM Press, April 2006, S. 1532 – 1539

[Lodderstedt 2003]   LODDERSTEDT, Torsten:   *Model Driven Security from UML Models to Access Control Architectures*, Universität Freiburg, Dissertation, 2003

[Ludewig 2003]   LUDEWIG, Jochen:   Models in Software Engineering – An Introduction. In: *Software and Systems Modeling* 2 (2003), März, Nr. 1, S. 5–14

[Ludewig und Lichter 2007]   LUDEWIG, Jochen ; LICHTER, Horst:   *Software Engineering – Grundlagen, Menschen, Prozesse, Techniken*. Heidelberg : dpunkt.verlag, 2007

[Marmé 2009]   MARMÉ, Florian:   *Modellgetriebene Entwicklung von Zugriffskontroll-Policies für dienstorientierte Architekturen*, Fakultät für Informatik, Institut für Telematik, Universität Karlsruhe (TH), Diplomarbeit, 2009

[Masak 2007]   MASAK, Dieter: *SOA? Serviceorientierung in Business und Software*. Heidelberg : Springer, 2007

[META Group 2002]   META GROUP, INC.: *The Value of Identity Management: How Securing Identity Management Provides Value to the Enterprise*. 2002

[Mezler-Andelberg 2008]   MEZLER-ANDELBERG, Christian: *Identity Management - eine Einführung*. Heidelberg : dpunkt.verlag, 2008

[Molitorisz 2008]   MOLITORISZ, Korbinian: *Rollenmodelle für die Zugriffskontrolle in Unternehmen*, Fakultät für Informatik, Institut für Telematik, Universität Karlsruhe (TH), Diplomarbeit, November 2008

[Moreira et al. 2002]   MOREIRA, Ana ; ARAÚJO, João ; BRITO, Isabel: Crosscutting Quality Attributes for Requirements Engineering. In: *Proceedings of the 14th International Software Engineering and Knowledge Engineering Conference*. Ischia, Italy : ACM Press, 2002, S. 167–174

[Müller und Pfitzmann 1997]   MÜLLER, Günter (Hrsg.) ; PFITZMANN, Andreas (Hrsg.): *Mehrseitige Sicherheit in der Kommunikationstechnik*. Bonn : Addison-Wesley, 1997

[Neuenschwander und Lewis 2005]   NEUENSCHWANDER, Mike ; LEWIS, Ja-
mie:   Enterprise Identity Management: Moving from Theory to Practice   /
Burton Group.   URL http://www.burtongroup.com/Client/Research/
Document.aspx?cid=277, Juni 2005. – Forschungsbericht

[Newcomer und Lomow 2005]   NEWCOMER, Eric ; LOMOW, Greg: *Understan-
ding SOA with Web Services.* Amsterdam : Addison-Wesley, 2005

[OASIS 2005]   OASIS: *eXtensible Access Control Markup Language (XACML)
Version 2.0.* Februar 2005. – URL http://docs.oasis-open.org/xacml/
2.0/access_control-xacml-2.0-core-spec-os.pdf

[OASIS 2007]   OASIS: *Web Services Business Process Execution Language
Version 2.0.* April 2007. – URL http://docs.oasis-open.org/wsbpel/
2.0/OS/wsbpel-v2.0-OS.pdf

[OMG 2001]   OBJECT MANAGEMENT GROUP, INC.: *Model Driven Architecture (MDA).* Juli 2001. – URL http://www.omg.org/cgi-bin/doc?ormsc/
2001-07-01

[OMG 2003]   OBJECT MANAGEMENT GROUP, INC.: *MDA Guide – Version 1.0.1.* Juni 2003. – URL http://www.omg.org/cgi-bin/doc?omg/
03-06-01

[OMG 2004]   OBJECT MANAGEMENT GROUP, INC.: *Common Object Request
Broker Architecture: Core Specification.* März 2004. – URL http://www.
omg.org/cgi-bin/doc?formal/04-03-01

[OMG 2006]   OBJECT MANAGEMENT GROUP, INC.: *Meta Object Facility (MOF) Core Specification – Version 2.0.* Januar 2006. – URL http:
//www.omg.org/spec/MOF/2.0/

[OMG 2009a]   OBJECT MANAGEMENT GROUP, INC.: *Business Process Model
and Notation (BPMN) – FTF Beta 1 for Version 2.0.* August 2009. – URL
http://www.omg.org/spec/BPMN/2.0/Beta1/PDF/

[OMG 2009b]   OBJECT MANAGEMENT GROUP, INC.: *Business Process Modeling Notation (BPMN) – Version 1.2.* Januar 2009. – URL http://www.omg.
org/spec/BPMN/1.2

[OMG 2009c]   OBJECT MANAGEMENT GROUP, INC.: *OMG Unified Modeling
Language (OMG UML), Infrastructure – Version 2.2.* Februar 2009. – URL
http://www.omg.org/spec/UML/2.2/Infrastructure

[OMG 2009d]   OBJECT MANAGEMENT GROUP, INC.: *OMG Unified Modeling Language (OMG UML), Superstructure – Version 2.2*. Februar 2009. – URL http://www.omg.org/spec/UML/2.2/Superstructure

[Papazoglou und van den Heuvel 2007]   PAPAZOGLOU, Michael P. ; HEUVEL, Willem-Jan van den: Business Process Development Life Cycle Methodology. In: *Communications of the ACM* 50 (2007), Oktober, Nr. 10, S. 79–85

[Perlitz et al. 1997]   PERLITZ, Manfred (Hrsg.) ; OFFINGER, Andreas (Hrsg.) ; REINHARDT, Michael (Hrsg.) ; SCHUG, Klaus (Hrsg.): *Strategien im Umbruch. Neue Konzepte der Unternehmensführung*. Stuttgart : Schäffer-Poeschel, 1997

[Petrasch und Meimberg 2006]   PETRASCH, Roland ; MEIMBERG, Oliver: *Model Driven Architecture – Eine praxisorientierte Einführung in die MDA*. Heidelberg : dpunkt.verlag, 2006

[Petri 1962]   PETRI, Carl A.: *Kommunikation mit Automaten*. Bonn, Schriften des Rheinisch-Westfälischen Institutes für instrumentelle Mathematik an der Universität Bonn, Dissertation, 1962

[Pietrek und Trompeter 2007]   PIETREK, Georg (Hrsg.) ; TROMPETER, Jens (Hrsg.): *Modellgetriebene Softwareentwicklung. MDA und MDSD in der Praxis*. Frankfurt am Main : entwickler.press, 2007

[Pohl 2008]   POHL, Klaus: *Requirements Engineering - Grundlagen, Prinzipien, Techniken*. 2. Auflage. Heidelberg : dpunkt.verlag, 2008

[Posch et al. 2007]   POSCH, Torsten ; BIRKEN, Klaus ; GERDOM, Michael: *Basiswissen Softwarearchitektur – Verstehen, entwerfen, wiederverwenden*. 2. Auflage. Heidelberg : dpunkt.verlag, 2007

[RFC 2616 1999]   FIELDING, R. ; GETTYS, J. ; MOGUL, J. ; FRYSTYK, H. ; MASINTER, L. ; LEACH, P. ; BERNERS-LEE, T.: *Hypertext Transfer Protocol – HTTP/1.1*. RFC 2616. Juni 1999. – URL http://tools.ietf.org/html/rfc2616

[RFC 4122 2005]   LEACH, Paul J. ; MEALLING, Michael ; SALZ, Rich: *A Universally Unique IDentifier (UUID) URN Namespace*. RFC 4122. Juli 2005. – URL http://tools.ietf.org/html/rfc4122

[Richter et al. 2005]   RICHTER, Jan-Peter ; HALLER, Harald ; SCHREY, Peter: Serviceorientierte Architektur. In: *Informatik-Spektrum* 28 (2005), Oktober, Nr. 5, S. 413–416

[Rodríguez et al. 2006a] RODRÍGUEZ, Alfonso ; FERNÁNDEZ-MEDINA, Eduardo ; PIATTINI, Mario: Security Requirement with a UML 2.0 Profile. In: *Proceedings of the 1st International Conference on Availability, Reliability and Security*. Vienna, Austria : IEEE Computer Society, 2006, S. 670–677

[Rodríguez et al. 2006b] RODRÍGUEZ, Alfonso ; FERNÁNDEZ-MEDINA, Eduardo ; PIATTINI, Mario: Towards a UML 2.0 Extension for the Modeling of Security Requirements in Business Processes. In: *Trust and Privacy in Digital Business* Bd. 4083. Berlin : Springer, 2006 (Lecture Notes in Computer Science), S. 51–61

[Rodríguez et al. 2007a] RODRÍGUEZ, Alfonso ; FERNÁNDEZ-MEDINA, Eduardo ; PIATTINI, Mario: Analysis-Level Classes from Secure Business Processes Through Model Transformations. In: *Trust, Privacy and Security in Digital Business* Bd. 4657, Springer, 2007 (Lecture Notes in Computer Science), S. 104–114

[Rodríguez et al. 2007b] RODRÍGUEZ, Alfonso ; FERNÁNDEZ-MEDINA, Eduardo ; PIATTINI, Mario: A BPMN Extension for the Modeling of Security Requirements in Business Processes. In: *IEICE – Transactions on Information and System* E90-D (2007), Nr. 4, S. 745–752

[Rodríguez et al. 2007c] RODRÍGUEZ, Alfonso ; FERNÁNDEZ-MEDINA, Eduardo ; PIATTINI, Mario: M-BPSec: A Method for Security Requirement Elicitation from a UML 2.0 Business Process Specification. In: *Advances in Conceptual Modeling – Foundations and Applications* Bd. 4802. Berlin : Springer, November 2007 (Lecture Notes in Computer Science), S. 106–115

[Rodríguez et al. 2007d] RODRÍGUEZ, Alfonso ; FERNÁNDEZ-MEDINA, Eduardo ; PIATTINI, Mario: Towards CIM to PIM Transformation: From Secure Business Processes Defined in BPMN to Use-Cases. In: *Business Process Management* Bd. 4714. Berlin : Springer, September 2007 (Lecture Notes in Computer Science), S. 408–415

[Rosenkranz 2002] ROSENKRANZ, Friedrich: *Geschäftsprozesse – Modell- und computergestützte Planung*. Berlin, Heidelberg, New York : Springer, 2002

[Rowland 2009] ROWLAND, Lori: Identity Auditing / Burton Group. URL http://www.burtongroup.com/Client/Research/Document.aspx?cid=830, Januar 2009. – Forschungsbericht

[Rupp 2002]    RUPP, Chris: *Requirements-Engineering und -Management – Professionelle, iterative Anforderungsanalyse für IT-Systeme*. 2., überarbeitete Auflage. München, Wien : Carl Hanser Verlag, 2002

[Rupp et al. 2007]    RUPP, Chris ; QUEINS, Stefan ; ZENGLER, Barbara: *UML 2 glasklar*. 3. Auflage. München, Wien : Carl Hanser Verlag, 2007

[Sandhu et al. 1996]    SANDHU, Ravi S. ; COYNEK, Edward J. ; FEINSTEINK, Hal L. ; YOUMANK, Charles E.: Role-Based Access Control Models. In: *IEEE Computer* 29 (1996), Februar, Nr. 2, S. 38–47

[Schienmann 2002]    SCHIENMANN, Bruno: *Kontinuierliches Anforderungsmanagement*. München : Addison-Wesley, 2002

[SOX 2002]    U. S. GOVERNMENT PRINTING OFFICE: *Sarbanes-Oxley Act of 2002*. Public Law 107 - 204. Juli 2002. – URL `http://www.gpo.gov/fdsys/pkg/PLAW-107publ204/content-detail.html`

[Stachowiak 1973]    STACHOWIAK, Herbert: *Allgemeine Modelltheorie*. Wien : Springer, 1973

[Stahl et al. 2007]    STAHL, Thomas ; VÖLTER, Markus ; EFFTINGE, Sven ; HAASE, Arno: *Modellgetriebene Softwareentwicklung – Techniken, Engineering, Management*. 2. Auflage. Heidelberg : dpunkt.verlag, 2007

[Stahlknecht 1995]    STAHLKNECHT, Peter: *Einführung in die Wirtschaftsinformatik*. 7. Auflage. Berlin, Heidelberg, New York : Springer, 1995

[Staud 2006]    STAUD, Josef: *Geschäftsprozessanalyse: Ereignisgesteuerte Prozessketten und objektorientierte Geschäftsprozessmodellierung für Betriebswirtschaftliche Standardsoftware*. 3. Auflage. Berlin, Heidelberg, New York : Springer, 2006

[Teubner und Feller 2008]    TEUBNER, Alexander ; FELLER, Tom: Informationstechnologie, Governance und Compliance. In: *Wirtschaftsinformatik* 50 (2008), Nr. 5, S. 400–407

[Tilkov und Starke 2007]    TILKOV, Stefan ; STARKE, Gernot: *SOA-Expertenwissen – Methoden, Konzepte und Praxis serviceorientierter Architekturen*. Kap. Einmaleins der serviceorientierten Architekturen. Heidelberg : dpunkt.verlag, 2007

[Vogt 2003]    VOGT, Gerald: Multiple Authorization – A Model and Architecture
for Increased, Practical Security. In: *Proceedings of the IFIP/IEEE 8th International Symposium on Integrated Network Management*, IFIP/IEEE, Kluwer
Academic Publishers, 2003, S. 109–112

[W3C 2004]    W3C: *XML Schema Part 0: Primer Second Edition*. Oktober 2004.
– URL http://www.w3.org/TR/2004/REC-xmlschema-0-20041028/

[W3C 2006a]    W3C: *Extensible Markup Language (XML) 1.1 (Second Edition)*.
Juni 2006. – URL http://www.w3.org/TR/2006/REC-xml11-20060816/

[W3C 2006b]    W3C: *Web Services Description Language (WSDL) Version 2.0
Part 1: Core Language*. Juni 2006. – URL http://www.w3.org/TR/2007/
REC-wsdl20-20070626

[W3C 2007]    W3C:    *SOAP Version 1.2 Part 1: Messaging Framework
(Second Edition)*.    April 2007. –    URL http://www.w3.org/TR/2007/
REC-soap12-part1-20070427/

[Walther 2004]    WALTHER, Horst: Identity Management. In: *HMD Praxis der
Wirtschaftsinformatik* (2004), Nr. 238, S. 92–100

[Weske 2007]    WESKE, Mathias: *Business Process Management – Concepts,
Languages, Architectures*. Berlin : Springer, 2007

[Windley 2005]    WINDLEY, Phillip J.: *Digital Identity*. Sebastopol : O Reilly,
2005

[Winkler 2007]    WINKLER, Veronica: Identifikation und Gestaltung von Services — Vorgehen und beispielhafte Anwendung im Finanzdienstleistungsbe-
reich. In: *Wirtschaftsinformatik* 49 (2007), Nr. 4, S. 257–266

[Wolter et al. 2008]    WOLTER, Christian ; MENZEL, Michael ; MEINEL, Christoph: Modelling Security Goals in Business Processes. In: KÜHNE, Thomas
(Hrsg.) ; REISIG, Wolfgang (Hrsg.) ; STEIMANN, Friedrich (Hrsg.): *Modellierung 2008* Bd. P-127. Bonn, Germany : Köllen, März 2008 (Lecture Notes in
Informatics), S. 201–216

[Wolter et al. 2009]    WOLTER, Christian ; MENZEL, Michael ; SCHAAD, Andreas ; MISELDINE, Philip ; MEINEL, Christoph: Model-Driven Business Process
Security Requirement Specification. In: *Journal of Systems Architecture* 55
(2009), Nr. 4, S. 211 – 223

[Wolter et al. 2007]  WOLTER, Christian ; SCHAAD, Andreas ; MEINEL, Christoph:  Deriving XACML Policies from Business Process Models. In: *Web Information Systems Engineering* Bd. 4832. Berlin : Springer, 2007 (Lecture Notes in Computer Science), S. 142–153

[Wortmann 2006]  WORTMANN, Felix: *Entwicklung einer Methode für die unternehmensweite Autorisierung*, Universität St. Gallen, Dissertation, 2006

[Wortmann und Winter 2007]  WORTMANN, Felix ; WINTER, Robert: Vorgehensmodelle für die rollenbasierte Autorisierung in heterogenen Systemlandschaften. In: *Wirtschaftsinformatik* 49 (2007), Dezember, Nr. 6, S. 439–447

[Yuan und Tong 2005]  YUAN, Eric ; TONG, Jin: Attributed Based Access Control (ABAC) for Web Services. In: *Proceedings of the IEEE International Conference on Web Services*, IEEE Computer Society, Juli 2005

[Östereich 2006]  ÖSTEREICH, Bern: *Analyse und Design mit UML 2.1 – Objektorientierte Softwareentwicklung*. 8., aktualisierte Auflage. München, Wien : Oldenbourg, 2006

Alle Web-Referenzen (URLs) wurden zuletzt am 07. April 2010 überprüft.

WWW.VIEWEGTEUBNER.DE

# Vieweg+Teubner Research

## Wir veröffentlichen Ihre wissenschaftliche Arbeit

Mit unserem Programm Vieweg+Teubner Research möchten wir der Fachwelt herausragende wissenschaftliche Arbeiten aus Technik und Natur- wissenschaft präsentieren. Wir veröffentlichen Dissertationen, Habilitationen, Tagungs- und Sammelbände sowie dazu passende Schriftenreihen.

**Wir bieten Ihnen:**

- Ein ausgesuchtes Umfeld in einem namhaften Verlag der Verlagsgruppe Springer Science+Business Media
- Veröffentlichung von Monografien und kumulativ generierten Qualifikationsschriften als hochwertiges Buch
- Zusätzlich die Recherchier- und Zitierbarkeit online via SpringerLink
- Attraktive Autorenkonditionen (KEIN Zuschuss; günstige Bezugsmöglichkeiten für Autorenexemplare)
- Individuelle Betreuung durch das Lektorat des Vieweg+Teubner Verlags

**Möchten Sie Autor bei Vieweg+Teubner werden? Kontaktieren Sie uns!**

Ute Wrasmann | ute.wrasmann@viewegteubner.de | Tel.: +49(0)611.7878-239

TECHNIK BEWEGT.

MIX
Papier aus verantwortungsvollen Quellen
Paper from responsible sources
FSC® C105338

If you have any concerns about our products,
you can contact us on
**ProductSafety@springernature.com**

In case Publisher is established outside the EU,
the EU authorized representative is:
**Springer Nature Customer Service Center GmbH
Europaplatz 3, 69115 Heidelberg, Germany**

Printed by Libri Plureos GmbH
in Hamburg, Germany